教育部高职高专印刷与包装专业教学指导委员会双元制示范教材

印前图文信息处理

诸应照　主编

诸应照　张晓艳　彭慧亮　编著
胡维友　主审

图书在版编目(CIP)数据

印前图文信息处理/诸应照主编. —北京:中国轻工业出版社,2025.8

教育部高职高专印刷与包装专业教学指导委员会

双元制示范教材

ISBN 978-7-5019-7440-5

Ⅰ.①印… Ⅱ.①诸… Ⅲ.①印刷-前处理-高等学校:技术学校-教材 Ⅳ.①TS803.1

中国版本图书馆CIP数据核字(2009)第229994号

责任编辑:杜宇芳

策划编辑:林　媛　　　责任终审:劳国强　　　封面设计:锋尚设计
版式设计:王超男　　　责任校对:李　靖　　　责任监印:张京华

出版发行:中国轻工业出版社(北京鲁谷东街5号,邮编:100040)

印　　刷:三河市万龙印装有限公司

经　　销:各地新华书店

版　　次:2025年8月第1版第11次印刷

开　　本:787×1092　1/16　印张:15

字　　数:377千字

书　　号:ISBN 978-7-5019-7440-5　　定价:59.80元

邮购电话:010-85119873

发行电话:010-85119832　　010-85119912

网　　址:http://www.chlip.com.cn

Email:club@chlip.com.cn

版权所有　侵权必究

如发现图书残缺请与我社邮购联系调换

251394J2C111ZBQ

全国高职高专印刷与包装类专业教学指导委员会
规划统编教材编审委员会名单

主　　任：曲德森
副 主 任：王晓平　滕跃民　曹国荣
秘 书 长：曹国荣　徐胜帝
委　　员（以姓氏笔画为序）：
　　　　　王利婕　王　艳　孙　诚　刘　渝　刘积英　李　荣
　　　　　肖　武　吴　鹏　陈　希　张　勇　张林桂　张培武
　　　　　林　媛　郭　建　程有娥　魏庆葆

教育部高职高专印刷与包装专业教学指导委员会
双元制示范教材

《包装印刷设备》　　　　　　　　　　余成发主编
《现代胶印机的使用与调节》　　　　　周玉松主编
《包装工艺》　　　　　　　　　　　　吴艳芬主编
《印刷材料》　　　　　　　　　　　　艾海荣主编
《印前图文信息处理》　　　　　　　　诸应照主编
《印刷工艺》　　　　　　　　　　　　陈章才主编
《印刷包装专业实训指导书》　　　　　周玉松主编

安徽省高等学校"十一五"省级规划教材

《书刊装订工艺与表面整饰》　　　　　　吴　鹏主编
《印刷概论》　　　　　　　　　　　　　胡维友主编
《印刷色彩》　　　　　　　　　　　　　许朝晖主编

序

20世纪80年代初,随着中德两国政府教科书印刷援助合作项目落户安徽,先进的印刷设备与普遍落后的员工技术素质之间的矛盾便日益凸显出来。对此,中德业界的有识之士们很快意识到,单纯地依靠技术援助和设备引进根本不可能快速提高中国的印刷技术水平和印品质量,而全面提升中国印刷从业人员的技术素质和规范化理念才是达成项目合作目的的关键。在这种共识上,"合肥中德印刷培训中心"(德文简称CDAD)便在中德双方的通力合作下于1995年年底诞生了。该项目合作的开宗明义便是"引进德国'双元制'职业教育模式,培养中国印刷包装行业生产一线急需的应用型技能人才"。"双元制"职业人才培养模式在德国的职业教育所取得的巨大成功是举世闻名的,借鉴"双元制"人才培养模式探索中国印刷职业教育道路便从一开始即成为CDAD人的主攻课题。

"双元制"强调把人才培养的着眼点始终放在应用技能的养成和提升上,寻求理论知识与应用技能操作的最佳结合点,并根据工种、岗位的特征合理设计基础理论传授和应用操作技能指导的最佳配比,将一线岗位对人才能力结构的要求扎实贯彻到人才培养的全过程,从而实现以就业为导向、技能为核心的职业教育定位。

十余年来,在CDAD项目的支持下,已有十多所德国印刷职业院校的教师和企业专家来我院指导教学工作、培训教师,学院也先后派遣四十多位专业教师到德国相关院校和企业进行专业进修。经过不断的学习和摸索,我们在借鉴德国"双元制"教育经验,探索适合中国国情的"双元制"印刷职业教育过程中得出几条非常重要的结论:一是学校的专业设置永远处于动态演进的过程中,必须始终以企业的实际需求为导向;二是传统的课程体系必须进行改革,遵循专业基础知识必需、够用,着力操作技能培养的原则;三是紧扣职业教育特点,坚持"双纲"(即理论教学和实训教学)教学,不可片面追求理论教学的知识系统性和完整性,而应强调基础理论的应用性,将模块化的技能操作训练贯穿全部专业教学的始终。

为此,我们组成由德国相关中高级职业院校的专家教授和中德著名印刷企业和设备制造商的工程技术专家、一线教师参与的教学指导委员会,设计编制课程教学计划、教学大纲。在此基础上,认真分析吸收国内现行教材的优点,借鉴德国印刷行业以及职业院校的专业教材,组织教师编写了主要课程的讲义,几经试用、反复修订、推敲打磨,逐渐形成了基本能反映"双元制"教学特点的印刷专业系列教材。这便是现在所呈现的这套教材。试用本教材的学生的专项技术能力和综合能力有了很大提升,并得到企业用人单位对毕业生职业素质的认可。本套教材是适应印刷包装行业对一线应用型人才培养需要而编写的,力求突破传统教材中以学科体系的模式,尝试以新的结构体系、新的表现形式、新的教学方案来体现当今印刷企业对技术人才的要求,并且融入近几年我院在理论和实践教学中的一些教学研究和教学改革成果,实践以就业为导向,以技能为核心的高职教育定位。编写过程中,我们力图使这套教材体现以下特点:

1. 在教材内容上以企业对岗位能力的需求为出发点,体现高职教育以就业为导向;同时,结合职业技能等级证书的考核标准,融入了相应工种的技能等级水平的相关要求。

2. 在教材设计上主要按照"生产任务驱动"和"案例教学"等教学模式安排教材的结构和内容。每本书都配有相关多媒体课件、资料扩展等立体化的教材,以便于老师的备课教学及学生的学习。

3. 教材表现形式上增加示意图和实物图,以增加教学的直观性,选用的案例也尽量体现当前企业技术要求的实际,并留有技术更新和工艺提升的空间,便于学生理解和进一步提高。

新课题就意味着挑战。在我们的艰辛探索中尽管得到了德国乌帕塔尔大学、斯图加特媒体学院以及莱比锡经济技术文化大学专家教授的悉心指导,但毕竟中德两国国情不同,我们的队伍也相对年轻,因而这套教材难免存在缺点和疏漏,试用中恳请专家、同行能不吝赐教。

安徽新闻出版职业技术学院　院长

程德和

出 版 说 明

"双元制"职业人才培养模式是德国经济起飞和持续繁荣的"秘密武器",借鉴"双元制"人才培养模式,探索中国印刷职业教育道路也是本届印刷与包装类专业教指委关注的课题。

"双元制"强调把人才培养的着眼点始终放在应用技能的养成和提升上,寻求理论知识与应用技能操作的最佳结合点,并根据工种、岗位的特征合理设计基础理论传授和应用操作技能指导的最佳配比,将一线岗位对人才能力结构的要求扎实贯彻到人才培养的全过程,从而实现以就业为导向、技能为核心的职业教育定位。

"合肥中德印刷培训中心"于1995年年底诞生,落户安徽新闻出版职业技术学院。该项目合作的开宗明义便是"引进德国'双元制'职业教育模式,培养中国印刷包装行业生产一线急需的应用型技能人才"。为此,他们组成由德国相关中高级职业院校的专家教授和中德著名印刷企业和设备制造商的工程技术专家、一线教师参与的教学指导委员会,借鉴德国印刷行业以及职业院校的专业教材,组织教师编写了主要课程的讲义,这套讲义经过几经试用和反复修改,逐渐成为本土化的适合中国国情的"双元制"示范教材,这就是我们教指委首批呈现给大家的这7本教材。它们是:《包装印刷设备》《现代胶印机的使用与调节》《包装工艺》《印刷材料》《印前图文信息处理》《印刷工艺》《印刷包装专业实训指导书》。

这套教材的特点是:

1. 以就业为导向,以培养印刷包装高级技术型人才为目标,以技术能力为主线,注重理论联系实际,注重实用。同时,结合职业技能等级证书的考核标准,涵盖相应工种的技能等级水平的相关要求,以体现职业教育双证融通的特点。

2. 在教材设计上主要按照"生产任务驱动"和"案例教学"等教学模式安排教材的结构和内容,明确每一教学单元的培养目标和知识点、技能点。

3. 教材根据学习内容编写技能训练和考核项目,及时帮助学生强化所学知识和技能,在题目的设计上,注重实用性,每章都安排一定量需学生独立完成的题目,尽量不设计背诵记忆类题目,有助于学生解决实际问题能力的培养。

4. 教材表现形式上增加示意图和实物图,以增加教学的直观性,降低学习难度,选用的案例也尽量体现当前企业技术要求的实际,并留有技术更新和工艺提升的空间,便于学生理解和进一步提高。

5. 尽量使教材立体化,每本教材都配有相关课件、资料扩展等多媒体,助学助教。

这套教材是由理论专家和实践专家合作的结晶,首批推出的7本教材克服了传统教材的不足,有利于促进高职高专印刷与包装类专业的教学改革、师资建设和专业发展,为我国印刷包装产业高技能人才培养作出贡献。同时,由于教材编写是一项复杂的系统工程,难度较大,也希望行业内专家学者不吝赐教,以便再版修订。

全国高职高专印刷与包装类专业教学指导委员会
2008年1月

前　言

"印前图文信息处理"是印刷工艺过程中的重要环节，是印刷类专业必修课程。它的内容包括印前的图文信息输入、处理、输出的基础理论知识及相关的操作规程。本书适用于高职高专印前图文信息处理专业、印刷技术专业及印刷管理专业的教材，是一门核心专业课教材。同时也可以作为印刷企业相关技术人员的参考书。

自1999年以来，我们在德国职业学校的专家指导下，编写了一系列的讲义和练习，2000年以来在中职班级用了8届。2004年升格为高职院校后，教学大纲在德国来比锡应用大学、斯图加特媒体学院的相关教授指导下作了修改，根据新的教学大纲重新编写了讲义，修正后的讲义在高职班级也已用了3届，去年暑假我们带着教学计划深入深圳的几家大型印刷企业征求意见，也得到企业专家的认可。在这个基础上我校组织教师编写了本教材。

本教材的总体编写思路：

1. 以实际生产实例叙述生产工艺过程，同时阐明本实践过程所用到的相关理论知识。

2. 本书特别注意使用更多的插图直观的体现教学内容。

3. 一切以用人单位对技术人员的要求为出发点。设定学习目标，力求实用性强。本书从需要掌握的"技能目标"和"工作目标"出发，通过"生产实例"的讲解使读者很快掌握所要掌握的知识并能运用到实际工作中，将高职高专的专业教学与国家的岗位职业标准相结合，实现与企业岗位的无缝对接。

4. 与印刷企业合作，将最新、最实用技术融入教学。

教材共分为七个章节，第一章介绍了一般数字制版的工艺过程，第二章介绍了原稿及图文信息输入的相关知识，第三章介绍了图文信息处理的相关内容，第四章介绍了图文信息排版和拼大版技术，第五章介绍了图文信息输出的相关知识和操作技能，第六章以方正畅流和柯达印能捷为例介绍了印前流程软件操作步骤，第七章介绍了色彩管理知识。其中第一、三、四、五、六章由安徽新闻出版职业技术学院诸应照老师编写，第二章由同校的张晓艳老师编写，第七章由同校的彭慧亮老师编写。

在编写过程中，参考了不少相关的书籍，也走访了一些印刷企业，由于印前技术发展较快，新技术新工艺层出不穷，因此只局限于现在。在举实例时只是针对个别软件，可以说还不够完整。再就是本书只是针对高职学生，所以涉及的理论知识不够全面，像基于JDF的全数字化工艺流程就没有介绍。限于作者的水平，书中不足和错误之处恳请读者给予批评指正。

本书编写过程中得到作者所在单位其他成员的大力支持，也得到印刷企业一些师傅的帮助，如安徽新华印刷股份公司制版车间主任马红远和校办工厂印前主管周海峰等，在此一并表示衷心感谢。

编者

2009.8.26

教 学 建 议

本教材只是用于理论教学，不包括具体的实践内容，与本课程配套的实践教学建议每周用一天时间，内容分为三大块：书刊类、商业类和包装类，模拟生产实践。理论教学建议在专业基础课和平面设计软件上完后开课，实践课在理论课的下一学期开设。

序号	课程内容		建议学时	
			讲授	合计
1	概论		2	2
2	印前图文信息输入	2.1 原稿分析	2	16
		2.2 图文信息输入	1	
		2.2.1 输入方法		
		2.2.2 图像种类	1	
		2.2.3 图像数字化	4	
		2.3 图文信息输入设备	2	
		2.4 扫描仪的基础知识	2	
		2.5 扫描仪的实践操作	2	
		习题课（2课时）	2	
3	图文信息处理	3.1 图像处理	2	22
		3.1.1 控制图像分辨率、大小的方法		
		3.1.2 图像的层次调节	4	
		3.1.3 图像的色彩校正	4	
		3.1.4 清晰度调整	2	
		3.1.5 创建专色	2	
		3.2 图形处理	2	
		3.3 文字处理	2	
		3.4 文件格式	2	
		3.5 陷印处理	2	
4	图文信息组版	4.1 排版软件的应用	2	4
		4.2 拼大版	2	
5	图文信息输出	5.1 输出前页面文件的检查	1	16
		5.2 感光材料及其加工过程	1	
		5.3 加网技术	2	
		5.4 数码打样	2	
		5.5 输出胶片	4	
		5.6 计算机直接制版	4	
		习题课（2课时）	2	
6	印前工艺流程		6	6
7	色彩管理技术		6	6
合计			72	72

目录

第一章 概述 ... 1
    一、分析版面，制定工艺路线 ... 2
    二、图像扫描和文字录入 ... 2
    三、扫描图像的处理 ... 2
    四、图形设计 ... 3
    五、排版 ... 3
    六、输出 ... 4

第二章 印前图文信息输入 ... 5

第一节 原稿的分类 ... 5
    一、反射稿 ... 5
    二、透射稿 ... 5
    三、光碟图库 ... 6

第二节 图文信息的输入 ... 7
    一、输入方法 ... 7
    二、图像的种类 ... 7
    三、图像的数字化 ... 8
    四、图形的数字化 ... 11
    五、文字的数字化 ... 11

第三节 图文信息输入设备 ... 12
    一、输入设备种类 ... 12
    二、文字输入设备 ... 12
    三、图形输入设备 ... 14
    四、图像输入设备 ... 14

第四节 扫描仪的基本知识 ... 16
    一、扫描仪的种类和结构 ... 16
    二、扫描仪的性能与参数 ... 18
    三、扫描仪扫描步骤 ... 22
    四、扫描过程常见问题及解决方法 ... 26

第五节 平台式扫描仪实践操作 ... 27
    一、Mira Scan6软件概述 ... 27
    二、精灵模式下界面按钮功能分析 ... 29
    三、传统模式下界面按钮功能分析 ... 31
    四、扫描仪使用过程中相关问题及解决方法 ... 33

第三章 图文信息处理 ... 35

第一节 图像的调节校正 ... 35

一、控制图像分辨率、图像大小和文件大小的方法 …… 35
　　二、在Photoshop中进行图像层次的调节 …… 38
　　三、颜色校正 …… 46
　　四、图像清晰度强调 …… 62
　　五、在Photoshop中使用专色通道创建印刷用专色色版 …… 67

第二节　图形处理 …… 70
　　一、图形处理的基本概念 …… 70
　　二、图形处理的内容 …… 70
　　三、图形软件的应用 …… 70

第三节　文字处理 …… 74
　　一、字体的基本常识 …… 74
　　二、印刷字体的大小 …… 75
　　三、标点符号及其排版规则 …… 76
　　四、字距与行距 …… 78
　　五、图书标题的分级及标题序号选用 …… 79
　　六、计算机字体类型 …… 79

第四节　文件格式 …… 81
　　一、TIFF文件格式 …… 81
　　二、EPS文件格式——封装的PostScript（Encapsulated PostScript）格式 …… 82
　　三、JPEG文件格式 …… 83
　　四、PDF文件格式 …… 84

第五节　陷印 …… 88
　　一、陷印概念 …… 88
　　二、数字陷印原理 …… 88
　　三、包装印刷中何时需要做陷印 …… 90
　　四、包装印刷中陷印处理的原则 …… 90
　　五、包装印刷陷印量的确定 …… 91
　　六、数字陷印技术在包装印刷中的应用 …… 91
　　七、陷印的处理方法 …… 92
　　八、陷印的实际运用 …… 95
　　九、结语 …… 97

第四章　图文信息组版 …… 98

第一节　平印制版图文组版的原理 …… 98
　　一、版面构成要素 …… 98
　　二、排版的内容 …… 99
　　三、排版的禁则 …… 99

第二节　页面排版的规则与方法 …… 100
　　一、图书排版的规则 …… 100
　　二、期刊排版的概念与规则 …… 101
　　三、排版软件及其特点 …… 107

四、拼大版及其软件应用 ……………………………………………………………… 109

第五章　图文信息输出 ……………………………………………………………………… 115
第一节　输出前页面文件的检查 ……………………………………………………… 115
第二节　银盐感光材料（胶片）及其应用 …………………………………………… 118
　　一、银盐感光胶片的构成 ………………………………………………………… 118
　　二、银盐感光材料的成像过程 …………………………………………………… 119
　　三、感光胶片的成像特性（照相性能） ………………………………………… 121
　　四、感光胶片的类型 ……………………………………………………………… 122
第三节　加网技术 ……………………………………………………………………… 123
　　一、加网的重要作用 ……………………………………………………………… 123
　　二、网点与加网 …………………………………………………………………… 124
　　三、调幅加网技术 ………………………………………………………………… 130
　　四、龟纹产生机理与控制 ………………………………………………………… 134
　　五、网点增大及补偿性校正 ……………………………………………………… 136
　　六、调频加网与混合加网技术 …………………………………………………… 141
第四节　打印 …………………………………………………………………………… 147
　　一、打样 …………………………………………………………………………… 147
　　二、传统打样与数字打样 ………………………………………………………… 148
　　三、数字打印设备 ………………………………………………………………… 149
　　四、输出校版样张 ………………………………………………………………… 151
　　五、远程打样 ……………………………………………………………………… 156
第五节　输出胶片（CTF） …………………………………………………………… 158
　　一、激光照排机的分类及特点 …………………………………………………… 158
　　二、激光照排机的主要性能参数 ………………………………………………… 160
　　三、激光照排机的定标 …………………………………………………………… 163
　　四、输出胶片的工艺过程 ………………………………………………………… 164
第六节　计算机直接制版机 …………………………………………………………… 170
　　一、CTP直接制版系统与设备综述 ……………………………………………… 170
　　二、基于CTP系统的质量检测 …………………………………………………… 172

第六章　印前工艺流程 ……………………………………………………………………… 177
第一节　方正畅流 ……………………………………………………………………… 177
第二节　印能捷工作流程 ……………………………………………………………… 197

第七章　色彩管理技术 ……………………………………………………………………… 205
第一节　色彩的基础知识 ……………………………………………………………… 205
　　一、色彩概述 ……………………………………………………………………… 205
　　二、色彩感觉 ……………………………………………………………………… 205
　　三、色彩属性 ……………………………………………………………………… 205
　　四、色彩空间 ……………………………………………………………………… 206
　　五、色彩模型 ……………………………………………………………………… 206

第二节 色彩管理技术基础 ········· 207
一、色彩管理的目的 ········· 207
二、色彩管理的任务 ········· 207
三、色彩管理系统的组成 ········· 208
四、常见色彩管理系统软件 ········· 208

第三节 色彩管理技术使用 ········· 210
一、色彩管理系统实施的步骤 ········· 210
二、设备校准（校正）········· 211
三、如何产生设备色彩特性文件 ········· 212

第四节 应用软件中的色彩管理技术 ········· 213
一、Photoshop中的色彩管理 ········· 213
二、CorelDraw中的色彩管理 ········· 215
三、Pagemaker中的色彩管理 ········· 217

参考文献 ········· 219

第一章 概 述

制版工艺经历了手工制版、照相制版和电子分色制版,如今已全面实现了数字制版,尽管不同的版制作难易程度不同,制作方法差别很大,制作的要求也不一样,但总体来说数字制版的工艺流程大体相同,如图1-1所示。

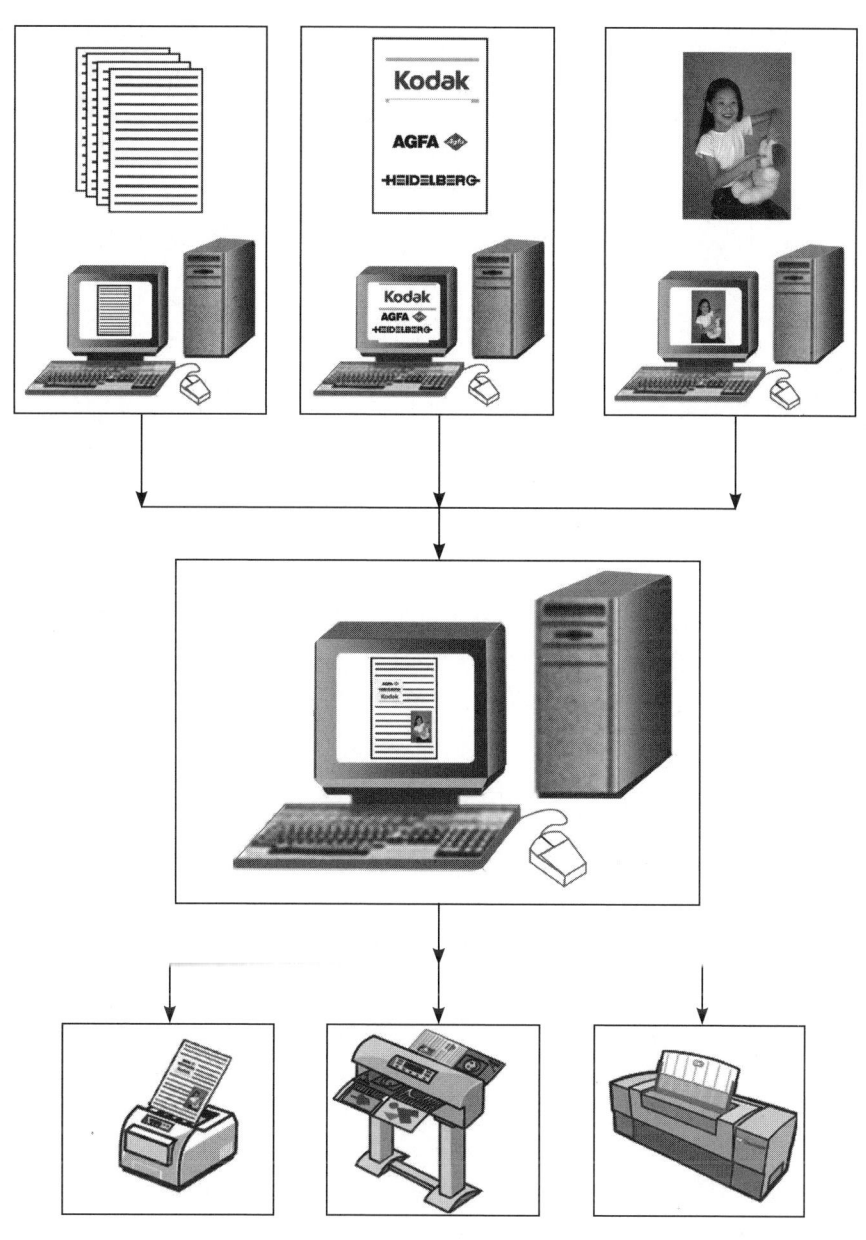

图1-1　数字制版工艺流程

一、分析版面，制定工艺路线

在开始制作之前应首先对版面的构成进行分析，选择制作的方案，包括选择使用哪些应用软件和制作顺序等。工艺路线制定合理与否，对简化制作步骤，提高制作效率和质量都是至关重要的。在可能的情况下，应该由专门的工艺员制定工艺路线，下达生产任务单，这样可以明确责任，避免走弯路。如果客户只是有个复制意向，而没有版式，那么就要由工艺设计人员先进行版式设计，然后才能进入到工艺路线制作阶段。

二、图像扫描和文字录入

根据版面的要求把需要扫描的图像输入到计算机中，其中包括彩色图像和一些特殊的图标及特殊字体（如公司的名称等）。为了保证图形的质量，用扫描仪扫入的计算机图标和企业标志文字，必须在图形软件中勾边填色把它们转换成图形文件。

扫描图像时要注意根据原稿的特点和版面的要求，合理选择扫描图像的色彩模式，分辨率的设置也要合理，避免造成因质量的问题而返工的情况。

当由录入员录入文字时，可以使用各种常用的文字处理软件，包括PC机和苹果机的各种文字处理软件，但最好遵循以下几项规则：

（1）内文所用的字体不要太多，最好用输出设备字库中备有的字体，避免下载字体影响速度、影响质量或出现错误。

（2）不加任何排版符号或命令，通常组版软件不能正确识别文字处理软件的排版符号或命令，因此不要使用，使用后会给排版带来麻烦，不注意就会出现排版错误。

（3）录入时不要增加多余的空格和回车，比如不要用空格来作为段首缩排，不要用回车来增加行距等，所有排版格式都要由组版软件来完成，否则会造成字距不匀，缩排不准确，文字跑位等问题。

（4）在调入文字之前，应用文字处理软件的查找和替换命令检查并消除多余的空格和回车，去掉排版符号和命令，这样会使排版更加容易。

（5）用纯文本的格式保存所输入的文字文件，以保证组版软件能正确调用。

三、扫描图像的处理

（1）修版，一般对扫描得到的图像应首先进行修版，包括修掉图像中的脏点、剪裁。从图像的阶调、颜色和清晰度方面考虑，去掉图像中的一些缺陷（包括原稿的缺陷和扫描引起的缺陷），使图像符合版面的尺寸要求。

（2）特效处理，如果版面对图像有特殊的要求，应在这一步进行处理，如图像的挖空、拼接、叠加、旋转、换色、投影、光照、浮雕效果等，这一步是进行创意的主要步骤，也是对图像处理软件应用水平的检验，因此难度较大。

（3）分色、存盘，图像处理的最后一步是将处理完的图像进行分色处理，以适当的格式存盘。点阵图像一般以TIFF和EPS格式保存，因为这两种格式任何组版软件都可以识别，便于组版。如果用Photoshop对图像进行处理，且处理过程中用到过层和通道的功能时，在最后存盘时一定要首先将图层合并，删除没用的通道，仅保留CMYK和专色通道，否则在组版调用图像文件时会出现问题，图像处理完后，以TIFF或EPS格式存盘。

图像处理一般都在Photoshop中进行，具体的步骤并不是绝对的，应根据具体情况灵活运用。对于彩色图像一般在较后端才进行色彩模式转换，因为分色后图像容量会增大三分之一，操作起来速度会变慢。有些扫描仪可以直接扫描成CMYK图像，且有些使用者更习惯使用CMYK图像进行校色，但在进行计算量较大的工作时，应尽量在分色之前，如进行图像的拼接、图像效果处理等，还有些特技滤镜只对RGB模式图像有效，不能使用CMYK模式图像。一般来说，调整图像阶调的工作可在RGB模式下进行，这样做可以减少因调整阶调所带来的层次损失，而进行校色的工作最好在CMYK模式下进行，这样会更准确些（因为RGB色域大于CMYK，在进行色彩模式转换时还会有颜色变化）。有些需要在图像处理软件中填色的工作应在分色以后进行，这样可以直接使用印刷原色填充，填充色不受分色的影响，使填充色更接近印刷的网点比例。

　　当图像模式为RGB时，填充颜色时往往不能得到准确的网点百分比，因为所填颜色受分色曲线的影响。例如，在Photoshop调色板中设定一个80C100M，但填充到RGB图像中以后看到的是81C98M4Y1K，具体的网点比例值是多少与Photoshop中的颜色设置有关。但如果图像模式为CMYK时，所填充的颜色就准确等于调色板中设定的值。因此填充颜色应在CMYK色彩模式下进行。

四、图形设计

　　如果版面中有一些图形在组版软件中不能实现，则首先应在绘图软件中绘制，绘制完成后以适当的文件格式存盘，通常以EPS格式保存，或者以组版软件可以调入的其他格式存盘。当以EPS格式保存所绘图形后，还要以绘图软件默认的格式备份，以便对图形进行修改。一旦输出成EPS格式文件后就不能对其进行修改了，要想对图形进一步修改，必须使用绘图软件本身的文件格式，修改后再输出成EPS格式。

五、排版

　　排版工作有时也叫组版，排版就是把扫描图像、绘制的图形及文字按照设计的版式进行组合，并进行版上底色及装饰色块的绘制。根据版面的特点选用适当的组版软件可以明显加快组版的速度，提高工作效率。如以文字为主的版面应选用排版软件如方正飞腾、PageMaker、QuarkXpress等，若以图像和图形为主的版面则选用图形处理软件较好，如Freehand、Illustrtor、CorelDraw等，因为组版软件的图形功能相比图形软件较弱，遇到复杂的图形必须用绘图软件绘制，再以EPS文件格式置入，操作步骤较麻烦。若用图形软件排版，则处理版面中的图形对象较方便，制作渐变的底色也容易，但对大量文字处理则较困难，没有排版软件方便，尤其在处理排版禁则时可能会出现问题。使用绘图软件排版时，绘图工作也可以在组版时绘制。

　　排版的先后顺序很重要，它直接影响排版的速度和效率，对避免出错非常有效。排版的顺序应遵循先底层、后上层，先主体、后零星的原则，这样可以提高排版速度，减少不必要的制作步骤。因为后置入的元素总会遮盖先置入的元素，因此一般应先制作底色，按从下到上的顺序依次置入版面的各个元素。虽然排版软件都具有图层顺序的调整功能，但来回调整图层顺序既影响制作速度，又容易出错，任何一个被盖住的元素都不能正确输出，因此必须避免顺序的错误。先主体、后零星是为了快速确定版面的布局。例如以文字为主的版面，应先置入文字，再置入图像，利用文字绕图的功能排版；如果以图像和图形为主的版面，则应先置入图像和图形，排好位置后再加入文字，这样更便于排版。

排版时应尽量利用软件的辅助线功能和控制板的定位功能，这样可以更快速准确地定位版面中的各元素，对于版面上的共同元素最好在主页制作，这样既提高效率，也能做到定位绝对准确。

六、输出

前面制作好的版面若不是书刊就可以直接输出了，若是书刊则还需要拼版，拼版可以在拼版软件中完成。如目前市场上主流的拼大版软件有美国Scenic Soft Inc公司的Preps、加拿大Ultimate Technographics Inc公司的Ultimate Impostrip、台湾崭新科技股份有限公司的崭新印通、北大方正电子有限公司的方正文合、Farrukh System Ltd公司的Imposition Publisher、Dynagram Software Inc公司的DynaStrip等，拼版方便准确；拼版也可以在排版软件中完成，但比较麻烦，容易出错，且效率低。拼完版后就可以输出了。

输出分为校样输出和最终输出。校样又分为版式样和色样，版式样一般是用激光打印机输出黑白样，主要用来校对文字和版面布局以及规矩线，彩色样一般用彩色激光打印机或彩色喷墨打印机来完成，主要用来检查整个版的彩色效果及供客户签样。通常是先输出一次版式样，检验后再输出彩色校样，若客户认可，则可以输出最终的软片或印版。

现在输出各个步骤可以分开进行，也可以在数字印前"流水线"中完成，它可以把拼版打样及最终输出整合在一个流程软件中来完成，如现在市面上用的印前流程软件：柯达公司的印能捷（Koda Prinergy connect）、网屏公司的慧智（Screen True Flower）、方正的畅流、爱克发的Apogee、海德堡的印通（Prinect）等。

第二章 印前图文信息输入

第一节 原稿的分类

原稿是复制的基础和依据，通过对原稿的分色、制版、印刷，最终得到复制品。原稿的种类很多，而一般的复制品都是油墨印在纸张上的印刷品。人们希望每张印刷品都有较高的观赏价值，但原稿的质量往往不尽如人意，这就要求操作人员对原稿的种类有所了解。

一、反射稿

反射稿是不透光的稿件，有下列几种。

（1）彩色照片　当使用彩色照片作原稿时，宜选用色彩鲜艳、层次丰富的光面相纸，若照片颜色太平淡、色调偏差、焦距失真，或是用毛面相纸所冲洗的照片，将不利于色彩的复制。

（2）黑白照片　当使用黑白照片作原稿时，宜选用颜色分明、色调层次丰富的光面相片，若是照片呈灰黑色调时则不宜采用。使用彩色照片扫描成灰阶图像也是可行的方法。

（3）半色调印刷图片　若无法取得图像原稿、彩色照片、黑白照片、彩色正片等当作原稿，有时只好勉强使用已印成印刷品的图片。此类图像千万不要再放大，否则会使图像更加模糊，而且网点颗粒也会很明显。此类图片在重新扫描时，可略微缩小处理，所得效果较佳。而透过电脑影像处理软件，能将印刷图片原稿的网点柔化处理，而得到稍好的复制效果。

（4）画作原稿　当使用国画、水彩画、素描、油画、插画、建筑外观等原稿时，若是作品面积太大无法上机扫描，就必须先拍成二次原稿再进行扫描。若是小面积的当然就不必多此一举。如图2-1所示。

图2-1　绘画原稿

二、透射稿

原稿是透明的，光源照射在原稿的背面，用投射光进行扫描。各种立体作品，例如产品包装设计、珠宝饰品、家电产品、工艺制品、机械设备、服饰等，最好将它们拍摄成彩色正片，才可以进行印刷的扫描。彩色正片是透射稿的一种，透射稿就是一般透光的底片，常见的有135、120、4in×5in三种规格的底片，如图2-2所示。

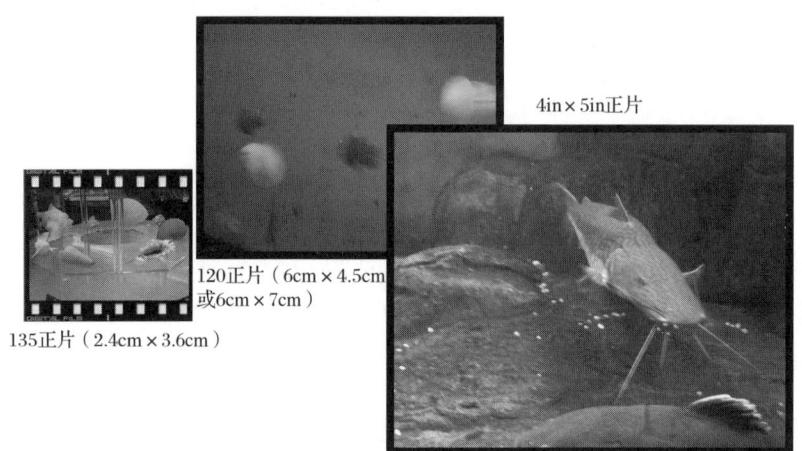

图2-2　透射稿

彩色正片是最佳的印刷图片原稿，经由滚筒式扫描仪可达95%以上的色彩重现。为了使印刷成品的色彩浓度较高些，在拍摄时可将曝光较正常值减低，若主题之色调较暗时，则应选择正常曝光。

三、光碟图库

光碟图库大致有两种，一种是矢量图库，多半为插图的应用；一种则是摄影图库，这一类影像应用范围较广，可作为背景底纹、插图等。

矢量图库是平面设计最常用的，主要有漫画、插图百科、造型图案等，如图2-3所示。

摄影图库的种类很多，材质图库有石材、金属、纸布花纹、天空彩云等；风景图库有城市风光、名胜古迹、名山大川、森林草原、虫鱼花鸟等。

使用的光碟图库应选购正规品牌产品，图像的分辨率应该在300dpi，图片尺寸最少要有A5大小，如图2-4所示。

图2-3　矢量图库　　　　　　　　　图2-4　像素图库

此外还有就是数码相机和绘图软件所产生的图形和图像。

第二节 图文信息的输入

目前图像复制是将模拟的原稿图文信息转换成印前图文处理系统所能接受和处理的数字信息。印前图文处理系统对图文信息的输入有很多的方法和相应的设备，其输入原理也有所不同。

一、输入方法

依据各自的特征，印前图文处理系统对不同类型的图文信息采取不同的输入方法，在第一节中我们将原稿进行了分类，根据原稿的信息类型，可以将原稿分为图像原稿（连续调图像）、图形原稿和文字原稿三种，其输入方法如下：

（1）图像输入方法　印前图文处理系统对图像原稿，即连续调图像的输入一般采取扫描输入的方法，即把图像分解成一个个小的离散点，并将各离散点的灰度值通过量化的离散量来表示。目前使用到的扫描仪有平台式和滚筒式两种。

（2）图形输入方法　印前图文处理系统对图形的输入一般可利用鼠标和相应的绘图软件，或者是利用数字化仪对图形进行数字化处理，从而获取数字化的图形信息，常用到的图形处理软件有Illustrator、Freehand、CorelDraw等。

（3）文字输入方法　印前图文处理系统对文字原稿的输入，一般利用计算机键盘直接录入，对标准化字体的文字原稿，也可以采取光学文字识别扫描的方法输入，通常使用的文字识别软件为OCR（Optical Character Recognition）。

二、图像的种类

根据图像的记录方式不同，可以将其划分为模拟图像和数字图像两种。

（1）模拟图像　模拟图像是通过某种物理量的强弱变化来表现图像上各个点的颜色信息的。例如：印刷品图像、相片、画稿上的图像都是模拟图像。其中，印刷品是由承印物上油墨的浓淡或网点的大小来表示颜色的信息；相片是通过染料的深浅表现图像上各个点不同的颜色；画稿是通过颜料的多少和浓淡来表示画面的颜色和意境，所以模拟图像依赖的是颜色媒体。

（2）数字图像　数字图像是指把图像分解为被称作像素的若干小的离散点，并将各像素的颜色值用量化的离散值，即整数值来表示的图像。但数字图像必须依赖于计算机，才能表现出来，必须通过光和模拟图像进行显示，否则不能被人们所感受。数字图像主要包括位图图像和矢量图像，在印前系统中同一个文件可以同时包含位图图像和矢量图像。

位图图像是由被称为图像元素或像素的微小正方形排列而成，并将每个正方形的颜色值用数字来表示的图像。它最终要用颜色媒体才能显示和表现，即还是要通过模拟图像来表现。它与分辨率有关，且移动缩放都有可能降低图像的品质；可以长时间保存而不失真。所以位图图像主要用来表现阴影和色彩较丰富的原稿，如图2-5所示。

矢量图像是由叫做矢量的数学对象所定义的直线和曲线组成的。矢量图像与分辨率无关，移动、缩放都不会降低图形的品质；由图形软件创作；可以长时间保存不会失真；使用任何分辨率打印输出都不会丢失任何细节和清晰度。可以用来表示细节变化较少的图，如一般的企业标志、卡通图片、包装产品线条色块图等，如图2-6所示。

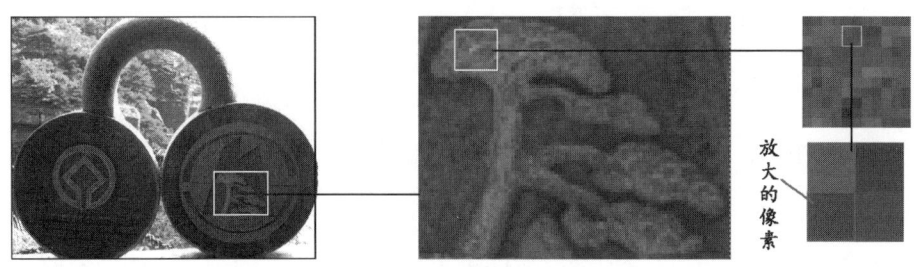

图2-5　像素图

图2-6　矢量图

三、图像的数字化

模拟图像经过数字化过程，例如通过数字扫描设备（扫描仪）或数字摄影设备（数码照相机）采集到计算机中，就可以转换为数字图像。扫描仪在对原稿进行扫描时，要逐点逐行采集色彩信息，也就是把连续的图片分割成像素点阵，如图2-7所示。

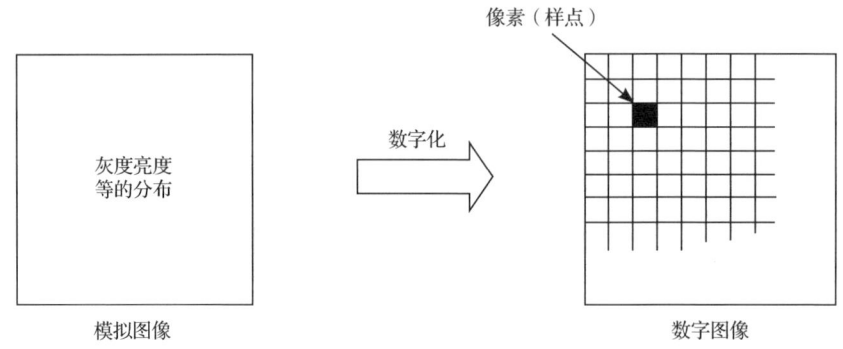

图2-7　图像数字化示意图

印前图文信息的输入，就是将模拟的连续调的平面图像，转变为印前图文信息处理系统中可以接受和处理的数字图像的过程。图像分解为像素的方法根据平面设置有正方形、正六角、正三角阵列，其中正方形最为常用。图像的数字化就是指将模拟图像转变成数字图像的过程，按照图2-8所示的过程进行采样和量化。

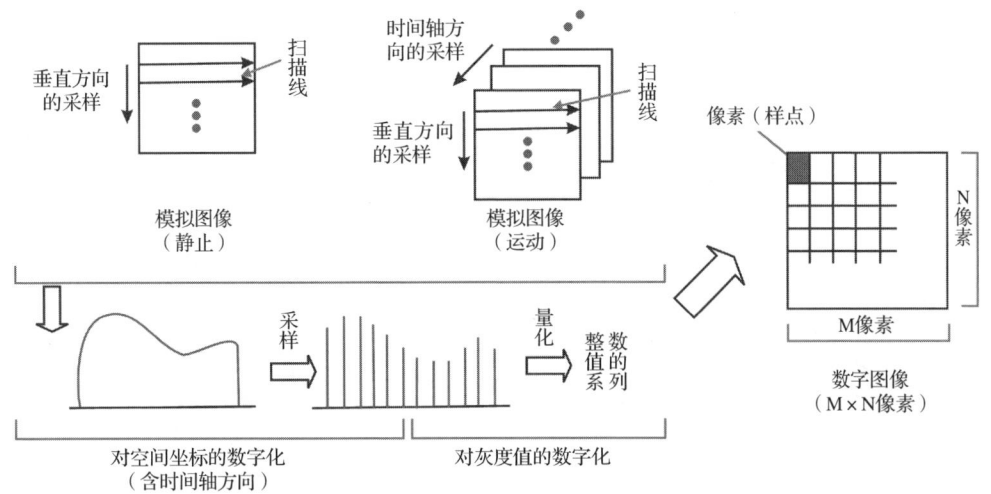

图2-8 采样和量化过程

（1）采样 采样是指使空间连续变化的图像离散化，即用空间上的部分点的灰度值来表示图像，这些离散点称为样点，或者是像素、像元。一幅图像取点的多少，是受一定条件约束的，即由这些样点采用某种方法，能确保不失真的重建原稿为前提条件的。

假设一幅图像，采样时在横向上的像素为M个，纵向上的像素为N个，则该图像用的离散的$M×N$个像素来代替，在对该图像进行处理的时候，只需要处理$M×N$个点的图像灰度。也就是说将图像变成每行有M个像素，每列有N个像素，全图由$M×N$像素构成像素点集。其中M和N可以相等，也可以不等。

在采样时，M和N点数越多越好，但并不是一直无限的多，这里只需要满足采样定理，足够的点就可以了。但在我们实际操作过程中，采样点的间隔是非常重要的，其直接决定了图像反映原稿的信息，所以M和N点数的多少，是要根据实际情况而定。

（2）分辨率 要想将图像所包含的信息，完好无损的进行离散化，在采样时需要选择采样孔径尺寸，也就是与其分辨率有很直接的关系。

分辨率是一个表示平面图像精细程度的概念，通常它是以横向和纵向点的数量来衡量的，表示成水平点数×垂直点数的形式。在一个固定的平面内，分辨率越高，意味着可使用的点数越多，图像越细致。图2-9所示的是分辨率不同的图像，通过对照图片可以发现图像的清晰度有明显的不同，这说明：分辨率越高，图像越清晰，图像质量越好。

当然在实际选择中并不是一味的提高分辨率，要根据实际图像最终处理的目的和处理速度进行确定。

（3）量化 经过采样后，图像已经按照要求将其分解成离散的像素，但这些像素值仍是连续量。量化就是指对这些采样点的灰度值的离散化，即把图像中连续变化的灰度值变成离散值（整数值）的过程，通常称之为整量化过程。

量化图像的梯级数目随着图像的内容及处理的目的不同而不同，一般量化后每个像素的量度值用二进制的位数（bit）表示。如处理文字和图形时，各个像素只需有"0"与"1"两个值，即1bit（比特）的信息，这种用1bit信息表示的图也称之为二值图像，图2-10表示是量化后不同梯级数目图。

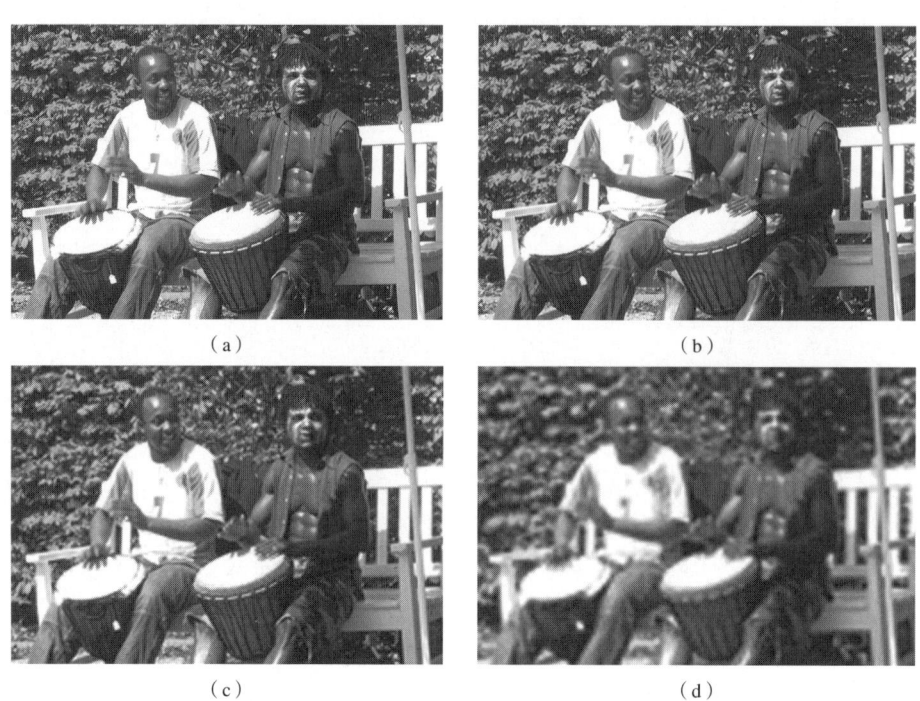

图2-9　同一图片不同分辨率效果图

（a）分辨率为400　（b）分辨率为200　（c）分辨率为100　（d）分辨率为72

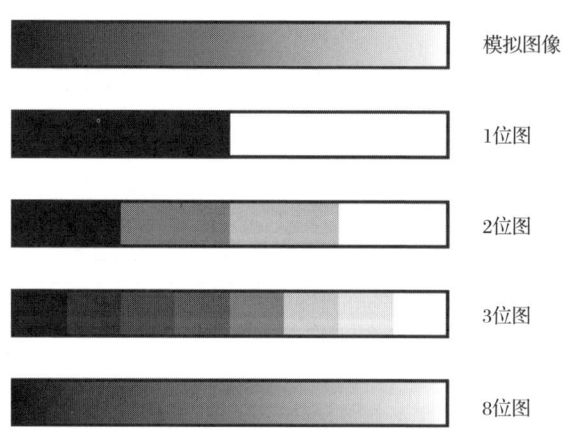

图2-10　量化后不同梯级数目图

图2-10中1位图是指$2^1=2$，表示的是0，1两种状态，即黑白两色；2位图为$2^2=4$，表示的是00、01、10、11四种状态；同理3位图、8位图分别表示8个和256个层次。图2-11分别表示1位、2位、3位和8位的图像。

（a）　　　　　　　　　　　（b）

（c）　　　　　　　　（d）　　　　　　　　（e）

图2-11　不同色彩位数的效果图
（a）模拟图像　（b）位图　（c）2位图　（d）3位图　（e）8位图

对于风景、人物照片来说，则至少需要用32~64梯级层次来表现。图像像素的梯级数目为$N×N$个时，量化时N的数目大小会直接影响图像质量，N为256时图像质量好；N为128时图像略微变粗；N为64或者32时图像质量较差；N为更小值时效果更差，所以一般量化级别大于128为最佳选择。

四、图形的数字化

印前图文处理系统对图形信息的输入，随着输入方式的不同，采用的方法和原理也有所不同。

（1）若采用光电扫描的方式进行输入，其输入原理则与图像的数字化处理原理相同，主要通过采样和量化处理，获得数字原稿。

（2）若采用数字化仪器输入，其利用的是电磁感应技术，主要是利用数字化仪上的金属栅格，将产生的感应电流将模拟的图形信号，转化为电信号，获得数字原稿。

（3）若采用光笔写字板输入，其利用的是光电倍增管，将光信号转变为电信号，获得数字原稿。在实际操作中，也可以通过相关的图形处理软件和键盘鼠标进行图形的绘制，依照原稿重新绘制也可以完成图形的数字化，获得数字化原稿。

五、文字的数字化

印前图文处理系统对文字信息的输入是指文字原稿的数字化。通常采用编码和字符组合方式来进行输入。数字化方式主要采用键盘输入处理方法，常用的使用五笔字型输入法进行文字的输入，也可通过相应的设备进行输入处理，例如：语音识别、扫描仪和文字识别系统、字符阅读等。

第三节 图文信息输入设备

印前图文信息输入设备是指用于输入各种原稿信息，包括文字、图形、图像信息，将这些信息数字化，并按照一定格式输入到计算机内存储起来，供计算机进行处理的硬件。图文信息输入图像信息的效果是由设备和操作人员的技术共同决定的。

一、输入设备种类

输入设备是将各种图像信息转换成印前图文处理系统可接受的图像信息的设备，当前市场上用于图文信息输入设备的数量和种类较多，输入方法也很多，根据原稿按照信息类型分类，可以将输入设备分为文字输入设备、图形输入设备和图像输入设备。

（1）文字输入设备　主要是用于文字信息的输入，印前处理系统的文字输入设备对应不同的输入方式，主要有键盘、字符阅读器和语音识别器三种，目前大部分印前制作公司采用的是键盘输入方式。

（2）图形输入设备　主要用于线划稿图形的输入，印前处理系统的图形输入设备主要采用数字化、绘制或扫描等方式输入，使用较多的是利用图形绘制软件进行绘制输入方式。

（3）图像输入设备　主要用于有明暗层次变化的图像信息的输入，印前处理系统的图像输入设备有扫描、数字相机、数字摄像机和图像输入卡等方式进行输入，目前主要采用的是扫描方式输入。

二、文字输入设备

文字输入设备主要用于输入字符串，以便在显示画面上添加标号或注释。

（1）键盘　键盘是印前输入系统中所采用的主要文字输入设备，印前系统中一般采用标准西文字母数字键盘。目前计算机上使用的键盘是101个键位的键盘，根据键盘上的键位排列，键盘可以分为五大区：打字机键区（58个键）、功能键区（13个键）、全屏幕操作键区（10个键）、控制键区（3个键）、小键盘区（17个键），如图2-12所示。

图2-12　键盘示意图

键盘操作有两大类，一为输入具体内容，另一类为发操作命令。打字键区的操作属于第一类键盘操作，即输入的每一个键位都代表具体的内容。而功能键区的操作属于第二类键盘操作，即每一个键位都没有具体的内容，只表示一种要被执行的操作。当然每一功能键具体表示什么操作都是由软件来规定的，不同的软件对各个功能键的定义可以不同，作为操作者，在使用前必须了解功能键的具体作用。

（2）字符阅读器　字符阅读器是指通过扫描的方式输入印刷或书写在纸上的汉字，并利用计算机进行自动识别的文字输入设备。字符阅读器进行汉字输入所采用的是光学字符识别OCR技术。OCR技术主要是将书写或印刷的文字经过扫描，获取图像文件后，再经过字符识别软件的识别转换，获得文本文件。

对汉字字形识别的流程如图2-13所示，首先，用光学的方法，对输入原稿上的文字进行光学扫描，并以8~10点/mm取样，取样点信息为1，背景部分的点为0，或相反。通过采样后将汉字字形变化为二值化的图式（二值图像是指只有黑白两个灰度级的图像）。在预处理阶段，除去污染和杂音，使文字正规化。经过一系列处理后将输入汉字的图式，与标准图式进行比较，以最接近的标准图式作为判定结果进行输出，输送到计算机处理系统中。

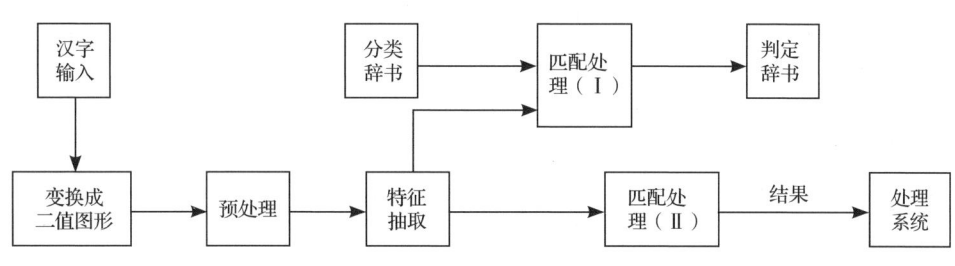

图2-13　光学字符识别流程

（3）语音识别器　语音识别器的原理是采用匹配判断的方法，在系统中存有一套标准的语音样本，通过某种手段把被识别的汉字语音接受到系统，与标准的语音样本进行对比，用一定的准则进行判别，找出最逼近于被测语音的样本字作为识别结果。主要经过量化处理、端点确定、特征抽取、规整处理和判定处理五个过程，其基本步骤如图2-14所示。

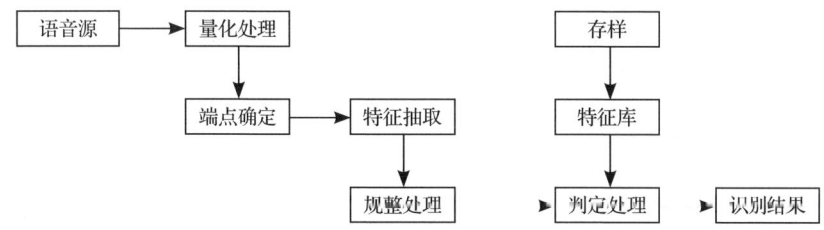

图2-14　语音识别过程

（4）电子笔　电子笔又称电脑手写笔，是通过传统的笔书写方式将文字录入电脑，替代原来的键盘输入。输入装置包括硬件和软件两个部分，硬件主要是有手写板、手写笔及与电脑相连的连接线组成；软件主要包括手写汉字识别软件、书法和绘画软件，图2-15所示的是电子笔和手写板示意图。

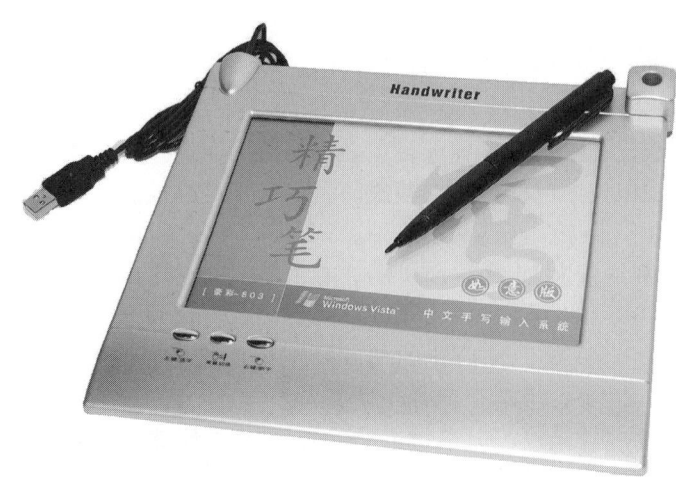

图2-15　电子笔示意图

　　手写笔分为有压感手写笔和无压感手写笔两种。有压感手写笔能感应笔划的轻重、粗细、着色的浓淡等，可以直接用来在屏幕上进行书画和绘画创造；无压感手写笔是利用电磁感应原理将数字化仪与特定的识别软件结合在一起进行识别，它只能用来转换成印刷体文字，不能随心所欲地挥洒。有压感书写笔能实现更加丰富的字体表现，但输入笔划压力比无压力感手写笔要大。

三、图形输入设备

　　图形输入设备是指将图形数据及各种命令等转换成电信号，传递给计算机的硬件，从逻辑上可以将其分为定位和字符串等。

　　（1）定位器　定位器表示的是一个坐标位置，可以通过输入坐标值x、y来确定。常见的设备有坐标数字化仪、图形输入板、鼠标及其他定位设备。坐标数字化仪利用电子感应原理，在台版的x、y方向上有许多平行的印刷线，通过检测最大信号的位置来确定坐标值。图形输入板是一种结构和原理类似于坐标数字化仪的输入设备，尺寸为280mm×280mm，通过指示笔的压力敏感开关接通电路，输入位置。鼠标分为机械式、电子感应式和红外遥控式三种，分别采用运行轨迹、电子感应和红外遥控技术来完成输入位置。

　　（2）键盘　键盘是用来输入字符或字符串的设备。

四、图像输入设备

　　图像输入设备主要用于图像信息的采集，其采集设备主要有扫描仪、数字相机和数字摄像机。

　　（1）扫描仪　扫描仪是印刷行业运用最为广泛的图像输入设备之一，是将各种形式的图像信息，如图片、照片、胶片及文稿资料等，输入到计算机的重要工具，其特点是精度和分辨率高。根据结构可以将其分为滚筒式扫描仪和平台式扫描仪。

　　滚筒式扫描仪实质上就是电子分色机扫描部分，但采用了计算机和软件进行扫描的控制和数据存储。滚筒扫描仪采用光电倍增管（PMT—Photo Multiplier Tube）作为光电转换器件，具有采样精度高、阶调范围宽，能再现出暗调丰富的细微层次的特点，是高档原稿扫描必不可少的设备，如图2-16所示。

平台式扫描仪采用电荷耦合器件（CCD-Charger Coupled Device）作为光电转换器件，在采样精度、分辨率、阶调范围、暗调细节再现等方面，都不如采用光电倍增管作为光电转换器件的滚筒扫描仪。虽然高档专业的平板扫描仪与滚筒扫描仪存在差距，但也达到了相当专业的水平，但其价格便宜，同时可以进行中高档产品的制作，所以目前使用非常广泛，图2-17为平台式扫描仪示意图。

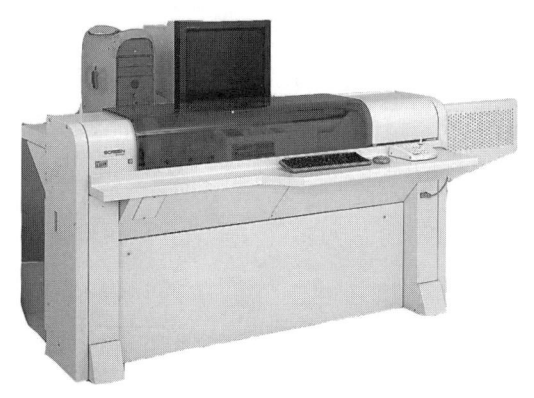 

图2-16　滚筒扫描仪示意图　　　　　　图2-17　平台式扫描仪示意图

（2）数字相机　数字相机是目前正在替代扫描仪的最普及的图像采集设备，能够进行景物拍摄与数字格式存储，其核心部件是CCD传感器，大面阵CCD数字相机已经达到2200万像素，如图2-18所示。

（3）数字摄像机　数字摄像机是一种可以用于印刷图像采集的设备，其核心部件为CCD。摄像机的图像处理及信号的记录全部使用数字信号完成，而非模拟信号。数字摄像机摄取的图像信号经CCD转化为电信号后，马上经电路进行数字化，在记录到磁带之前的所有处理全部为数字处理，最后将处理完的数字信号直接记录到磁带上。由于采用了数字电路，因此数字摄像机具有图像质量好、记录过程中采用纠错编码、记录密度高、机器体积小、可靠性高、低使用成本、录音音质完美等优点，但灰度层次较差、非线性失真较大，有黑斑效应，需要校正。图2-19所示为数字摄像机。

图2-18　数字相机示意图　　　　　　图2-19　数字摄像机示意图

第四节 扫描仪的基本知识

一、扫描仪的种类和结构

扫描仪是印前图文处理系统中不可缺少的图像输入设备，主要利用扫描和光电转换，把图片原稿上的图像信息转换成数字信号，并传送到印前处理系统中。根据扫描仪本身结构的不同，可以分为平台式（平面式、平板式）扫描仪和滚筒式扫描仪。扫描仪具有不同的精度、效率档次等，在印前图文处理系统中，使用中高档平台式扫描仪和滚筒式扫描仪。

（1）平台式扫描仪　平台式扫描仪由原稿平台、扫描光源、光学成像部件、光电转换部件、模拟/数字信号转换器、图像信号处理器、扫描过程控制部件、扫描部件的机械驱动装置等组成，其结构示意图如图2-20所示。

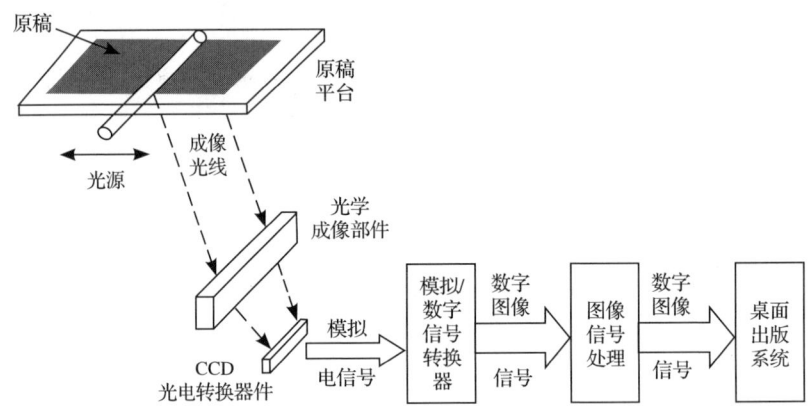

图2-20　平台式扫描仪结构示意图

平台式扫描仪最大的特点是用并行方式对原稿进行扫描输入。扫描图片的过程是：将原稿放置在原稿平台上或夹在原稿片夹当中，启动扫描后，扫描光源与原稿做相对运动，光源照射原稿，每次点亮一条线（一行），被照亮的一行图像的光线到达光学成像器件，并且成像在光电转换器件上。在平台式扫描仪上，常用的光电转换器件是电荷耦合器件，即CCD（charger coupled device）感光器件，所以平台式扫描仪也称为CCD扫描仪，其结构与工作原理如图2-21所示。

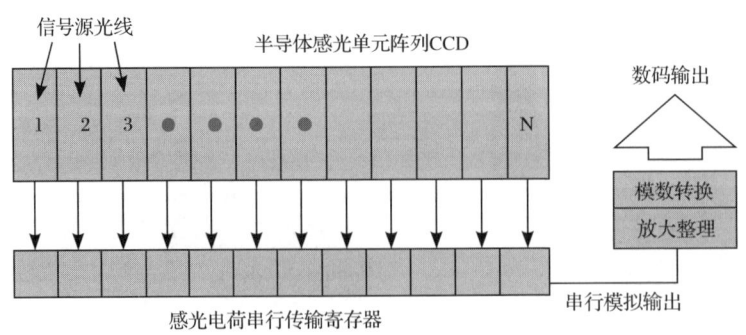

图2-21　CCD结构与工作示意图

CCD感光器件是由一系列并排排列的感光单元组成，每一个CCD感光单元都能将照射在其上的光能转换成电荷，光照强产生的电荷就多。然后在单位时间内将采集到的电荷传送到串行输出电荷寄存器，并以串行方式输出到放大器电路和模数转换电路，最后按一定的位深输出二进制数据编码。图2-21所表示的是线性CCD，实际上还有平面阵列结构的CCD以及各种色彩CCD等。

需要注意的就是，平台式扫描仪在高密度值转换时，还难以达到滚筒扫描仪的分辨率及密度值，特别是采集不到透射原稿非常暗的区域内精细色彩的变化。

（2）滚筒式扫描仪　滚筒扫描仪的结构示意图如图2-22所示。

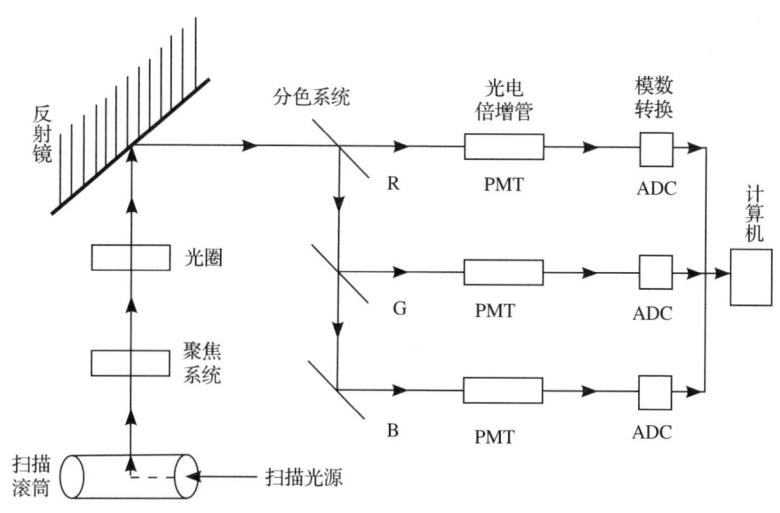

图2-22　滚筒扫描仪结构示意图

滚筒式扫描仪的核心部件是光电倍增管，即PMT（Photo multiplier Tube）感光器件。扫描光源发出高纯度的白光，照射到原稿表面，经反射或透射提取原稿的色彩和明暗信息后进入各自的光路系统中传递，经过聚焦和光圈控制后进入滤色镜分色，分解成红、绿、蓝三束光，再分别进入各自的光电倍增管中，光信号被转换成电流信号，再经过对数变换和模拟转换后，转变成计算机能够识别的数字信号进入计算机处理。

滚筒式扫描仪使用光电倍增管作为感光器件，而这种器件只能是一个像素一个像素地输入光信号并进行放大，也就是工作在串行方式下，所以滚筒扫描仪的光学系统是针对单个像素扫描的结构设计。正是由于这个特点，滚筒扫描仪能够对原稿的暗调区域识别更多的细节，扩大了最终扫描图像的对比度。

（3）两种类型的性能区别　平台式扫描仪和滚筒式扫描仪分别采用CCD与PMT作为感光器件，其工作原理不同，导致两种扫描仪性能上有所不同。

最高密度范围。滚筒扫描仪的最高密度为4.0，一般中低档平台扫描仪为3.0，所以在暗调细微层次上，滚筒扫描仪具备优势，并能提高图像对比度。

图像清晰度。滚筒扫描仪采用四个PMT，三个用于分色，另一个用于虚光蒙版，可以使不清楚的物体变得更清晰，提高图像清晰度，但CCD不具备此项功能。

但是中高档平台式扫描仪已经满足印前图文处理系统的需要，同时设备价格比较便宜，因而平台式扫描仪使用较广泛。

二、扫描仪的性能与参数

为进一步了解和使用平台式扫描仪，必须掌握扫描仪各种器件的性能参数。

（1）信噪比　信噪比就是指信号和干扰噪声之间的比例关系，信噪比越高，对有用信号的提取就越准确和清晰。平台扫描仪采用的感光器件是CCD，而影响CCD采集精度的最大问题就是噪声问题。尤其是信号比较弱的时候，就几乎全部淹没在噪声之中了。图2-23表示的是不同密度的A、B两种低信号，在CCD和PMT上输出的信号情况，可以发现平台扫描仪在暗调处层次模糊，从而影响了暗调采集性能。

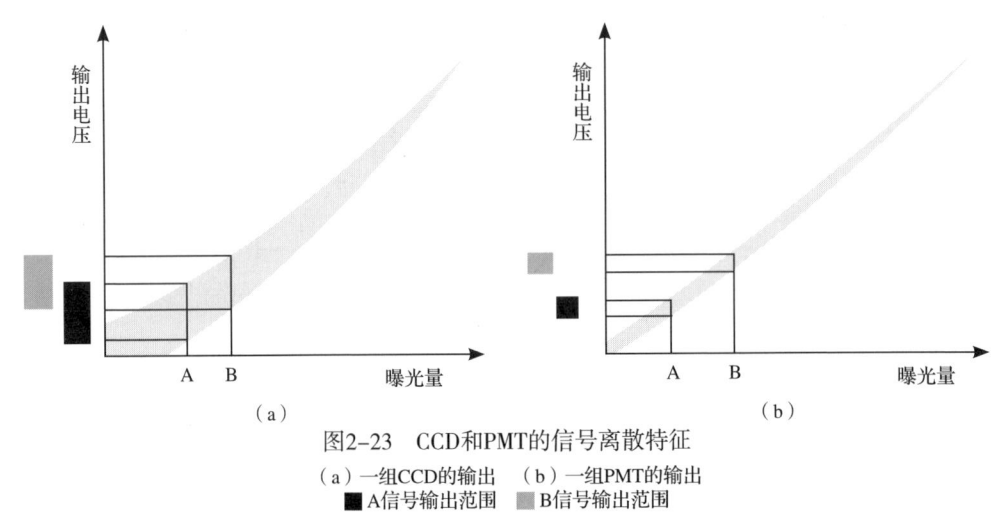

图2-23　CCD和PMT的信号离散特征
（a）一组CCD的输出　（b）一组PMT的输出
■A信号输出范围　　■B信号输出范围

（2）扫描仪的动态范围　扫描动态密度范围是指扫描仪在正常状态下识别原稿信号的最大值与最小值，以及所得扫描信号的线性范围。也就是指可识别原稿的密度范围，即最大密度和最小密度的大小，其决定了扫描仪对原稿图像的密度识别范围以及对原稿图像的层次还原能力，是图像再现的基础与关键，质量优秀的扫描仪都具有良好的扫描动态范围。扫描仪扫描动态范围曲线如图2-24所示。

图2-24中，曲线AB段呈线性，$[D_a, D_b]$为扫描仪信号线性范围，此范围的原稿信号将被不失真地扫描记录。$[D_a, D_b]$区间越大，说明扫描仪扫描不失真的记录原稿信号范围就越广。图中表示的$[D_{min}, D_{max}]$为扫描仪有效扫描动态范围，其区间越大说明扫描仪原稿信号识别范围越广，图像数字化质量越高。所以在实际操作中，要充分利用扫描仪获取原稿的最大密度范围，根据客户要求，把较大的密度范围压缩到印刷品所能再现的较小的密度范围内，有效地保持原稿所要表现的层次，突出原稿风格，压缩和丢弃部

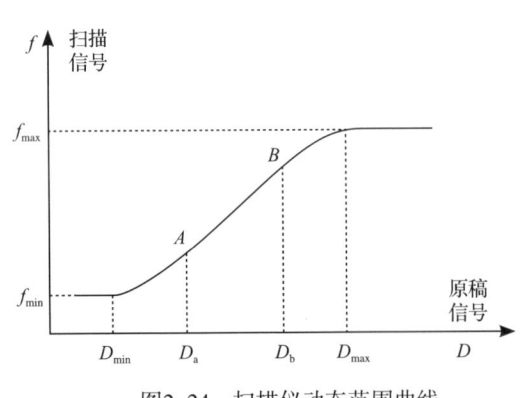

图2-24　扫描仪动态范围曲线

分次要层次。

在扫描图像中，常用密度来测量原稿、分色胶片及印刷品。反射稿或透射稿的某一部位的明暗程度，与反射光（反射稿）或透射光（透射稿）有关。

当有一束光通量为Φ_0的光线入射到反射灰色标时，必定有一部分光线被吸收，一部分光线被反射。若反射的光通量为Φ_r，Φ_r/Φ_0越小，表明这个反射灰色标越黑，Φ_r越小。因此，可用反射率R（反射光通量与入射光通量之比）来表示反射图像的明暗程度。R值介于0与全吸收（全反射）1之间。

同样，对于透射稿灰色标，当有一束光通量为Φ_0的光线入射到透射灰色标时，必定有一部分光线被透射，一部分光线被阻止。若透射的光通量为Φ_t，Φ_t/Φ_0越小，表明这个透射灰色标越黑，Φ_t越小。因此，可用透射率T（透射光通量与入射光通量之比）来表示透射稿的明暗程度。T值介于0（全吸收）和1（全透射）之间。

虽然反射率与透射率能分别表示反射稿与透射稿的明暗程度，但通常又不用它们来衡量其明暗程度，这主要是由人眼的视觉感觉决定的。因为人在视觉感受上的明暗程度，与反射稿的反射率并不成线性关系，而是与反射率的倒数以10为底的对数近似地成线性关系。同样，对于透射稿，人在视觉感受上的明暗程度，与透射稿的透射率也不成线性关系，而是与透射率的倒数以10为底的对数近似地成线性关系。为度量反射稿与透射稿的明暗程度，分别用反射密度和透射密度来表示。反射密度为$D_r = \lg(1/R)$；透射密度为$D_t = \lg(1/T)$。反射率R及透射率T与动态范围之间的关系见表2-1。

表2-1　　　　　　　　透反射率与透反射密度对照表

T或R	1	0.5	0.25	0.1	0.05	0.025
D_r和D_t	0	0.3	0.6	1	1.3	1.6
T或R	0.01	0.005	0.0025	0.001	0.0005	0.0001
D_r和D_t	2	2.3	2.6	3	3.3	4

（3）扫描分辨率　扫描仪的分辨率是扫描仪最重要的参数，可分为光学分辨率和最大分辨率。

① 光学分辨率。扫描仪的光学分辨率表示它的光学系统能够达到的最高输入分辨率，因此光学分辨率是平台式扫描仪CCD的真实分辨率，光学分辨率又分为水平分辨率和垂直分辨率。水平分辨率与光学系统、CCD的真实分辨率以及硬件设计电路有关。垂直分辨率是根据扫描仪中的步进电机在机械设计中每英寸可移动多少步而定的，它与步进电机和机械传动部分有关，因此垂直分辨率不如水平分辨率重要。一般提到光学分辨率指的是水平分辨率。

光学分辨率决定了扫描仪所能分辨扫描的图像的清晰程度，用dpi来表示。如扫描仪的光学分辨率为300dpi×600dpi，即表示水平分辨率为300dpi，垂直分辨率为600dpi。目前扫描仪的光学分辨率已从原来的300dpi发展到600dpi、1000dpi、2000dpi，高档扫描仪达到4000dpi，最高达8000dpi。具体的光学分辨率可根据扫描仪所含的CCD单元数与扫描原稿的宽度进行计算，如图2-25所示。

光学分辨率＝CCD单元数／扫描最大宽度（in）

例如，扫描仪的光电转换器有5000 CCD单元，扫描仪的最大扫描宽度为8.3in，则光学分辨率为600dpi。

② 内插分辨率。内插分辨率是使用光学分辨率扫描后，再通过软件插值法计算得到的。将数

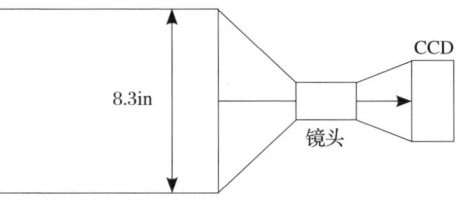

图2-25　光学分辨率计算示意图

据加到一个图像文件中是我们最不希望的，因为插值没有"真正"增加细节，反而使图像看起来模糊。辅以插值法使分辨率提得越高，则图像的质量越差。

③ 光学分辨率与内插分辨率的关系。扫描仪的内插分辨率，通常高于光学分辨率2～4倍。在内插分辨率中，扫描仪不能捕获其他"真实"数据，它是在光学系统能够采样的像素之间生成新的像素，根据产生的数字估算大约什么色调值插入到相邻像素之间，因此不要用比最大分辨率还高的分辨率扫描。

（4）扫描仪色彩位数和灰度级数　色彩位数也叫色彩深度，是指用来表示经扫描仪转换成的数字图像的每一个像素颜色信息的二进制位数。通过采用色彩深度来表达所能捕获图像的色彩。

早期的扫描仪仅有1位，只能记录两个灰度等级，即黑与白，对于彩色扫描仪，扫描仪的色彩位数实际是指采用RGB通道的位数。早期的彩色扫描仪为24位，即红、绿、蓝每个通道各为8位。现在彩色扫描仪已经有30位、36位或48位，它们每个通道的量化数值分别用10位、12位或16位来表示。当色彩深度增加时，扫描仪可以捕获的色彩细节会更多。24位RGB"真"彩色已经是扫描与图像编辑的某种标准。

扫描仪所记录的灰度等级也是由扫描仪的色彩位数决定的。所谓灰度等级是指进行灰度扫描时，从原稿的纯白到纯黑色调范围内获得的信息数。

理论上24位扫描仪能区分256级灰度和1677万种颜色；30位扫描仪能够区分1024级灰度和10亿种颜色；而36位扫描仪能够区分4096级灰度和687亿种颜色；48位扫描仪能够区分65536级灰度和281兆亿种颜色。因此，扫描仪的位数越高，捕获的色彩越丰富，扫描的图像层次越清晰。表2-2为扫描仪的位数与捕获颜色的关系。

表2-2　　　　　　　　扫描仪的位数与捕获颜色的关系

扫描仪位数	颜色数量	表示法	灰度级
1位	2	2^1	2
2位	4	2^2	4
3位	8	2^3	8
8位	256	2^8	256
24位	1677万	2^{24}	256
36位	687亿	2^{36}	4096
48位	281兆亿	2^{48}	65536

扫描仪的动态范围与扫描仪的位数之间有直接关系，动态范围是用扫描仪能分辨出明暗层次的以10为底的对数表示的，如24位扫描仪所能表达的灰阶为256级，因此最大动态范围是$D = \lg 256 = 2.4$，但24位的扫描仪不可能完全表现出256级，一般动态范围是2.2，即扫描仪所能表达的灰阶是10的2.2次方，为159级。30位、36位、48位扫描仪的动态范围见表2-3。

表2-3　　　　　　　　　　　　扫描仪位数与动态范围

扫描仪位数	能表现的灰阶/级	最大动态范围	实际达到的灰阶/级	动态范围
24	256	2.4	159	2.2
30	1024	3.0	398	2.6
36	4096	3.6	1584	3.4
42	16384	4.2	10000	4.0

从表中可以看出，扫描仪的位数越多，所提供的动态范围越大，同样位数的扫描仪，其动态范围越大，所能表现的层次越多。

（5）清晰度　一个图像清晰与否，主要表现如下：

① 图像层次质感的细微精细程度。例如表现在皮肤的细纹的纹路是模糊还是清晰，其反映的本质是明暗层次过渡区细节之间的反差大小。

② 图像颜色的过渡轮廓边界处的虚实程度，也称之为锐度。虚实程度其实反映的就是边界颜色渐变的宽度，清晰度高，宽度小；清晰度低，宽度大。

③ 扫描仪的清晰度性能是扫描仪系统综合性能的一个宏观表现。从清晰度的概念简单地看，分辨力和采样位数越高，图像应该越清晰。实际上清晰度不仅仅和这两者有关，还和光电转换器件CCD器件的信噪比、使用的光学系统的聚焦能力以及镜头的分辨力有关。

（6）缩放倍率　缩放倍率是指扫描仪对原稿缩小或放大的倍率。缩放是扫描软件中产生较大或较小图像的处理程序，使得扫描得到的图像送入图像编辑程序中时，无须重新改变图像大小。

在扫描软件中，缩放比例与分辨率成反比关系，分辨率越低，图像的缩放比例越大。当使用最大的分辨率时，缩放比例只能小于1。例如用300dpi的分辨率扫描2in×2in的图像，在不损失细节而希望得到4in×4in的放大图像时，则应设定缩放比例为200%而保持分辨率为300dpi。这一结果与使用600dpi的分辨率、100%的缩放比例扫描所得到的结果是一样的，但后者必须通过图像编辑软件将分辨率更改为300dpi（文件大小维持不变）后再输出。在上述例子中，图像的大小是通过调整缩放比例而不是用图像编辑软件改变的。

（7）扫描原稿　扫描仪扫描的原稿主要指的是照片、文字稿、图形和插图等，甚至如硬币、手表或纺织品等三维物件都算是一种原稿，统称为扫描原稿。提到扫描原稿，往往用原稿指标来形容它。原稿指标指的是扫描仪对原稿的适应能力，它可用原稿类型、原稿尺寸、稿密度范围来表示。

① 原稿类型。即指能扫描的透射原稿、反射原稿、彩色正片和彩色负片、彩色原稿、黑白原稿和线条稿等类型。

② 原稿最大尺寸。扫描原稿的最大尺寸是指扫描仪所能扫描的最大尺寸。这个指标

对反射稿很重要。因为有的反射稿尺寸很大，而滚筒式扫描仪的滚筒和平台式扫描仪的平台都有一定限制，为适应不同尺寸的原稿，制造商也推出了不同尺寸的扫描仪，常用的有A4幅面、A3幅面扫描仪，A0幅面、A1幅面工程图纸扫描仪。

透射稿一般尺寸较小，典型的尺寸是24mm×36mm、60mm×45mm、60mm×70mm、4in×5in。具有双平台的扫描仪，扫描透射稿的尺寸为A3。

③ 原稿最大密度范围。原稿的最大密度范围是指扫描仪对原稿密度范围的限制，只有在这个密度范围内，扫描仪扫描出的图像才能有很好的层次再现。原稿的密度可通过密度计测量得到，一般印刷品的密度范围为0.06~2.2，反转片的密度范围可达0.02~4.0。如果原稿的密度较大，而扫描仪的密度范围不够，扫描出的图像很难再现原稿的层次，需要用密度范围较高的扫描仪扫描。

（8）扫描仪的速度　扫描仪的速度与系统配置、扫描分辨率设置，扫描尺寸等有密切关系。一般情况下，扫描黑白、灰阶图像，扫描速度为2~100ms/l；扫描彩色图像，扫描速度为5~200ms/l。

扫描速度和图像质量之间有一定的矛盾。一般情况下，人们总是希望扫描仪速度快，但是扫描仪的工作方式是通过扫描仪的光源，利用一种色彩分离方法和电荷耦合器件（CCD）阵列来采集被扫描对象的光信息，它需要一定的时间来获取图像信息，并将该信息传输到一个计算机图像文件中去。因此，不是扫描仪的扫描速度越快越好，速度非常高的扫描仪，在扫描过程中，可能会丢失一些扫描图像信息。有些扫描仪在低分辨率时扫描速度快，但在高分辨率时扫描速度不一定快。因此，必须在保证质量的前提下，提高扫描仪的速度。

此外，扫描仪还有其他一些指标，如扫描次数。黑白扫描仪只有1次扫描，彩色扫描仪可分为1次扫描和3次扫描。早期的灰度扫描仪和彩色扫描仪是采用3次扫描。随着彩色CCD的推出，扫描仪的技术也随之发展，3次扫描技术已趋于淘汰，目前彩色扫描仪多为1次扫描，如图2-26。

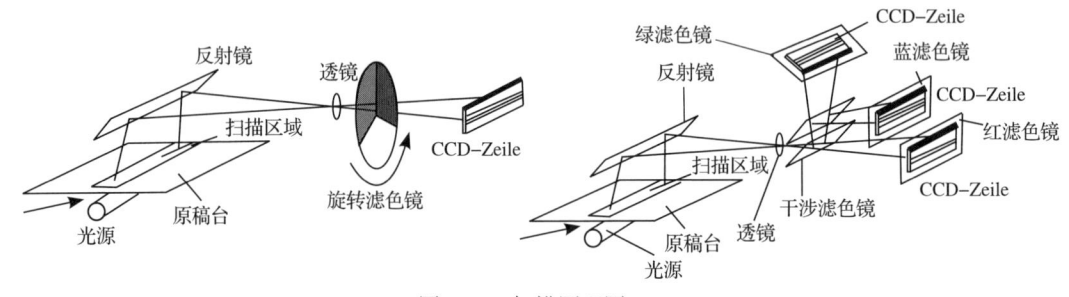

图2-26　扫描原理图

三、扫描仪扫描步骤

图像扫描设备通过软硬件的结合，充分发挥扫描设备的性能，获取高质量的数字化图像。虽然扫描仪的种类繁多，但为了获得高质量扫描图像，其基本扫描的过程是相同的，各个详细步骤因不同的扫描仪类型而有所不同，并取决于扫描仪技术的完善程度，其基本步骤如下：

（1）图像的预扫描　预扫描是指以低分辨率预览图像，因此决定扫描图的扫描区域和设置最好的色调和颜色设置值,并选定好扫描区域。

(2)扫描图像类型设置　扫描图像时要选择扫描的模式。图像扫描时可以选择三种模式:彩色模式、灰度模式和黑白二值模式。如扫描文本文件,然后利用文字识别软件进行识别,用线条稿类型扫描,并将扫描文件存储成不带压缩(LZW)的TIFF文件,否则文字识别软件无法识别。

(3)分辨率设置　分辨率是图像文件包含细节和信息的数量,也指输入设备、输出设备和显示设备能够产生的细节水平。扫描分辨率尽量在光学分辨率允许的范围内设置。假如扫描的原图需要放大,扫描分辨率可以设置得较大一些,但不要超过扫描仪的光学分辨率。

扫描图像的最终输出媒介以及图像在扫描过程中是否需要放大,会直接影响扫描分辨率的设定,一般通过公式(扫描分辨率=缩放倍率×最终输出媒介需要的分辨率)进行设置。

① 显示用的图像的扫描分辨率设置。显示器分辨率通常由每英寸像素或点阵数目来度量,以dpi为单位。显示器分辨率依赖于显示器的尺寸以及显示器的像素设置。其典型分辨率约为72dpi。当图像分辨率高于显示器分辨率时,屏显图像大于它指定的输出尺寸。例如:在一个72dpi的显示器上显示一个1in144ppi的图像,它看起来会有2in大小。因为显示器仅能以72dpi的分辨率显示,它需要2in来显示一个1in144ppi的图像。如果扫描图像仅用于屏幕显示(如通过网页进行图像发布),并且显示时图像尺寸不变,那么扫描分辨率设定为72dpi即可;如果扫描所得的图像要放大显示,则可用下式来计算:合适的扫描分辨率=最终图像的边长÷原图像的边长×72。

② 用于打印输出图像的扫描分辨率设置。如果输出图像尺寸不变,选取一个合适的扫描分辨率的简易办法是将输出设备每英寸打印线数(lpi)乘以2;如果扫描图像需放大打印,则使用公式(扫描分辨率=最终图像的边长÷原图像的边长×输出设备线频率×2)进行计算;如果目标打印机的分辨率指标以每英寸点数作单位,而不了解所用输出设备的线频率,可根据表2-4中的值对图像分辨率与打印分辨率进行匹配。

表2-4　　　　　　　　　图像分辨率与打印分辨率关系

图像分辨率/ppi	打印分辨率/dpi
75	300
150	600
180	720
300	1200~1400

③ 输出到网目调设备的图像的分辨率设置。对于用于印刷而言,图像像素点就是网点,那么在扫描过程中,一个网点需要几个扫描像素点来提供生成信息。最简单的就是一个扫描像素生成一个印刷时的网目调网点。实际操作中考虑到各个色版生成不同加网角度的信息需求,一般就要用4个、3个或至少需要2个像素的信息来生成一个网点,才能保证网目调印刷品的质量。这个数量关系称之为"质量因子(加网系数)",考虑到扫描仪分

辨率是一维的，系数一般取1.5～2。同时还需要考虑扫描原始尺寸和输出稿尺寸之间的放大倍数，放大倍数越大对原稿的扫描分辨率要求就越高。

根据以上涉及的因素，可以根据加网线数、缩放倍率和质量因子来决定扫描分辨率，通过公式就可以获得分辨率大小。

扫描分辨率 = 缩放倍率 × 质量因子 × 加网线数

= （印刷品尺寸/原稿尺寸）×（1.5～2）× 加网线数

其中质量因子一般取值为1.5就可达到要求，但需遵循以下原则：加网线数较低，应取加大的质量因子，以保证图像细节的再现；加网线数较高，可以取较小的质量因子，但也不排除使用较高的质量因子。

④ 线条稿扫描分辨率设置。输出设备的分辨率小于1200dpi时，扫描分辨率=缩放倍率 × 输出设备分辨率；输出设备的分辨率大于等于1200dpi时，扫描分辨率=缩放倍率 × 1200dpi。需要注意的是，现在一般都不用像素图来描述线条稿，实际应用中通常是以输出尺寸200dpi左右的分辨率进行扫描，然后在图形处理软件中把它转换为矢量图，这样更能保证线条图的品质。

（4）设置定标点　将原稿高光点和暗调点分别对应于扫描仪图像信号的最小值和最大值，这个选择过程叫黑/白场定标。它确定了图像的反差范围，一般选择有层次的亮点作为白场，有层次的暗部作为黑场。

黑/白场定标有自动（Auto）和手动（Manual）两种方式。自动定标无需操作人员干预，扫描软件可以根据原稿的颜色、反差等自动识别高光和暗调，从而实现对原稿的颜色和层次的校正。但这种方式只对比较标准的原稿（即有标准的黑、白场）识别得准确，而对那些色彩偏得较大、反差太小或太大、没有标准黑、白场的原稿无能为力。例如一张扑克牌，牌底是白色的，上面的牌点都是红色的，因此这张原稿只有标准的白场（牌底）而没有标准的黑场，如果用自动定标方式，扫描软件将红色的牌点错误地定为了黑场，导致红色全部变成了黑色，色相发生了根本性的变化。而且用自动定标的方法在圈选标准原稿时，如果圈选了原稿以外的范围，就会对原稿的暗调定标产生影响，使暗调的网点百分比不够准确。但对于没有标准黑、白场的原稿而言，反其道而行之也能收到意想不到的效果。还是以扑克牌为例，如果圈选上扑克牌以外的范围，这时扫描软件就会将原稿以外的黑色定为黑场，使原稿色相基本还原正确。

手动定标对操作人员的要求较高，要求有丰富的经验去处理各种不同类型的原稿，将原稿中多个不同的点进行比较最终确定一个比较合理的黑、白场。对同一张原稿，不同的操作人员会确定不同的黑、白场，扫描结果会因人而异。但与自动定标相比较，手工定标也有自己的优势：由于每张原稿的特点不同，所要突出或强调的重点各异，因此用手工定标可以充分发挥操作人员的主观能动性，针对不同的原稿采用不同的定标方法，使原稿的特点得到突出；自动定标基本上是用有限的几组扫描数据去套用不同的原稿，缺少变化和灵活性，尤其对于那些不以还原为主、变化比较大的原稿无能为力；而且，从上例可以看到，如果操作方法不同，对于非标准原稿用自动定标的方法会得到迥然不同的结果，但手工定标一般不会产生这么大的差别。因此，手工定标与自动定标各有利弊，应该根据不同的原稿、不同的目的和要求来使用不同的定标方法。

（5）层次曲线设置　对于正常曝光的原稿可以使用线性的层次曲线或略微提亮的层次曲线，而对于偏亮和偏暗的原稿就要使用非线性的层次曲线。当使用线性层次曲线时，扫描图像数据被一对一地传递给计算机，图像既不提亮也不减暗，图2-27中的四张图表示的是四种常用的层次曲线。

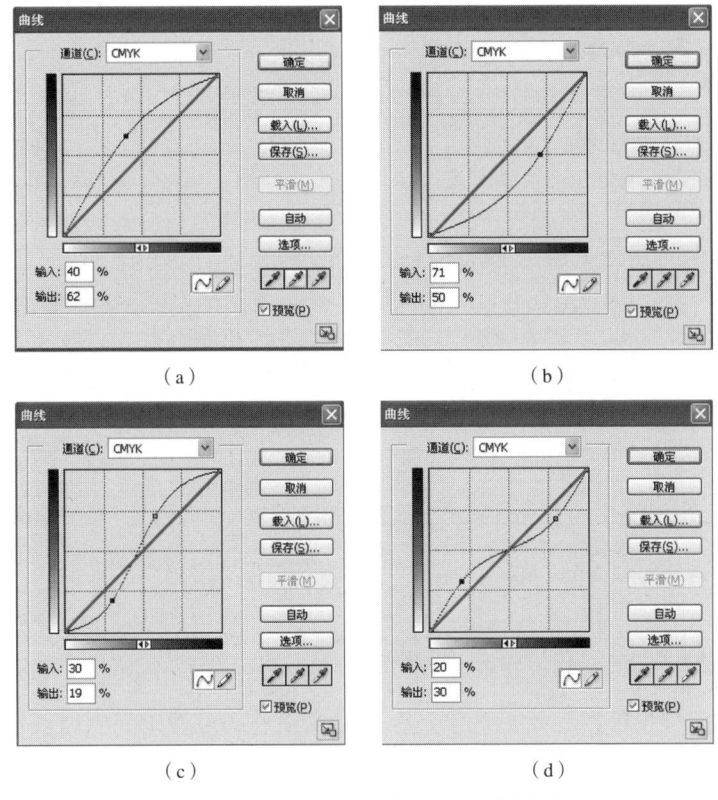

图2-27　层次曲线不同设置方法效果图
（a）降低图像亮度　（b）提高图像亮度
（c）增加图像透明度和中间调　（d）降低对比度和压缩中间调

图2-27（a）用来压缩图像的暗调层次，拉开高光的层次，降低图像整体的亮度，适用于原稿偏薄或缺少暗调的原稿；图2-27（b）是对发闷原稿或正常曝光透射原稿的层次曲线，这个曲线可以提高图像暗调和整个图像的亮度，压缩高光的层次；图2-27（c）中S形层次曲线降低了暗调的亮度，提高了亮调的亮度，因此使原稿亮调的区域更亮，暗调的区域更暗，拉大中间调的层次，加大图像的反差，适用于反差太小的原稿；图2-27（d）中曲线与图（c）中曲线的作用相反，适用于原稿反差太大的情况，可以降低图像对比度，使扫描图像变得柔和，增加高光和暗调的层次，压缩中间调，但一般调整量不宜过大，否则会使图像发灰，缺少层次感和清晰度。

（6）图像的存储　在图像扫描并处理完成后，必须将图像文件保存起来。表2-5所示的是图像文件存储的格式和主要特点。

表2-5　　　　　　　　　　　图像存储格式与特点

文件格式	主要特点
TIFF	通用的图像文件格式，具备几乎所有颜色模式。带LZW无损压缩
BMP	Windows的标准图像文件格式。可以选择4位或8位的颜色位深

续表

文件格式	主要特点
EPS	主要面向印刷的文件格式。可包括图像、图形、文字信息。支持CMYK四色分色。可以包含剪裁路径、加网设置、色彩管理设置等
JPEG	可按不同质量级别做有损压缩的图像格式。适于互联网出版
DCS	主要面向印刷输出的图像格式。包含1个低分辨率的主文件和多个高分辨率的分色文件，在主文件内还可以包括1个72dpi的彩色或灰度图像文件。能够携带剪裁路径、加网设置、印刷网点曲线信息。DCS2.0还包括α通道
CompuServe GIF	适用于互联网、动画、三维软件的图像显示，使用最多256色的调色板彩色
GIF89 a	适用于互联网浏览器HTML文件中的图像。浏览器背景可以在图像的透明区域显示出来。GIF89a格式图像可通过"File（文件）"下的"Export（导出）"进行存储。
PDF	跨计算机操作系统平台的电子出版图文格式。可包含文字、矢量图形、像素图像、音频、视频信息
PSD	Photoshop的图像格式。包含在Photoshop中所有操作处理的信息

根据图像后处理使用的程序、可供使用的磁盘存储空间、最终应用领域等因素来决定选择何种文件格式。如文件最终用于页面排版，就必须采用特别适用于印刷输出的两种格式：TIFF或EPS。

四、扫描过程常见问题及解决方法

（1）在扫描过程中出现死机现象　在扫描仪使用的过程中突然出现死机现象是很常见的一个问题。从设备本身的原因来看，一般是SCSI控制卡与主机之间的插拔出现松动。从扫描操作上看，一是由于扫描时缩放原稿的倍率过大，扫描仪在记录图像色彩位数时，容易出现死机；二是现在许多扫描仪都可设置后台批处理，在扫描过程中有些操作人员不能及时将结果存储进硬盘，这样占用的空间就比较大，在图像扫描参数过多的情况下，将会造成缓存、死机。

要确定SCSI控制卡与主机连接牢固，在进行批处理时，要及时将结果存储到硬盘上。

（2）扫描图像出现牛顿环　牛顿环一般出现在扫描透射稿原稿的过程中，主要是由光的干涉现象造成的，即原稿与扫描平台之间存在气泡。

清洁扫描仪的平台可以减少牛顿环的产生，扫描效果主要反映在色彩、层次与清晰度三个方面，如不能调整好三个因素，就不能获得理想的扫描效果。

（3）当一幅原稿上有蓝天、白云、人物，还有一些深暗调的层次，若要同时将他们再现出来，如何扫描？

根据原稿上的内容，说明这是一幅室外风景图，而且说明天气晴朗，此时人物的肤色是正常的，应以肤色为主。相应地，深暗调的画面所占比例应该很少。在这种情况下，可采取以下两种方法进行解决。

① 对于一些不太先进的扫描仪，要把各种颜色都控制得很好，深暗调也要控制得很好，难度比较大。为了相对忠实原稿，可以"抓主舍次"。蓝天、白云和肤色为主要部分，深暗调为次要部分，甚至可以放弃这一小部分，所以只需要对主要部分进行调节和再现。

② 如果使用精细的高档扫描仪，则可以将各种颜色控制得很好。天空基本是青蓝

色，皮肤为黄红色，可以利用精密的扫描仪和扫描软件分别对青蓝色、黄红色等不同颜色进行校正，这样蓝天与肤色都可以得到比较准确的复制效果。若要同时表现蓝天、肤色与深暗调，深暗调的层次曲线就不能做得太"平"，而本来深暗调的层次就容易丢失，因此深暗调的层次应稍微拉开一些，但不能拉开太大，否则深暗调就会变浅。

（4）扫描出来的图像不够艳丽、发灰发暗　画面发灰发暗，说明其色彩的饱和度不够。扫描效果与扫描软件和扫描仪的性能有很大关系，扫描仪越好，对图像的色彩及层次调节的可能性越多，调节幅度越大。

若使用的扫描仪可以调整专色，则分不同色相的颜色分别调整其饱和度，如红颜色不够鲜艳，则Y、M的网点面积率应有所增加，但C的网点面积率应有所减少。如此，对不同颜色按CMYK的基本色和相反色进行相应调整。当然若是整幅画面都发暗，也可以统一调整其饱和度，但容易出现某一颜色饱和度过高或过低的情况。

（5）扫描出的图像画面模糊　除了原稿的原因外，扫描仪故障和操作失误也会引起图像模糊。在扫描过程中，误把扫描仪的去网功能打开了，对本来不需要去网的原稿去网了，扫出来的图像就会发虚；在扫描过程中没有对图像进行清晰度强调，即锐化调整或虚光蒙版；可能扫描仪本身存在问题，例如硬件出现故障等。

针对上述出现的问题，可通过以下方法进行排除。应仔细分析原稿是否需要去网，并检查去网功能是否关闭；可在扫描过程中适当强调清晰度，必要时进行锐化处理；扫描前，检查扫描仪的软硬件是否正常，如发现问题应及时排除，平常要注意扫描仪的维护与保养。

一般操作者不了解或不重视扫描仪的性能，认为可以先大致扫描一下，再到Photoshop软件中进行修改和调整。其实，用Photoshop软件进行调整是以损失图像层次和清晰度为代价的，而在扫描仪上调整，图像颜色和层次损失较少，采集到的原稿信息也比较多。

第五节　平台式扫描仪实践操作

扫描过程是通过扫描软件的操作界面来进行控制的，为了全面了解扫描的过程和涉及的参数及含义，下面以明基Mira Scan6的扫描软件为例，分析扫描软件所表示的参数含义。

一、Mira Scan6软件概述

Mira Scan 6是一个全新的应用程序，由于其先进的设计与开发，可以提供更方便易用的用户界面和功能。Mira Scan 6为用户提供全新的操作方式，为了适应不同的使用需求，提供按钮、精灵与传统三种主要模式。

（1）按钮模式　在这个模式下，用户仅需按下扫描仪上的真实按钮，便可以进行扫描工作，而不需要进行任何画面操作，如图2-28所示。

图中功能按钮分别表示扫描到电子邮件、扫描到资源管理器、扫描以便复制，在实践操作中，只需要按下相应的按钮，扫描仪便能够进行扫描工作。

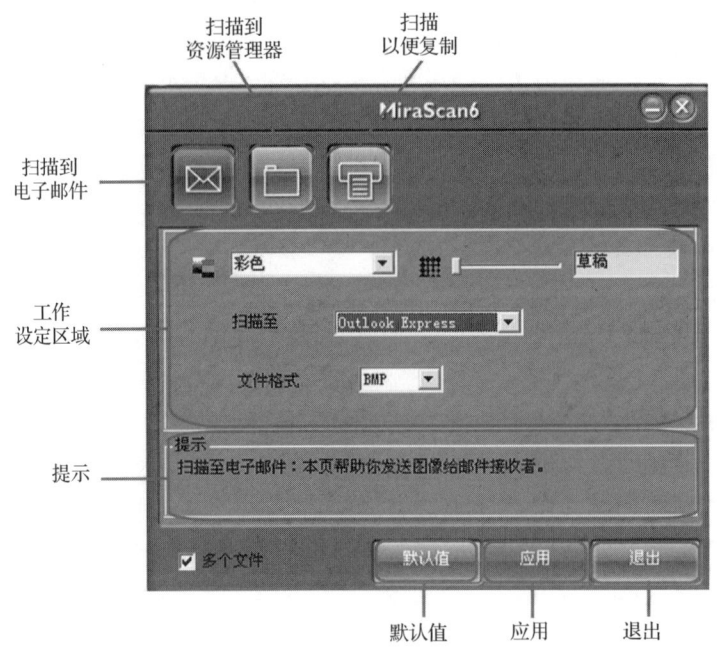

图2-28　Mira Scan 6软件按钮模式示意图

（2）精灵模式　Mira Scan 6与Mira Scan 5之间一项大差异是Mira Scan 6具有称为"精灵模式"的新模式。使用精灵模式时，Mira Scan 6提供许多新功能，使用界面方便实用，而且拥有非常美观的外表。为了操作方便，Mira Scan 6以易于辨识的按钮，提供"精灵模式"，图2-29为Mira Scan 6精灵模式示意图。

图2-29　Mira Scan 6软件精灵模式示意图

即使未曾使用过扫描或图像格式，只需使用应用程序点击相应工作按钮，即可扫描各种格式的产品，本程序可以扫描以下五种类型的产品，分别是：扫描到Office Assistance（OA）、扫描到文件、扫描到Web与远程、扫描到图像应用程序，以及扫描到Image Fun，并且可以对每一个类型进行进一步的选择。在每一个类别中，提供相应的应用程序，利用拖放功能或通过对话框，增添新的应用程序。

（3）传统模式　点击精灵模式上的切换按钮，更改到传统模式，面板将自动更改为传统模式，如图2-30所示。

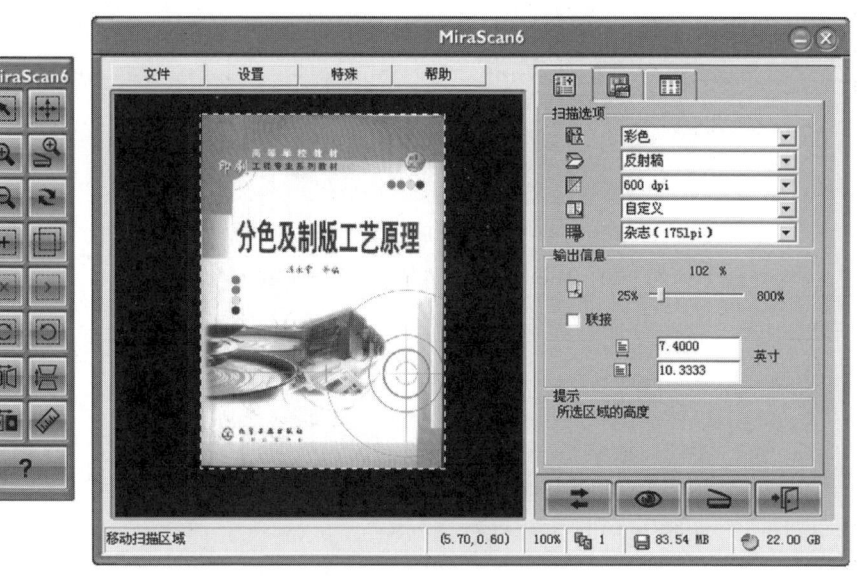

图2-30　Mira Scan 6软件传统模式示意图

传统模式是传统的界面扫描模式（独立AP/TWAIN双模式）。在驱动程序独立AP模式中，用户可以在这个模式中设定参数和进一步的应用。在TWAIN模式中，用户仅能够将参数设为特定的AP与其他应用程序，而且会暂时停用"按钮/精灵"模式。

当熟悉这些模式的操作方法后，可以迅速切换模式，达到自己的要求。Mira Scan 6中的按钮模式，仅是更改按钮设定的独立离线工具，开启任何用户界面模式时，都应暂时停用按钮功能。

二、精灵模式下界面按钮功能分析

在精灵模式中，使用界面主要由框架工具按钮、预览窗口和设定选项三个部分构成，可以根据具体要求进行设置，图2-31为Mira Scan 6软件精灵模式下各个按钮功能和作用。

（1）框架工具按钮　框架工具按钮主要包括框架选择、手形、放大、缩放扫描、缩小、刷新、新增、复制、删除下一个框架、顺时针旋转90°、逆时针旋转90°、水平翻转、垂直翻转、反转、标尺和说明文件组成，各按钮作用如下：

① 框架选择。点击按钮可选择单一或多个框架。
② 手形。图像如果超过整个预览窗口时，点击按钮可显示手形，以便拖拉图像。
③ 放大。点击按钮可放大图像。

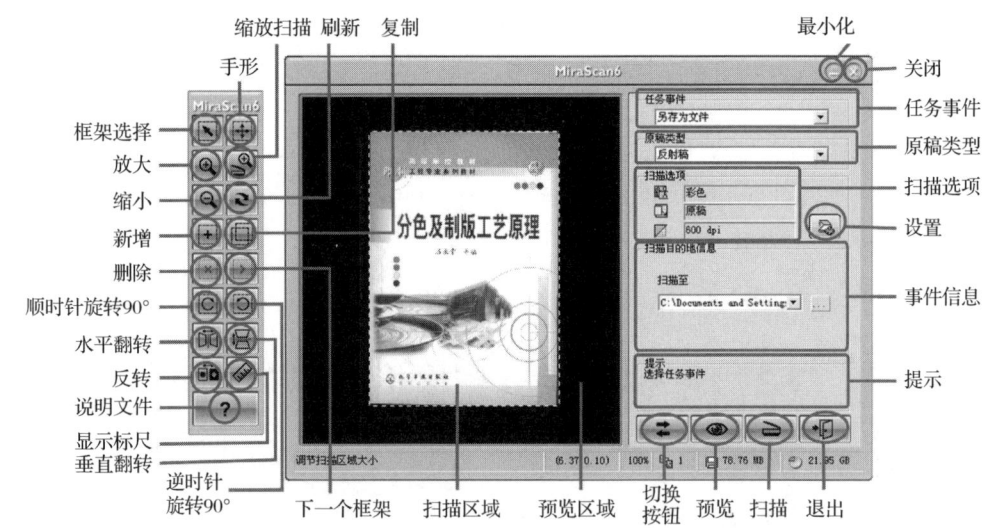

图2-31　Mira Scan 6软件精灵模式界面按钮功能示意图

④ 缩放扫描。点击按钮，能够以最适预览窗口的方式显示现用框架，并以最高分辨率查看图像。

⑤ 缩小。点击按钮可缩小图像。

⑥ 刷新。点击按钮可刷新框架。

⑦ 新增。点击按钮可拖拉预览窗口中的新框架。

⑧ 复制。点击这个按钮可复制框架。

⑨ 删除。点击这个按钮可删除框架。退出程序时，便会清除框架。

⑩ 下一个框架。点击这个按钮可激活下一个框架。

⑪ 顺时针旋转90°。点击这个按钮可将框架顺时针旋转90°。

⑫ 逆时针旋转90°。点击这个按钮可将框架逆时针旋转90°。

⑬ 水平翻转。点击这个按钮可水平翻转框架。

⑭ 垂直翻转。点击这个按钮可垂直翻转框架。

⑮ 反转。点击这个按钮可反转框架。

⑯ 标尺。可进行定位图像与计算图像尺寸。点击标尺十字符号上的按钮，会出现快捷菜单选择。点击显示十字线条并将光标移回预览窗口，会出现十字线条，进行精确定位光标；点击隐藏标尺选项，便会隐藏标尺并完全显示预览窗口，如恢复标尺显示，选择设定对话框中的"显示标尺"项，或在点击十字线条后的弹出的菜单中选择"显示标"项。标尺的单位有3种选择：mm、in和像素。

⑰ 说明文件。点击按钮可以获得系统提供的各项帮助文件。

（2）预览窗口　这个区域会显示所有事先扫描的结果，用作浏览，并针对相关扫描要求，进行重新调整和设置。

（3）设定选项的调整　在软件操作过程中，结合预览窗口可获得最终扫描效果图，根据相关选项对扫描效果进行调整。在精灵模式下进行相关参数的设定，点击"设置"按钮弹出如图2-32所示的对话框。

① "设置"选项窗口包括六个选项。图像类型、输出尺寸、分辨率、亮度、对比度和

饱和度。

② 图像类型。选择扫描图像的色彩模式。系统默认色彩模式是"彩色",可以根据具体要求进行类型的选择,有彩色、灰色、黑白、48位彩色和16位灰色五种模式。

③ 输出尺寸。选择扫描图像后实际输出的尺寸。系统默认的输出尺寸为原稿尺寸大小,可根据具体情况进行选择,主要有原稿、信纸、A4、B5、A5、4×6、3×5、名片等格式。

④ 分辨率。选择扫描使用的分辨率。系统默认分辨率为150dpi。其他可以选择的分辨率包括75、100、150、200、300、600、1200、2400、4800、9600dpi和19200dpi。

⑤ 亮度。调整扫描图像的亮度,亮度值介于-100~100,增加或减少扫描图像的亮度值。

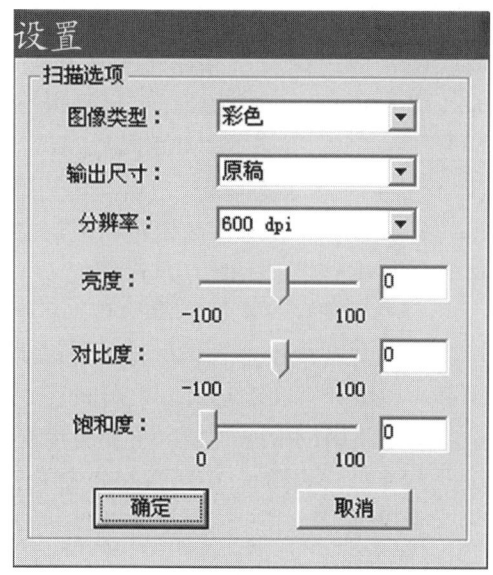

图2-32 "设置"选项对话框

⑥ 对比度。调整扫描图像的对比度,对比度值介于-100~100,增加或减少扫描图像的对比度值。

⑦ 饱和度。调整扫描图像的饱和度,饱和度值介于-100~100,增加或减少扫描图像的饱和度值。

三、传统模式下界面按钮功能分析

在传统模式中,使用界面和精灵模式下界面基本相同,各按钮和界面功能标注如图2-33所示。

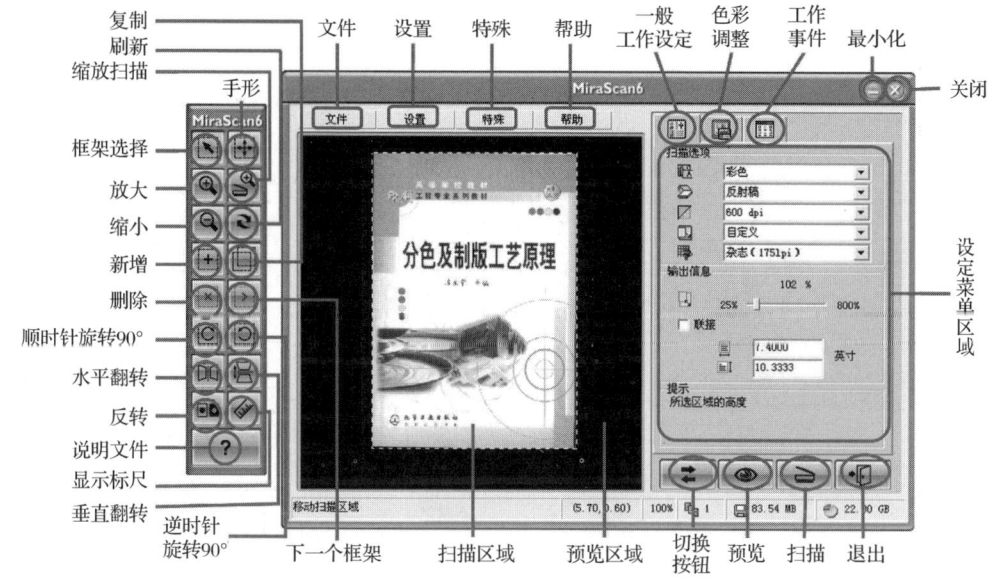

图2-33 Mira Scan 6软件传统模式界面按钮功能示意图

传统模式中框架工具按钮、预览窗口和前面精灵模式中各项功能完全相同，具体功能作用可参照前面，接下来主要对工作菜单区域设置进行分析，它由一般工作设定、色彩调整和工作事件三个部分构成。

（1）一般工作设定　点击"一般工作设定"按钮，显示如图2-34所示的设置面板，主要有三个选项组成：扫描选项、输出信息与提示。

① 扫描选项。包括图像类型、资源类型、扫描分辨率、输出尺寸和去网选择五个设置项目，其中图像类型、扫描分辨和输出尺寸已分析过，对于资源类型是指选择原稿的资源类型，主要有反射稿、透射稿。对于去网（Descreen、去除网点）选择主要是指从书报杂志或其他印刷品扫描图像，通过利用此选项，自动去除扫描图像的网点。

② 输出信息。输出信息设定窗口中包含四个项目：缩放、压缩比例、文件宽度与文件高度。可以对输出信息选择输出图像的缩放比例、压缩比例，并可更改选取区域的宽度和高度。

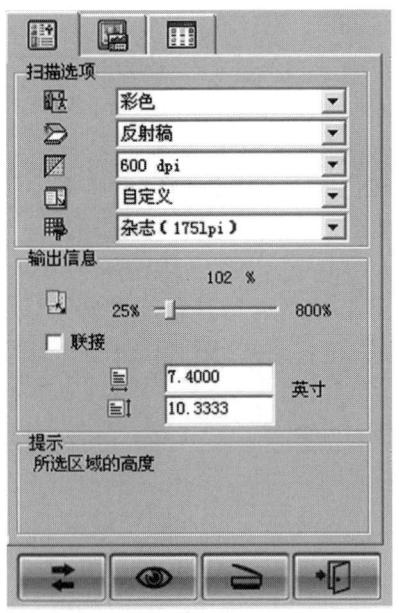

图2-34　一般工作设定设置面板

③ 提示。提供各项功能的提示。通过这些说明可以轻易地了解如何操作。

（2）色彩调整　点击"色彩调整"按钮，设定菜单会显示可以定义多个项目的位置，包含五个主要项目：亮度与对比度调整、色彩平衡调整、曲线调整、层次调整以及色调与饱和度调整，如图2-35所示。

① 亮度与对比度调整可以向左拖拉滚动条减弱效果，或向右拖拉滚动条加强效果，设定值介于-100到100（默认值为0）。建议使用"自动"按钮，让软件自动调整效果。

② 色彩平衡调整。利用"色彩平衡"菜单，可以更改图像的色彩混合，并且加重或

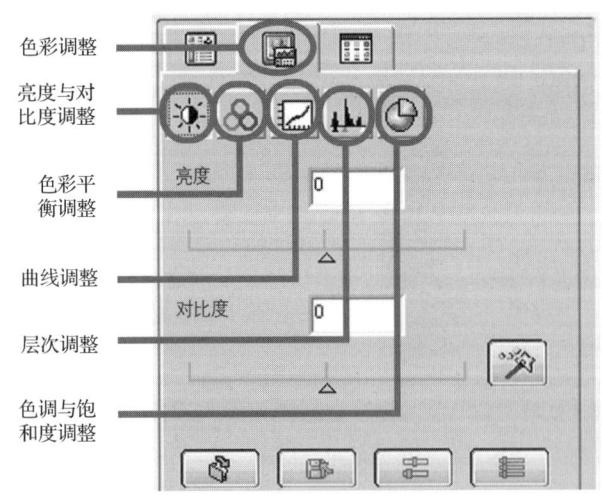

图2-35　色彩调整设置面板

图2-36　工作事件设置面板

减少某些色彩。

③ 曲线调整。曲线工具可用于调整图像中间色像素的亮度。

④ 层次调整。显示图像亮度层次的分配和相应分类的值，并能对每一种色彩进行调整。

⑤ 色调与饱和度调整。色调是区分不同色彩的特征，而饱和度可以决定色彩的浓度。

（3）工作事件　点击"工作事件"按钮，出现设定菜单，如图2-36所示，工作事件功能与精灵模式中的相同。

四、扫描仪使用过程中相关问题及解决方法

（1）安装扫描仪驱动程序　检查系统需求，当第一次安装程序时，建议按照以下安装程序：

① 自动安装。将光盘放入光驱，然后按照"自动执行"与"安装向导"中的每一项命令或提示进行。

② 手动安装。如果不能成功进行自动安装，可以按照以下步骤进行。第一步，如果扫描仪与计算机已连接，请中断扫描仪的联机；第二步，安装扫描仪驱动程序；第三步，重新启动计算机；第四步，将USB连接线插入扫描仪与计算机，然后再插入扫描仪的AC转换器。

如果不能安装，有可能存在以下问题，可按照提供的方法进行解决，见表2-6。

表2-6　　　　　　　　　　安装扫描仪常见问题和解决方法

常见问题	解决方法
系统出现问题	格式化硬盘并安装操作系统，建议使用windows98以上版本，因其具有更强的兼容性
硬件冲突	修复硬件
旧版错误	手动删除Mira Scan6的所有文件，以及注册表文件中Mira Scan的关键词，或者重新安装系统
硬盘空间错误（不足）	清空磁盘，或选择具有足够空间的磁盘
RAM内存错误（RAM不足以执行安装程序）	新增RAM或者指定足够的虚拟RAM

（2）程序安装后没有发现扫描仪　确定已开启扫描仪底部的安全锁。如果不确定安全锁是否已开启，按照以下方法检查扫描仪：开启扫描仪电源；图像滑道内的白色指示灯应该亮起；图像滑道会稍微向前移，再后移；图像滑道移动过程中，扫描仪前侧的指示灯（绿色或红色）会闪烁约15s；然后指示灯会维持亮起的状态，如果指示灯不断定期闪烁，那么表示扫描仪已有故障。

另外注意计算机中的USB端口状态是否处于活动状态中，Windows支持USB，并确定已从BIOS中激活USB端口。

（3）卸载Mira Scan 6驱动程序　按以下路径操作："开始"—"设置"—"控制面板"—"添加/删除程序"—"安装/卸载"— Mira Scan 6—"添加/删除"的按钮，或是双击Mira Scan 6文件夹中的"卸载"。如果出现无法卸载，主要有卸载文件错误、未成

功完成最后卸载程序和系统错误造成，可以通过手动删除文件并清理注册表、通过控制面板中添加删除程序重新清理、通过专业清理软件进行清理等方法予以解决。

（4）在Photoshop等程序中使用Mira Scan 6　在扫描图像使用Photoshop等程序时，不能使用扫描软件Mira Scan 6，需要按照以下步骤定义来源，在对话框中选择"文件"—"输入"—"选TWAIN_32来源"来定义Mira Scan 6作为TWAIN来源，从而实现上述目的。

在实践操作使用扫描仪过程中，一定要注意扫描原稿的类型和扫描输出的目的，根据具体情况进行相关参数的设置，达到最终扫描输出的要求。

第三章 图文信息处理

第一节 图像的调节校正

一、控制图像分辨率、图像大小和文件大小的方法

图像尺寸调整是图像调整中最基本的调节，比如从网上下载的和用数码相机拍摄的图片用于印刷，一般都需要进行分辨率设置。图像大小对话框提供了许多选项可以满足用户对图像的需求。不论将图像输出到打印排版设备上还是Web页上，以恰当的分辨率来重新改变图像的大小是非常重要的。为了获得更好的选择，首先应了解图像大小对话框中的选项是如何影响图像的。

如图3-1所示Photoshop设置图像大小，图像大小对话框分为两个主要区域。Pixel Dimensions（像素尺寸）部分缺省显示的是以像素为单位的图像尺寸。Document Size（文档大小）显示的是以cm（或其他长度单位）为单位的图像尺寸，同时它还显示了图像中每英寸是由多少像素（或其他分辨率单位）组成的。那么，为什么Photoshop提供两部分内容用以说明图像的宽和高呢？

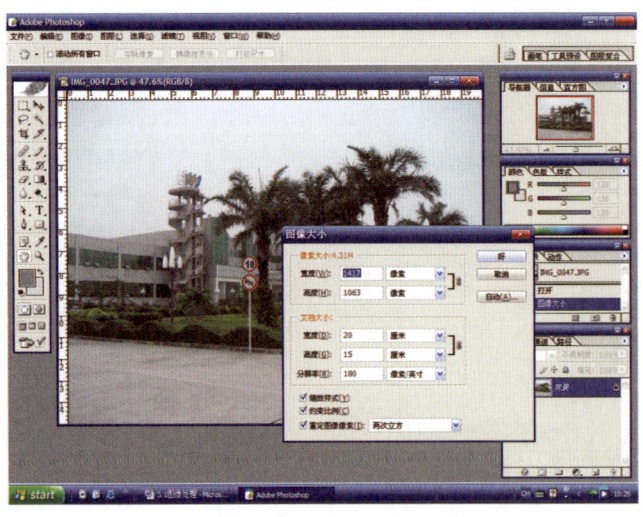

图3-1　图像大小对话框

从概念上来讲，这种方式更好地显示了图像大小和分辨率，例如，用数码相机拍得的图像分辨率为180pixel／in，一个1417pixels×1063pixels的图像宽度为20cm，高度是15cm。用于印刷其分辨率要改为300pixel／in，图像大约为12cm×9cm。这样两幅图片的像素数相同，但Document Size中的宽、高和分辨率的值却不相同，如图3-2所示。

图3-2　约束比例调整图像分辨率对话框

约束比例（Constrain Proportions）：在图像大小对话框中，文档大小（Document Size）中有一个链条图标。这个图标是在约束比例（Constrain Proportions）复选框选中之后才出现的。此时不论在宽和高文本框中输入的数值是多少，它们的比率始终是一个常数。也就是说改变了宽度值，高度也会随之发生变化。链条连接的几个值之间的关系是一定的，如果希望值之间不按比例变化，则可去掉对约束比例（Constrain Proportions）复选框的选择。但应该注意的是去掉此选项后，图像的宽高比例就会发生变化，这可能会导致图像被破坏，如图3-3所示。

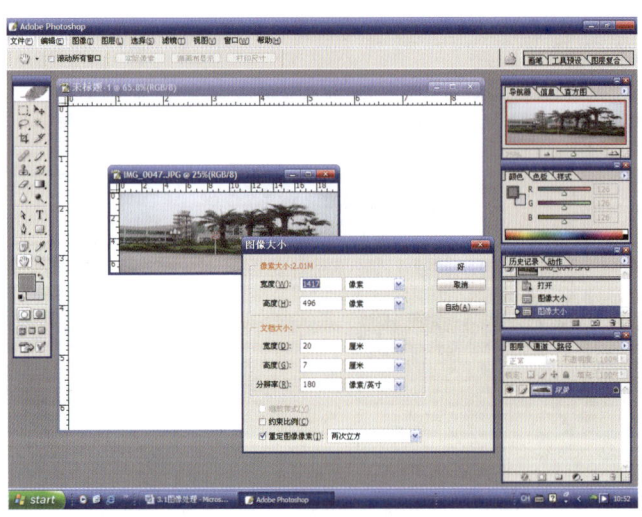

图3-3　不约束比例调整图像尺寸对话框

改变度量单位：在图像大小对话框中，像素尺寸（Pixel Dimensions）中缺省的度量单位为像素，文档大小（Documenc Size）中缺省的度量单位为英寸。然而如果选定重定图像像素（Resample Image）复选框，就可以对其进行详细讨论。若知道了文件数字化增加或减小的百分比，也可以将像素尺寸（Pixel Dimensions）中的单位改为百分比。在文档大小（Document Size）部分也可以将宽和高的单位改为百分比、厘米、点、派卡或列。点击下拉箭头可以进行单位转换。

重新取样图像：当图像的宽和高增加或减少时，Photoshop就会在图像中相应的增加或减少像素，称为重新取样（resampling）。图像大小对话框中的重定图像像素（Resample Image）缺省设为选中状态，如果取消对此选项的选择，Photoshop就不能再增加或减少像素。如果对图像重新取样，图像的质量将会有所降低。减小图像的尺寸，Photoshop就会减少像素，增加图像的尺寸，Photoshop将会增加像素。在Photoshop增加像素时，它会将其插入到原图像中，在插入过程中，Photoshop尽量使原像素与新增加像素的接口变得光滑，这可能会导致图像有些模糊。

Photoshop缺省使用的是双立方取样方法，点击选项的下拉式菜单可以看到其他的选项。邻近是最快的一种方法，但它在插入时位置不是特别准确。如果使用邻近这种方法，图像旋转或使用其他操作命令之后就会看起来有一些锯齿。在双立方这种方法中，Photoshop试图在插入时提高对比度。尽管这种方法最好，但它也是最慢的，两次线性是居于邻近和双立方之间的一种折中方法。如果重新取样的文件大小先减小后增加，最终的图像就不会像原始图像那样看起来棱角分明。这是因为Photoshop先去掉一些像素，之后再增加像素时就不能将去掉的那些原始像素添加到后来的位置。

选定重定图像像素（Resample Image）选框，在文档大小（Document Size）中宽和高的文本框中输入较小的数值。此时文件值会减小，像素尺寸（Pixel Dimensions）中以像素为单位的宽和高的值也会减小。尽管图像中像素数发生了变化，但像素/英寸值并未改变。

下面是重定图像像素（Resample Image）选项选定之后图像大小对话框中的一些数值进行改变时需要注意的要点。

如果在文档大小（Document Size）中减小宽和高的值，图像文件的尺寸就会减小，图像中包含的像素数也会减小，但分辨率不变。

如果在Document Size中增加宽和高的值，图像文件的尺寸就会增加，图像中包含的像素数也会增加，分辨率不变。

如果减小分辨率，文件尺寸减小，文档大小（Document Size）中的宽和高的值不变，但图像中包含的像素数会减小。

如果增加分辨率，文件尺寸增加，文档大小（Document Size）中的宽和高的值不变，但图像中包含的像素数会增加。

不重新取样改变图像尺寸：当取消对重定图像像素（Resample Image）选框的选择之后，在修改图像尺寸和分辨率时，Photoshop不会改变图像的大小。为了保持图像大小不变，Photoshop必须在修改图像尺寸时改变图像分辨率或改变分辨率时修改文档大小。为了避免添加、减少像素，如果增加图像大小Photoshop就会减小分辨率，减小图像大小Photoshop就会增大分辨率。

理解文件大小、图像大小和分辨率之间的关系很重要，应花一些时间进行消化、学习。

① 如果重定图像像素（Resample Image）选框已被选中，先将其取消，如果Constrain Proportions选框也被选中，则图像尺寸和分辨率之间会出现一个链条图标。

② 在文档大小（Doeument Size）选框中，输入较大的高度值和宽度值，这时分辨率值就会减少。如果在不向图像添加任何信息的情况下想使图像变大，分辨率就必须减少。如果不重新取样，屏幕上图像的大小就不会发生变化，因为没有添加或减少图像的像素数。

可以利用Photoshop的标尺来测量图像的变化。

③ 在分辨率文本框中输入一个较大的值，可以观察到文件大小的变化。如果希望每英寸内像素数增加，文件大小却不变，图像的尺寸就必须减小。如果减小分辨率，Photoshop就会增加图像的大小。

Photoshop会以显示器分辨率（72ppi或96ppi）来显示图像。如果将图像的分辨率提高到超出屏幕的分辨率，屏幕上图像的质量也不会发生变化，只在打印时才能看出区别来。

假设有一个画着图像的气球，上边有许多细小的墨点，现在想通过增加气球的体积来增大图像，那么每个墨点之间的间隔也会增加，每平方英寸面积内墨点的数量就会减少。这与文件大小增加时分辨率减小的道理是相同的，将气球的体积减少一些，墨点之间的距离也会相应减小。文件大小减小时图像的分辨率将会增加。在这两种情况下，不论增加还是减小气球的体积，图像的大小和墨点的数量都未发生变化。表3-1概括了Resample Image选项对图像的影响情况。

表3-1　　　　　　　Resample Image选项对图像的影响情况

名　称	文档大小增加	文档大小减小	分辨率增加	分辨率减小
选中重定图像像素图像选项	文件大小增加	文件大小减小	文件大小增加	文件大小减小
	分辨率不变	分辨率不变	打印大小不变	打印大小不变
不选中重定图像像素图像选项	分辨率减小	分辨率增加	打印大小减小	打印大小增加
	文件大小不变	文件大小不变	文件大小不变	文件大小不变

二、在Photoshop中进行图像层次的调节

层次是评价印刷品质量的重要指标之一，层次再现的优劣是图像复制的关键所在，因此层次复制最为人们所重视。层次校正也称为层次调节，实际上是指在图像复制工艺过程中，应就诸多因素对层次传递所造成的影响进行必要的补偿，以期获得满意的层次再现。图像的阶调层次是指一幅图像中从亮到暗的变化范围以及亮暗之间的密度分布情况。层次曲线是表现印刷品与原稿的密度关系或印刷品与菲林的网点大小之间的关系。为了方便分析图像，可以将图像分为几个层次，即高光调（Highlight）、中间调（Midtone）和暗调（Shadow）。高光调即图像的明亮地方，暗调即图像中颜色较深的地方，中间调则介于高光调和暗调之间。

1. 层次调节的必要性

在图像复制过程中，由于受到扫描系统、光电转换系统、晒版、印刷材料等诸多因素的影响，在这一系列工艺过程中，层次的传递必然受到损失。因此对层次最终可能出现的变化，必须预先进行补偿，以期获得最佳的复制效果。

图像复制中影响层次再现的主要因素如下：

（1）原稿密度范围的压缩　彩色复制中采用的原稿种类繁多，密度范围相差甚大，但其密度范围通常都大于印刷复制能再现的密度范围，如天然彩色正片其最大密度$D_{max} \geq 3.2$，密度范围一般为2.0～2.5，而印刷复制中分色片的适宜密度范围为0.3～1.7，印刷油墨所能再现的密度范围为1.4～1.6。因此，复制过程中必须对原稿的层次进行压缩以适合于印刷工艺的要求，如图3-4所示。

（2）印刷工艺过程对层次再现的非线性化影响　彩色复制中层次再现的非线性几乎

渗透于每一工序中，其主要体现如下。

①晒版。版材类型与质量、曝光条件、显影条件等对层次的非线性影响。

②印刷。印刷压力、油墨特性、纸张特性对灰平衡再现的非线性影响（见图3-5）。

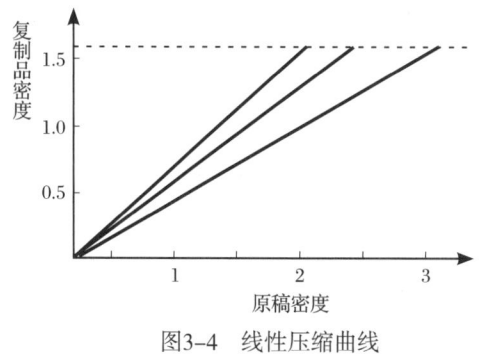
图3-4　线性压缩曲线

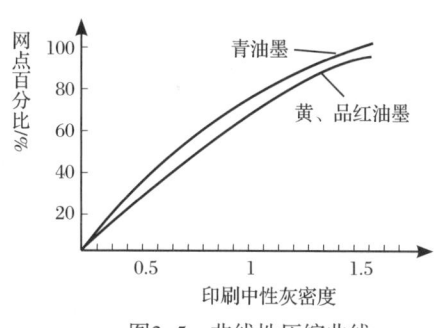
图3-5　非线性压缩曲线

（3）人们对层次再现的主观要求　印刷品的复制效果最终是通过人们视觉感官给予评价的，因此，复制品层次曲线要尽可能地符合人们对层次的视觉响应。

① 视觉响应要求。在印刷图像信息处理和检测中，人们用光学密度来表征图像的信息，用密度计来检测图像信息。在以密度为横坐标，孟塞尔明度为纵坐标的所作关系曲线上，密度较少部分曲线的斜率较大，密度较大部分斜率较小，说明密度计测量得到的密度值和人眼的明暗感觉并不呈线性对应关系，人眼的视觉明暗差别在密度较小部分（亮调部分）较敏感，在密度较大部分（暗调部分）相对较迟钝，这就是为什么对原稿的阶调进行压缩时，一般在暗调部位密度数量值压缩多一些，亮调部位压缩小一些。不能像图3-4线性压缩。

② 艺术加工的需要。实际工作中原稿品种多，不同的人分析同一幅原稿得出不同的结果，就会对复制提出不同的要求。若不考虑客户要求，具体问题具体分析，就不会得到客户满意的复制品。因此，要视原稿和客户对复制品在艺术加工上的要求而灵活掌握，强调主要部分，压缩次要部分，突出图片的主题。

2. Photoshop中重要层次调节工具的性能及用途

通常，图像的阶调分布应在扫描输入时给予确定，但有时也会遇到一些需对层次做轻微调整的图像。这样就要使用Photoshop中层次调整的工具对其适当修正。当然，用户完全可以将这些层次调整曲线应用到扫描图像的工作过程中。

（1）可编辑的曲线调整工具

① 可编辑的曲线调整工具。可编辑的输入输出映射关系的曲线调整工具无可争辩是最灵活和最完善的一种映射关系调整工具。在Photoshop中此工具被称为Curves（曲线），如图3-6所示。

在曲线框中，下方的横线为原始数据轴，竖线为映射转换后的数据轴。由其结构可以看出，它允许对任何原始图像数据作任何方式的映射处理，而不像其他类型的工具那样只能对两个端点和中间色调进行映射关系控制。实际上，绝大多数的图像处理工作都可以用此工具来完成。对于RGB模式，图像数据值大则图像亮度高，图像数据值小则图像亮度低；对于CMYK模式则正好相反，曲线段平均斜率大的区域层次拉开，而曲线段平均斜率小的区域层次压缩。

在此工具中，对映射曲线的控制有两种方式：自由曲线方式和Gamma曲线方式。自由曲线方式使用手绘工具来画出映射曲线，并利用平滑按钮Smooth去掉毛刺，使用特别灵活自由。Gamma曲线方式使用曲线上的控制点来控制按指数规律变化的曲线，这种曲线的特点是过渡平滑，符合对图像印刷出版物的一般处理要求，并能够较方便地对印刷适性进行补偿操作。所以，在印前处理中一般都是使用后者。

在图3-7中，线性曲线的Gamma=1.0时，它为45°直线，图像数据未经层次转换，这种状态的曲线一般不使用，因为它会使图像过于闷暗（曲线1）。上凸线条Gamma>1.0时，亮调层次拉开，而暗调层次压缩，同时图像亮度整体降低（曲线3）。下凹线条Gamma<1.0时，暗调层次拉开，而亮调层次压缩，同时图像亮度整体提高（曲线2）。操作时可以根据原稿图片的层次状态，设定不同的层次曲线Gamma值。如在复合曲线上，左下边曲线的Gamma=0.8，而右上边则是Gamma=1.8（曲线4）。

使用指数的映射调整关系来对图像进行明暗、对比度和层次的变化调整效果较好，这和肉眼接受亮度的非线性方式（实际上就是指数关系）有关。也就是说，如果加亮中间调，那么也需要加亮图像中较暗和较亮的部分才会有较好的整体效果，而按指数的关系进行过渡效果最好。同样，如果使中间调变暗，那么也应该使较暗的和较亮的部分变暗。

在Photoshop的Curves（曲线）工具中还含有高光、暗调、中间调的Eyedropper（滴管）工具，它们主要用于调整图像的高光和暗调的极点设置，其具体原理在后面叙述。

② Curves（曲线）调整各类图像层次的应用。由curves（曲线）构建的层次调整曲线，大体可归类为图3-7所示的基本曲线。

1号曲线　表示图像原有的阶调分布，其余所有的曲线都是在此基础上进行调整的，也即表示将图像现有的阶调分布，拉变成下列各种形状。

2号曲线　表示减薄拉开暗调层次，压缩亮调层次同时减淡中间调。这种曲线用于高光层次很少，但较为明显，同时暗中调层次极为丰富，暗调面积所占比例大的原稿，例如曝光不足导致的闷厚原稿，以及夜景图像等稿件。

3号曲线　表示压缩暗调层次，加深中间调，同时将亮调部分加深并且拉开层次分布。这种曲线适用于亮调层次丰富、中调及亮调偏薄的情况，如摄影曝光过度彩色原稿。

4号曲线　表示将高光暗调的层次压缩，同时将中间调部分的层次拉开。这是通常采用的调节方法，可将图像的饱和度提高。在调节时应特别注意亮调部分，不能压缩太多，否则亮调会太亮而损失很多层次。

5号曲线　表示将高光暗调两部分拉开层次，同时将中间调压缩。它适用于中间调层次极少的原稿，如逆光拍摄的稿件及雪景画面等特殊原稿。

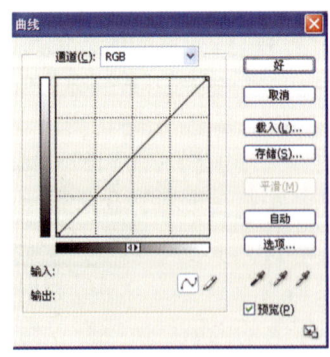
图3-6　曲线工具

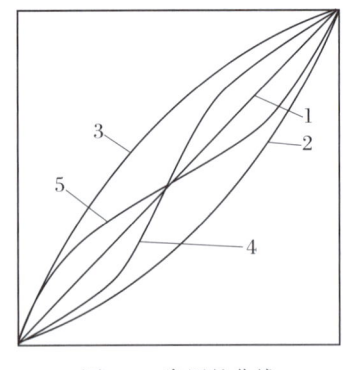
图3-7　常用的曲线

（2）直方图工具　在Photoshop中的直方图工具是Level（色阶），如图3-8所示。它是由图像阶调组成的柱状图表，从白到黑的所有阶调通过沿着直方图底部的阶调灰级轴依次显示，在哪一阶调上面的条柱越高，图像中该阶调的像素就越多。如果像素的分布区域偏向暗调，说明原图像属于暗调图像。同样，也可得到中间调图像和高亮图像及其直方图的分布情况。利用直方图来分析图像的层次分布和明暗关系是非常直观有效的，它为进一步调整和校正图像提供了直观的依据。利用两端的三角按钮可以改变阶调分布，例如，假设要通过当前仅为0~233范围的像素提高图像中的对比度。如果您将"输入色阶"白色三角形拖移到233，则233和图像每个通道中更高亮度值的像素映射为255，而亮度值更小的像素映射为对应的较亮值。这样的重新映射会使图像整体对比度提高。

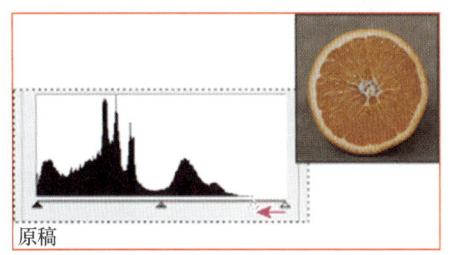
原稿

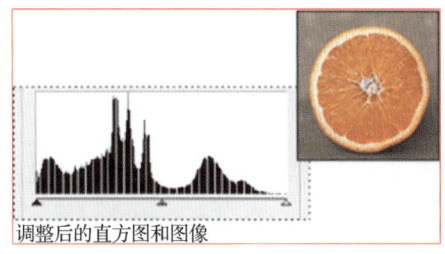
调整后的直方图和图像

图3-8　色阶工具

在Level（色阶）工具中，除了直方图以外还带有调整图像明暗极点和中间调的调整按钮（小三角形）。利用它可以直接改变极点位置，而通过对中间调按钮的调整实际上是改变了图像的Gamma值，但只对阶调两端点之间的值起作用，两端不变。

直方图和曲线的关系如图3-9至图3-11所示，可以看出它和曲线调整工具有内在统一性，只是没有曲线工具直观而已。和曲线工具一样它也带有内含的滴管工具，可重新设定黑白极点和中间调的位置。

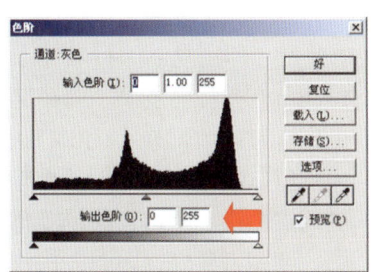
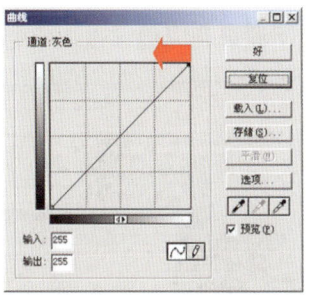

图3-9　色阶和曲线对图像亮调极点等同调整对照图

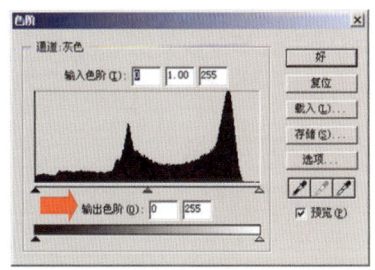
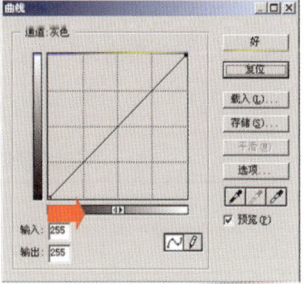

图3-10　色阶和曲线对图像暗调极点等同调整对照图

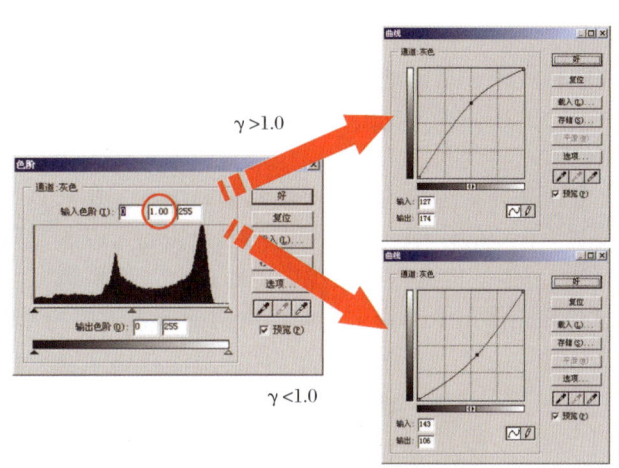

图3-11　色阶和曲线对图像中间调等同调整对照图

（3）滴管工具Eyedropper　如前所述，滴管工具是被包含在Curves（曲线）和Level（色阶）工具之中当作极点和中点设置工具使用的。以Curves中的滴管工具为例，其调整原理如图3-12所示，它调整Curves中映射曲线的黑白场的极点位置，而极点之间的映射关系按极点之间连线形成的线性关系进行调整。

在使用时首先对明暗滴管本身定义颜色值，其方法是双击滴管按钮弹出颜色选择工具框，然后输入高光极点或暗调极点的颜色值。再用定义颜色后的滴管点击图像中重新选定的极点的像素区域。这时被选像素原来的颜色值就会被滴管颜色值所取代，而图像中其他颜色值作为按上述的调整原理进行整体的线性变换。如果用Info工具（在屏密度计）观察图像，就会显示出变化前后的值。如将白滴管设置为3、2、2、0，调出曲线工具，选择白滴管，在图上34、26、22、0区域点一下，该点的值就变为3、2、2、0，如图3-12，当然原来比较阴暗的图像也相应地变得比较明快。

确定定标数据时，应该根据原稿的阶调层次状况、印刷复制的特点进行。如果原稿密度

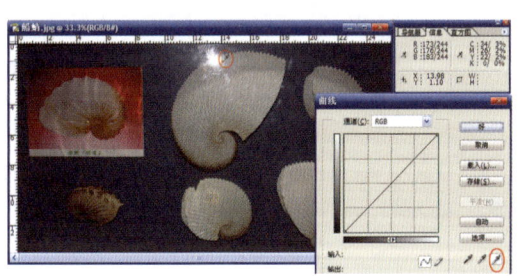

图3-12　用滴管工具调整图像

过高，需要提亮复制，则在定标时应选择较亮的定标数据，即较小的CMYK网点面积率、较大的RGB数据。此外，还要考虑印刷条件决定的网点传递。就网点的传递而言，优质的铜版纸比新闻纸要好，因此，其高光网点面积率要低于新闻纸。同时，新闻纸容易使油墨铺展造成"糊版"，因而其暗调定标网点面积率要低于铜版纸。不同的纸张、油墨和印刷条件所对应的高光／暗调定标数据如表3-2。

表3-2　　　　　　　　　　不同纸张的高光／暗调定标数据

定　标	铜版纸／%	胶版纸／%	新闻纸／%
高光定标	1～3	3～6	8～10
暗调定标	90～95	85～90	75～80

如果是针对RGB彩色图像进行高光和暗调定标，应注意RGB灰度值大所对应的网点面积率小，RGB灰度值小所对应的网点面积率大，而RGB三个灰度值相等代表中性灰色，相应的青／品红／黄／黑四色网点面积率不一定相等，应满足灰色平衡的要求。例如：在选择了SWOP油墨、GCR、中等黑版、四色和黑色网点面积率限制300%／100%的设置以后，RGB灰度值R=G=B=244，其青品黄黑四色网点面积率为C=3%、M=2%、Y=2%、BK=0；如果R=G=B=10，其青品红黄黑四色网点面积率为C=74%、M=68%、Y=67%、BK=87%。也就是说，红绿蓝与青品红黄黑的对应关系是由CMYK设置决定的。

使用滴管工具的原因之一是它能较合理地影响图像的整体效果并比其他形式的校正（线性的）更安全。之所以说它安全，是由于它每次的图像改变都是以原始值为基础进行的改变，产生不理想的效果后可以很容易恢复到原来状态而不会产生操作效果叠加的现象。当然，在获得某一效果并保存以后，图像的改变就不可恢复了。

滴管工具被频繁地使用于设置印刷的黑白场、修改密度范围、进行图像校色等工作。但需要注意的是使用滴管工具调整时图像的层次损失较严重，能够采用曲线进行调整的尽量不用滴管。

3. 层次调整

（1）图像的层次　简单地讲，图像的层次感较好就是明暗差别和颜色差别比较明显，能较好表现不同亮度和颜色的细节，一个图像的层次是从两个方面表现的，一个是亮度层次，也就是在中性灰色的成分上来表现。它反映了一个图像的明暗细节，构成了图像的结构骨架，是层次的基础。在这个明暗结构的基础上添加颜色就形成了饱和度不同的各种彩色，从而产生了更加丰富的细节结构。如图3-13所示，它表示了一个用CMY减色形成的某一颜色的成分组成原理，其公共部分构成了它的灰色亮度成分，而其他部分决定了该颜色的色相，而灰色成分和彩色成分构成比例的多少就决定了该颜色的饱和度，也就是鲜艳程度。

要使一个图像获得较好的层次感，一个要求是图像要有较宽的黑白层次上明暗色调的范围和彩色层次上最大的色彩张开度，另一个要求是图像的层次有一个较合理的分布，以最大限度地表现图像中最重要的细节。

另外，这里所讲的层次调整是针对灰度明暗层次而言的，至于彩色层次的问题将会在颜色调整中叙述。

（2）与印刷适性有关的层次调整　层次调整对于任何图像都是很重要的，而且对于输出后进行印刷的图像则是非常基本的。下面分别叙述两个基本的调整。

① 图像的亮点和暗点（即白场和黑场）设置。白场和黑场是一幅图像上的最亮和最暗的色调值。图像的输出类型决定了如何设置这些点。对于非印刷类型的电子出版，图像的层次范围应该包括从黑到白的整个色调范围，也就是最亮的点设置成为255（或0），将黑场设置成0（或100%），或采用自动调整选项强制将色调分布在整个色阶上。

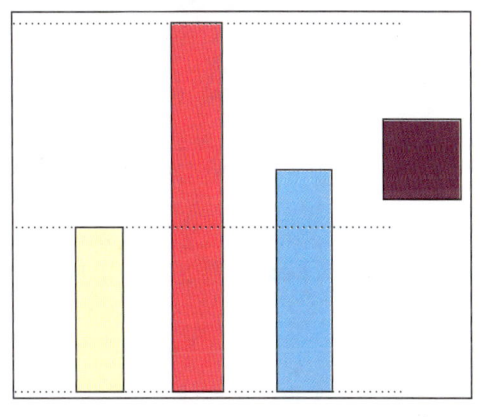

图3-13　三色成像原理图

然而对于印刷和打印输出而言，情况就不是这样。在扫描原图像的层次为全色调范围（0~100%）时，一般都要求将图像中的层次压缩到小于全色调的范围之内再进行输出。由于印刷适性当中的一个重要特性：在印刷图像的高亮处，一般在0~3%的高亮区域是印不出来的，也就是说0~3%的灰度变成了0的"纯"白色，这样图像高亮度区域的细节就会丢失。同样，在97%以上的暗调区域以上都会被印成100%的黑色，暗调细节也会丢失。为了补偿这种印刷适性对再现图像层次的影响，就必须对印刷用的图像进行层次压缩，例如，将0的白色压缩到4%的灰白色，而将100%的黑色压缩到96%的暗灰色上，具体设置为多少合适，不同的设备和材料数值都有区别，一般以能够复制的阶调范围为准，如2%~98%，那么高光的三个色（没有黑）最小值不得小于2%，暗调四色值最大不得超过98%（是指有层次变化的区域）。

对印刷用的图像设置黑白场，一种方法是在扫描软件中进行前端设置，另一种是用后端图像处理软件，如Photoshop进行后端设置。下面以Photoshop中的处理为例来说明处理过程，实际上无论前端还是后端软件的处理都是类似的。

校正的第一步是确定印刷极点，其中高光极点可分成两种。一种是没有信息的点，纯白纸，称为极高光。另一种是携带有细节和具有信息的高光点，称为高光。这两种高光都很重要。确定印刷高光极点实际就是寻找合适的高光点，用在屏密度计Info检查重要的高光点的颜色值，看它是否位于可印刷的范围以内。如果在范围内就不用进行调整，否则就用极点调整工具把它压缩设置到能够印刷的最高颜色值上（如4%），以使它能被印刷出来。同样原理，对暗调点则选用需要呈现暗调层次的最适当区域并检查其值，如果超出可呈现的暗调层次的最深颜色的值（如96%），则用极点调整工具将它向亮调处压缩，使之呈现出细节和层次。

设置用于印刷极点的最好方法是使用高光和暗调滴管。在Photoshop的Curves和Levels工具中都有滴管工具，它们的功能如上面所述专门用于设置极点，并对极点之间的色调按极点之间的范围进行线性映射。极点颜色值的设置要依照具体的印刷条件而定，一般是使用C、M、Y、K颜色值设置。大多数情况下，在白纸上打印时，最常用的CMYK高光极点值是5、3、3、0，RGB等量值为244、244、244，灰度等量值为4%；而暗调极点常用的CMYK值是65、53、51、95（不是唯一），RGB等量值为10、10、10，灰度等量值为96%。

上面所述的黑白极点的设置是压缩层次的过程，如果扫描原图像的层次被局限在某一个范围之内，还可以通过极点设置将图像的层次展开到最大的范围上。

② 网点增大的补偿校正。网点增大的直接效果就是使得印刷和打印的图像变得层次较暗和颜色较深，特别是中间调的这种效果最为明显，因此网点增大的补偿就变得十分重要。进行网点增大的补偿校正在印前处理中主要有两个渠道。

a. 用Photoshop中的Curves工具来直接改变图像中的数据是最快和最容易的方法。同样也可以用前端扫描软件中类似的工具来设定扫描采集映射曲线以获得经过补偿的数据。其补偿方法如图3-14所示，假设网点增大为10，则对色调曲线上50%的点设置控制点，将该点调到42%处。那么扫描和加工的图像在中间调时看起来比原图要亮一些，但在印刷（或打印）时，

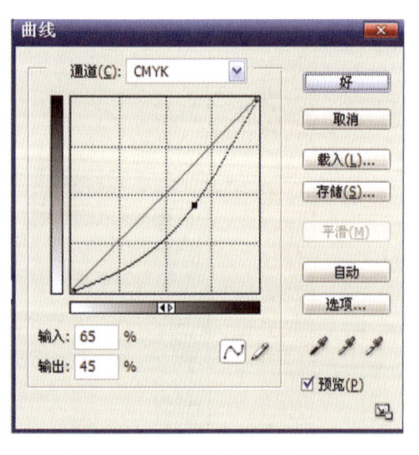

图3-14　网点扩大补偿曲线

42%的点将变暗到50%，与原稿一样。用这种方法扫描及修整后的图像应在文件名中反映出来，如grip／10.tif之类，以便输出和管理。

b. 另一种补偿方法是以EPS格式存储输出传递曲线并在输出时由RIP作出校正处理。在Photoshop中选择File／Page Setup（页面设置），再选择Transfer Function（传递函数）按钮，则有类似于Curves映射工具，并可按不同色调将校正要求的网点百分比填入各个色调值的修改方框中。然后选择EPS存储格式并点击"Include Transfer Function"（包括传递函数）按钮，以EPS格式存储。在这种校正中图像信息不会改变，但文件中嵌入了传递函数，以供RIP软件在输出时以上述同样的方式对网点增大进行补偿。

（3）优化视觉效果的层次校正　许多原稿图像有缺陷，表现效果较差，在这种情况下只要适当地使用层次校正和颜色校正功能，往往可以产生很好的效果，下面讲一些典型的优化校正方法。

① 曝光不足的校正。这种图像整体偏暗，层次压缩在暗调范围没有展开，故无法较好地表现画面中主要物体的效果。处理的方法如图3-15所示，利用高光滴管工具选择图像中相对较亮的灰调高光部分重新设置高光极点，从而将图像的层次扩展到整个色调范围，图像亮度被整体按线性关系提升，昏暗中的细节明显起来。

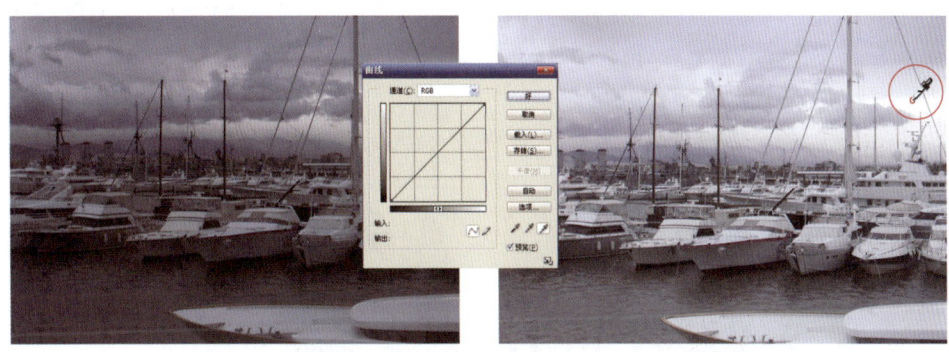

图3-15　曝光不足调整

② 曝光过度的校正。这种图像整体偏亮，层次主要集中在亮调部分，而暗调部分过亮，牺牲了部分层次空间。如图3-16所示，对它的优化校正方法是使用暗调滴管点击合适的图像暗处，将它映射到更暗处，从而拉开图像的层次，增强图像对比度。

以上的两种情况都可以通过调整曲线来完成，采用曲线调节层次过渡会更加平缓均匀，不像用滴管调节时图像的层次变化比较突兀，层次相对损失较多。

图3-16　曝光过度调整

③ 增强图像的反差和细节。这种调整是一种基本的优化处理，其主要作用是对图像中需要特别突出表现的某一亮度层次上面的细节加大反差以突出细节。当然，这种处理的结果必然是以牺牲其他部分的反差与细节表现能力为代价的，但是在许多情况下这种牺牲是值得的。这种调整可以分成4种类型。

a. 增强中间调层次、压缩明暗两端的层次。这种处理一般应用于色调平衡的图像，以增强中间调的细节表现力，因为人的视觉对中间调最为敏感。因此，经过这样处理的印刷图像效果都比较理想。它们的映射曲线是S形的，可以看出亮调和暗调处的层次范围都被减少了，而中间调范围增加了。其操作过程是分别在四分之一处和四分之三处设置控制点，并且分别将两点向亮调和暗调方向拉动到合适的位置即可，这时的曲线将按指数算法平滑过渡。

b. 增强亮调层次、压缩暗调层次。这种处理的典型方法就是在映射曲线的中点位置处设置控制点，并向亮调处拉动，使直线变成弧形，这种处理一般用在亮调层次为主的图像中，效果是增强了亮调部分的反差和对比度，也同时使整个图像变暗。

c. 增强暗调层次、压缩亮调层次。这种处理方法和上述的方法正好相反，用来扩展暗调层次的对比度，压缩了亮调的层次，也同时使整个图像变亮。

d. 针对特定层次的调整。在有些图像的处理和创意时可能需要突出某一部分的细节，如皮肤的纹路、头发的层次感等。这就需要对特定层次区域的层次范围进行扩展。具体调节方法，首先用Curves工具和Info工具检查该区域所在的层次范围。这里，Photoshop提供了一个很有用的功能：在分别打开Info和Curves工具后，将Info工具的光标放在要调整层次的图像部分上面，并按下鼠标左键滑动，这时在Curves的映射曲线上就出现了反映层次所在位置的小圆点。通过它就可以了解到需要进行调整的部分所在的层次区域。接着，在映射曲线上设置一些工具点，通过它们来拉伸需要强调的层次的范围，适当压缩其他层次范围，这样效果就出来了。如逆光照片背光面的局部调整，如图3-17。

图3-17　利用曲线工具进行局部调整

层次调整一般都是使用图像的复合通道进行的，因为层次是针对图像中的灰色成分而言的，而复合通道就是反映这种成分的。

三、颜色校正

彩色印刷复制是色彩分解、色彩传递、色彩再现的复杂过程。在复制过程中，由于受到诸多因素的影响，如扫描过程、光电转换系统、光源、镜头、分色滤色片、感光材料、纸张、油墨等，色误差的产生是必然的。要想获得理想的彩色印刷复制，就必须设法校正这些色差，实现理想的颜色信息再现。

1. 颜色校正的必要性

彩色原稿的印刷过程通常可表述为图像信息的色分解和色还原两个过程的组合。所谓图像信息的色分解是指通过图像变换处理从原稿分解出Y、M、C、K四色色版，而图像信息的色还原则是指通过图像变换处理使由Y、M、C、K四色色版所构成的分色图像在同一承印物上叠合，再现原稿图像的色彩和阶调。在实际复制过程中，由于各种条件的不理想，色差的存在是必然的。色差主要来源于三个方面：一是原稿自身由于摄影过程及材料造成的色偏和呈色介质变色（色衰减）造成的色偏；二是色分解过程中的色差，主要是光源、镜头、滤色片和光电倍增管等的误差；三是色还原过程中的色差，主要是纸张和油墨的误差。

印前系统作为彩色复制的重要组成部分，其自身的采样既是一个色分解过程，同时又要弥补后工序的色误差。因而输入给图像信息处理系统的分色信号的色差存在是必然的，因此采用校正手段也是必不可少的。

2. 在Photoshop中的颜色校正

在进行颜色校正前，应该做好对所使用设备的标定、检查扫描图像的质量以及设置正确的黑场（黑点，图像中有层次部分最暗的点）和白场（白点，图像中有层次部分最亮的点）等。此外，为了及时了解校正效果，还得调用合适的预视功能。

（1）颜色校正的前期要求

① 设备标定和系统标定。标定是一种调整显示器和图像转换参数的过程，其目的是为了补偿影响屏幕上显示的图像与转换到打印输出时导致结果不一致的各种因素。标定有两种类型：第一种标定是设备标定（devic calibration），是指标定用户使用的显示器以及调整用户的照排机（用于输出分色片）；第二种标定是系统标定，这是调整图像从RGB模式转换到CMYK模式时影响图像颜色变化的参数。显示器是RGB设备，可以显示大部分可见光谱内的颜色，但视频系统传送到显示器的数据通常会限制一次同时显示的颜色数目。此外，在显示CMYK图像时，图像处理软件必须将CMYK图像的数据临时转换为RGB数据，才能在屏幕上显示它。因此，对显示器的标定将影响CMYK图像如何在屏幕上显示，但不影响对RGB图像的显示。

为了使屏幕显示与打样结果尽可能一致，建议使用固定的光源，即在观看原稿、打样稿和进行图像处理时使用同一种光源，同时要保证环境光的稳定。

② 色彩校正之前首先应该进行层次校正。首先对印刷极点进行检查和调整以及对图像层次分布进行调整。因为从呈色机制的原理来看，可以说色彩是在中性灰层次基础上呈现效果的，所以应该先将基础性质的灰色层次校正完毕后再进行色彩调整。否则，如果先调整色彩，那么在进行层次校正时色彩又会发生变化，因为层次的分布改变至少也会破坏色彩原有的饱和度，而由于灰平衡关系，在图像中灰成分的比例发生变化后，对色彩的改变也会很大。

③ 颜色空间的选择。不管图像是RGB模式还是CMYK模式，均可实现全部阶调调整和颜色校正。做色彩校正时选择哪一个颜色空间是很有讲究的，因为不同的颜色空间其色域范围有一定差别，同时也和输出介质有关。在印前处理中使用的两个基本输出介质空间是屏幕和扫描仪的RGB空间与印刷和打印使用的输出介质颜色空间CMYK。用RGB颜色空间进行校正的优点是有较大的色域范围，以及由于和显示器彩色空间一致使得处理速度较快。但这种校正和处理的图像用于印刷输出时必须转换到CMYK空间，这时会有部分颜色无法在CMYK色域中显示出来，也就是颜色超出了印刷色域。而在CMYK空间中作色彩校正的主要

优点是校正后的图像直接用于印刷而不会产生颜色偏移，另外CMYK色空间是较容易由人直接感受的颜色空间，在表示某一种颜色及变化的时候，这个空间更容易被人们接受。

因此，一般情况下可以对图像在RGB空间中校正，而在CMYK空间中对图像进行细微调节。这样既充分利用了RGB的优点，也照顾到了对CMYK的需要。

（2）在Photoshop中的颜色校正工具　由于彩色复制过程中色差存在的必然性，采用校正手段也是必不可少的。色彩校正的方法多种多样，对于高档输入设备，在图像输入过程中就可以进行色彩的初步校正，在图像处理过程中，可以就图像的色彩进行具体的分析和最后的校正处理，adobe Photoshop软件中提供了多种色彩调节工具进行色彩校正，这些功能各有优缺点，应在不同的条件下使用相应的功能，以达到最佳效果。

① 阶调曲线校色工具。在颜色校正处理中使用的工具仍然主要是前面提到的Curves和Level工具，在层次校正中使用的是这些工具当中的复合通道，而在颜色校正中使用的是工具中的单色通道。通过对某颜色通道中的映射关系进行调整就可以改变图像中整体或某个亮度层次上的颜色。这类校色方法的原理很简单，实质是单独调节彩色图像的一个或几个原色通道达到校色的目的。

例如：一幅RGB模式图像，整体偏向绿色，可以使用"曲线"工具（见图3-18）在"通道"功能下选择"绿色"通道，调节曲线，把绿色通道的灰度级降低，或提高"红色"及"蓝色"通道的灰度级，达到校正偏色的目的。同理，一幅CMYK四色图像，暗调偏向黄色，可以在其"黄色"通道内调节层次曲线，降低黄色暗调的网点面积率，就可以校正其偏色。对上述RGB模式图像，可以通过高光／暗调定标的方法校正偏色。将偏绿的高光点和暗调点定标成RGB灰度级相等的白色／黑色，可以从某种程度上校正图像的整体阶调偏绿。对上述四色图像，其暗调定标点设定为不偏黄色的点，就可以校正图像暗调的偏色。

图3-18　用曲线工具调整图像

利用"灰度级校正法"校正上述偏色时，可以在"绿色"通道内降低中间调系数，使绿光灰度级降低，达到校色的目的。

利用曲线工具可以很方便地调整图像的亮度，如图3-19所示，还可以保持其他部分不变只调整图像的某一部分颜色和阶调，如图3-17。

由于拉动高光和暗调部分的曲线对图像影响较大，因此对图像调整时只涉及亮调或暗调的调整，建议使用"色阶"工具，因为"色阶"工具在这方面更具优势，如图3-19为亮调调整,同样前面的3-15和图3-16也可以用色阶工具调整。

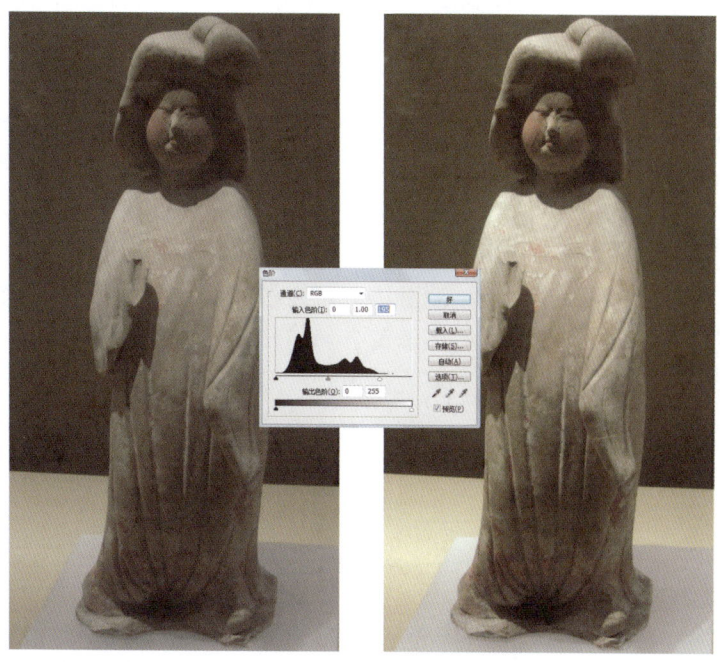

图3-19　用色阶工具调整图像

② 亮度／对比度（Brightness／Contrast）。亮度主要是改变图像整体的明暗层次,而对比度则主要改变了图像色彩灰度的反差。如图3-20所示的Brightness／Contrast对话框。

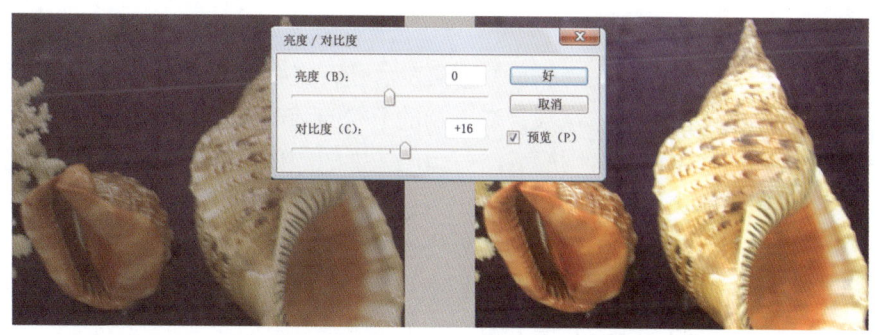

图3-20　用亮度对比度工具调整图像

a. 亮度。对图像的亮度进行调节时,相应的图像数据将发生均匀线性的变化。当亮度输入对话框中的输入值是负数时,则图像整体变暗,如同在整个图像上蒙上一层灰;当亮度输入对话框中的输入值是正数时,则图像整体变亮,相当于将图像整体减薄了一层。但若对话框中输入值过大或过小,图中很暗或很亮的地方会出现层次并级的现象,如当亮度值定为50时,原图大于80%的部分会变为100%而合并,分辨不出层次变化。所以对于亮度调整时,应避免输入的绝对值太大。一般用于原稿曝光不足或过度的调整。

b. 对比度。用对比度调节图像时,它以60%～70%之间某段或某个数为中心不变,两边分别增大或减小。当在对比度输入对话框中输入值是正值时,则图像亮调部分网点百分比减小,而暗调部分的网点百分比增加，使得图像的对比更加强烈；当在对比度输入对话框中输入值为负值时，则图像亮调部分网点百分比增加，而暗调部分的网点百分比减小，使得图像的对比减弱。对比度的调节将损失图像的亮调部分和暗调部分较多的细节层次，所以一般不用它对图像进行调整。但对于一些细节要求不高而只求高反差特殊效果的图片是可以使用的。

③ 色平衡工具（Color Balance）。色平衡工具是一个专门用于颜色调整的工具，在Photoshop中的操作界面如图3-21所示。其特点是在调整某一颜色时同时使用它的互补色作反向调整，以增强调整效果，并且具有保持图像整体亮度不变的能力。换句话说，向互补色相移动滑块，可以校正图像整体偏色。例如：图像的亮调偏黄，而暗调偏红，在操作界面的下方"阶调平衡"框中选择"亮调"，然后在"黄—蓝"轴上向蓝的方向（黄的相反色）移动滑块，纠正亮调偏黄的误差。然后在"阶调平衡"框中选择"暗调"，在"青-红"轴上向青的方向（红的相反色）移动滑块，就可以校正暗调偏红的误差。

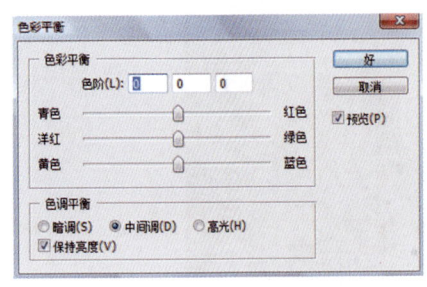

图3-21 色彩平衡工具对话框

在对话框中各部分的功能如下。

a. 颜色级数（Color Levels）分别表示C、M、Y、R、G、B变化的相对数量关系，其变化范围为 –100 ~ +100之间。正负号是以R、G、B来定的，即向R、G、B方向为正。其方框中输入的数据与下面的三个三角滑块是相对应的。如在第一栏中输入 –100，则三角滑块会向Cyan方向移动，此时表示减少了红，同时加进入了青。三角滑块下面是暗调（Shadows）、中间调（Midtones）、高调（Highlights）的区域选择，三个单选按钮表示当前调节的图像的不同区域。

b. 保持亮度（Preserve Luminosity）选项表示是否将明度的变化显示出来（颜色的变化会影响色彩的明暗）。若不选该项，受影响的只是当前改变的颜色，如改变青色，则品红和黄不受影响；若选中该项，则改变任一颜色，别的颜色也会相关联地随之变化。

图3-22所示是色平衡工具的RGB加色法呈色原理图，众所周知，RGB三种颜色的公共部分构成灰色成分，而其他突出部分则是彩色成分。如果某幅图像颜色偏黄，这时使用平衡杆当中的黄-蓝（Yellow-Blue）平衡杆来减少黄色，但在减少黄色时，减少黄色和增加蓝色是同时进行的。本例中调整的黄色是由红色+绿色组成，而黄色的程度是由红色和绿色两者与它们的相反色（蓝色）之间的差值来决定。这样，由两个方向来共同产生这个黄增加量所需要的差值有以下优点：一是两个互补色（黄—蓝两色）的调节量较小，这样对图像的层次影响较小；二是具有保持图像整体亮度不变的优势，因为它是双向调节，两个互补色的亮度有增有减，故能够保持亮度。而Curves和Level工具中的校色工具都是使用通道对某一颜色单独进行增加或减少的调整，因而没有这种特性。另外，色平衡工具也可以设置成单向调节方式。

总之，用色平衡工具来校色会使图像的颜色变化比较平衡，层次感不会因颜色变化发生较大变化，特别是图像的整体亮度可以保持不变。所以颜色平衡工具是一种比较优秀的颜色校正工具。但是一种整体颜色调整工具，对某一个层次上的颜色调整是无能为力的。

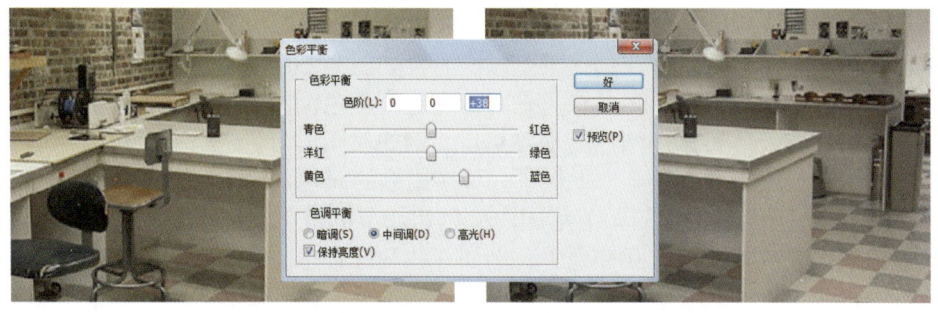

图3-22　用色彩平衡工具调整图像

④ 色相／饱和度工具。色相／饱和度工具（Hue／Saturation）也是一个专门用于颜色调整的工具，可以用来改变图像的色彩组成、颜色的饱和度及图像的亮度值，该工具主要用在HSB色彩模式中编辑图像。它有两种功能：一是按照色相、饱和度和亮度对彩色图像进行修正和改变；二是对灰度图像进行着色处理，其操作界面如图3-23所示。这个颜色空间对颜色的表示比较符合通常对颜色的理解，许多被艺术家和美术工作者所喜爱的实用颜色色系都是基于这类表现体系，例如孟塞尔色系、奥斯瓦尔德色系以及日本色研配色体系（PCCS）等。

在界面下方有两个色谱渐变条，上方色谱条代表图像原来的色相，下方色谱条代表处理后的色相，可以通过观察两个色谱渐变条的对应关系了解色相的变化。当选择某个色相区进行校正时，两个色谱渐变条中间会出现一组控制滑块。如图3-23所示，中间深灰色控制块是处理作用较强的"主颜色区域"，在深灰色控制块的两侧各有一个浅灰色控制块，代表处理作用逐渐减弱的颜色区域。操作者可以利用滑块改变主颜色区域和渐弱区域

图3-23　用色相／饱和度工具调整图像

的大小，还可以使用界面中的三个吸管工具（普通吸管和带加减号的吸管），用图像中吸取颜色的方法确定颜色范围或增／减现有的颜色范围。

在"全部色相（Master）"方式下改变色相，往往会形成特殊的颜色效果，在图像特效处理中使用较多。如果图像的色相偏差恰好满足下列条件，即红偏向黄、黄偏向绿、绿偏向青、青偏向蓝、蓝偏向品红、品红偏向红，而且偏色程度接近，那么可以选择"全部色相（Master）"，将色相调节数据降低（负数），即可纠正色相误差。

大多数色相偏差的情况是各种色相的偏差不一，只能采取不同色相范围单独校正的方法。例如：图像中应有的大红色偏向黄，即呈现橙红色，可以选择"红色区（Reds）"，将色相调节数据减小，使图像中的红色区颜色向品红方向变化，橙红色就可以变成大红色，校正了原有的色偏。

图像饱和度（Satuation）调节数据的增加能够使图像中颜色的鲜艳程度上升，而图像亮度的提高会使图像中颜色的亮度提升。在调节方式上它有以下很明显的特点。

a. 调节范围控制。它可将整个可见光色谱范围或某个局部区段作为调节颜色的区

域，即master（整体）和R、G、B、Y、M、C共七个默认的区段。这里的R、G、B等是代表一个范围而不是一种颜色。在选择某个区段时会如图3-23所示显示它在色谱上的范围，并可以调节这个范围的大小。工具将只是对落在这个颜色范围内的颜色发生调节作用。这种区段调节特性对于各种添加颜色的琐碎工作，例如对图形着色进行变色以及对图像中某一范围的颜色进行校正和改变等，提供了一种多用途的简化调控方法。

b. 颜色调节程度在选定的调节范围内，色相调节的范围可以是整个色轮，也就是可以将颜色的色相变成相对色（互补色），例如红色变成青色、绿色变成品红色。这种大范围调节特别适合进行颜色替换等着色处理。另外，通过对饱和度和亮度的调节可以方便直观地得到颜色的不同色调，这对颜色的自由设计特别适合。当然，这种自由设计要求屏幕显示和打印输出必须有颜色管理系统的配套。

c. 着色（Colorize），选择着色可给灰度图（先转化为RGB模式）加色，相当于加滤色片的效果。同时可以为整幅图定义一个基本色调，下面的调节是在此基础上进行的。

⑤替换颜色。如果需要将原稿图像中的某类颜色改变成另外的颜色，可以制作该类颜色选区，再用"色相/饱和度"功能调节；还可以使用"选择性校色"对图像中该色相的颜色进行专门的校正。在Photoshop中，使用"替换颜色（Replace Color）"功能，可以在不做选区的情况下有目的地改变某些颜色，如图3-24所示，（a）为原图，（b）为调整后的图。

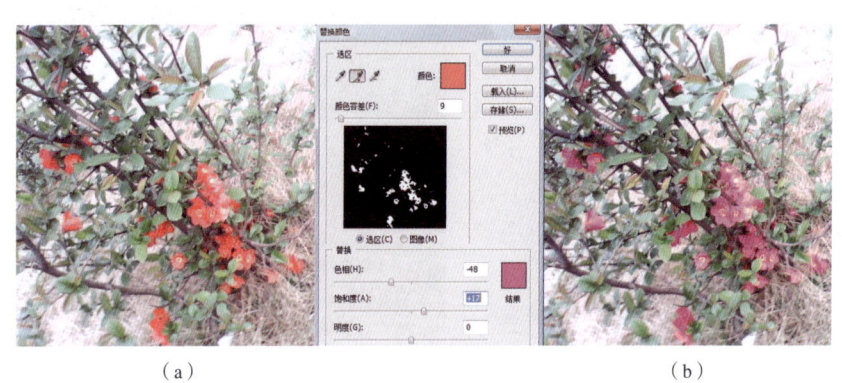

图3-24　用替换颜色工具调整图像
（a）原图　（b）调整后的图

⑥选择性颜色工具（Selective Color）。"可选颜色"校正是一种在扫描输入和印前颜色处理中广泛使用的颜色校正方法。在Photoshop中，前面讲过的"色相/饱和度"和"替换颜色"命令虽然都能对颜色进行调节校正，但其调节方法是以颜色三属性为基础进行的，比较适合美术创作领域的应用，特点是随意性大，准确性较低。而"可选颜色"颜色的校正更加准确，适用于印刷。高档扫描仪和专用的分色程序通常都有选择性色彩校正（Selective Color Correction）功能。该工具的功能为：先选择颜色，然后改变其数据，如图3-25所示的对话框。

a. 颜色（Color）选项用于选择对图像的哪些部分进行调节，可供选择的有红色（Red）、黄色（Yellow）、绿色（Green）、青色（Cyan）、蓝色（Blue）、品红色（Magental）、白色（White），中性色（Neutral）和黑色（Black）。当对图像进行调节时，只有图像中包含该颜色的区域才起作用，不包含所选颜色的区域无论你怎么调节青、品、黄、黑的数据，它的颜色都不会有任何变化。

图3-25　用可选颜色工具调整图像

当选择红色（R=Y+M）时，只有图像上含有Y+M（M＞C，Y＞C）成分的区域才起作用，对原图中不含Y+M的区域或者是即使图像含有Y+M成分，但其中的Y或M有一项小于C，调节对此处也不起作用。也就是当选择这些复合色时，必须是基本色中最小的颜色数据大于相反色，色块才能被选中，如图3-25当选择红时，图中信息1点和信息2点，信息1点的数据为C85M18Y100K4就不认为它是红色块，因为M＜C，从图3-25中的信息调板中可以看出，调整M的数据时它的值没有发生变化，而信息2点是选中的点，变化前后的数据为C24M43Y43K1/ C24M50Y43K1，因为它包含Y+M，且M＞C，Y＞C。

当颜色项选择C、M、Y时，只要该色数据比别的都大，就认为是选中区，如当选择M时，不管C、Y、M的数值是多少，只要它的数据量最大就行，这与它本身值的大小没关系，只与它的相对值有关系。

当颜色项选择中性色时，则可作用于图中C、M、Y、K都有的部分，而不管其成分含量多少，该功能可用于改变含灰色块的饱和度。

当颜色项选择黑色时，必须是彩度值低到一定程度时才能被选中，该功能对于校正暗调黑场部分的偏色有很大作用。例如：要校正原稿图像中的偏蓝的青色，在"颜色"框中选择"青色"，改变下面青／品红／黄／黑四个调节滑块，可分别增／减颜色中四种颜色成分的量，达到校正颜色的目的。此处的"青色"是指原稿图像中的青色相，而不是指图像中的青油墨量。由于青色偏蓝，说明其中的品红量偏多，因此可以减小品红量，使偏色消除或减轻。

b．方法项中的相对和绝对选项是指改变数据的两种方法，相对是指在调整当前CMYK值是在原基础上加或减，其中绝对比相对调整的幅度要大。

c．选择性颜色校正（Selective Color）工具是一个非常有用的颜色校正工具，也是一个专为印刷工作者设计的工具。它是可以对图像上某类颜色进行调校，但不用作相应的选择区，并且对周围其他颜色没有什么影响。它作用时选择某类颜色作为处理对象，对这类颜色成分中的C、M、Y、K进行增加或减少，达到颜色调节的目的。

选择性颜色校正的理论基础是：可以将画面上成千上万的丰富颜色分成基本的九大类：黄色系列、品红系列、青色系列、红色系列、绿色系列、蓝色系列、黑色、中性灰色系列、白色系列。然后选择某一系列颜色作为校正的对象，对它们含有的C、M、Y、K进行增减。

要对某一颜色进行选择性颜色校正，如何判断它属于什么颜色，最精确的方法是看颜色的网点百分比。

ⅰ．如果某色是由C、M、Y、K中一个色组成的，则十分好判断：只含C、M、Y就是

C、M、Y色；K值很大，如K>85%可认为是黑色，K值小，如K<10%，可认为是白色，K一般则认为是灰色。

ⅱ．如果某色是二次色，则可判断为三种情况：如Y、M组成的红色Y80%，M60%，则可认为是红色，也可以认为是Y色；而Y60%、M80%，则可判断为红色或品红色。

ⅲ．如果该色是三色以上构成，则可以认为是三种情况：Y、M、C之一与其他色相差大，则可判断为一次色；如果Y、M、C三种中两者较大且接近，可判断为二次色；如果Y、M、C三色接近可判断为中性灰色。

ⅳ．暗调颜色如果偏黑，则可判断为黑色。

ⅴ．对网点百分比小，且灰度值小于15%下的颜色，也可判断为白色。

从以上分析可以知道，一个颜色可以把它归为不同的颜色类型，究竟在操作中把它确定为什么颜色，还得具体情况具体分析。

在进行选择性颜色校正时，某色可能归属到几种可能的颜色类，在选择用什么色来作调节对象时，应该注意的问题：用作选择性颜色校正的颜色与图像上其他颜色的差距有多大，在进行调校时会不会对相邻颜色以及图像上其他区域颜色产生影响。一般应选择不对周边颜色或图像上其他区域颜色产生影响的颜色来作选择性颜色校正。例如要调整的颜色C80%Y60%M15%，该色可以认为是绿色，也可认为是青色，也可以认为是中性灰色（因为它含有灰分），如果画面上其他地方还有绿色，不想使它们产生变化，可以选择C色进行选择性颜色校正。一般图像上复色颜色很多，故选择中性灰颜色来作选择性颜色校正的情况很少，因为会影响其他颜色。另外，如果不存在对其他颜色影响的问题，可以选择调校时效果较高的颜色来做选择性校正。如颜色C80%Y60%M15%，选择G色作选择性颜色校正，降低M，幅度为100%时，变为C80%Y60%M8%；当选择C作选择性颜色校正，幅度仍为100%时，变为C80%Y60%M12%。这时选择G色作选择性颜色校正效率较高。

作选择性颜色工具（Selective Color）调节时，RGB色彩模式和CMYK色彩模式的变化会有所不同，一般应在CMYK色彩模式下进行选择性颜色工具（Selective Color）调节：选择性颜色工具（Selective Color）的理论基础是每个色是由C、M、Y、K的不同网点百分比组成，因此，作选择性颜色工具（Selective Color）前，应将图像先转换为CMYK色彩模式。如果是RGB模式，所产生的变化会和大家希望的有些差别。同一颜色在RGB色彩模式下可能会非常鲜艳，转为CMYK模式后，会变得暗淡些，在作Selective Color调节时变化会不一样。在RGB模式下并不按照要求产生改变，没有改变M值，但M值却产生了变化，没有改变K值，但K值却产生了变化；而在CMYK模式下则是严格按照要求来产生相应变化。因此，作选择性颜色工具（Selective Color）的图像应为CMYK色彩模式。Photoshop的常用图像工具在调节图像层次和颜色时各有特点，并且具有自己特定的针对性。如Level（色阶）工具，在调节图像的亮调、中间调、暗调的深浅时有较强的功能，但是不容易具体控制到某一网点百分比附近的阶调变化；而曲线（Curves）由于可以调成任意形状，在控制阶调方面更细致一些，它在图像的亮调和暗调的处理（即曲线两端）功能不强，处理时变化面太大，不如Level好。因此建议调节图像黑场和白场最好用色阶（Level）工具。色彩平衡（Color Balance）工具在调节颜色时对颜色的影响面太大，而且调节一个颜色往往会引起很多颜色的变化，一般用得较少，即使使用，调节幅度也不会大。色相／饱和度（Hue／Saturation）和选择性颜色工具（Selective Color）的特点是可以进行特定颜色的选择性校正，而不用作选择区，并且对其他颜色可以不产生影响，是调节图像的常用工具。

3. 颜色校正方法

（1）色偏判别法

① 中性灰平衡对色彩校正来说，灰平衡是一个非常重要的概念，它是指黄、品红、青三色版按不同网点面积配比在印刷中生成中性灰的效果。而这时的灰亮度比原色要暗一些。另一种灰平衡是指用红绿蓝三原色按一定量相加也可得到中性灰，只是这种灰色比原色要亮一些。在印刷中使用的灰平衡概念都是指前者。在灰平衡比例关系中，青要比品红和黄的成分比例多一些，当然若油墨的类型或生产厂商不同，则黄、品红、青三色的配比也会略有不同，但总体青要大于黄和品红。

② 判别方法。如果知道了生成各种亮度的中性灰所需要的原色成分，就可以把原稿中的中性灰区域作为重要的色彩校正工具。用在屏密度计工具（Info）测量扫描图像中的颜色值，如果出现本应是中性的区域而不是，则说明发生了色偏。更为重要的是，知道何种颜色叠加可以产生中性灰，便可知道如何校正图像。如果在扫描时做这项工作，色彩校正的时间将大大减少。

高光区域是检查中性灰的最好区域。高光区不一定都是中性灰，但相对其他亮度颜色区域，其灰色成分要多一些，所以最好从这里开始检查。这样不但可以查色偏，还可以同时检查高光处是否过亮，如果是的话就会造成印刷网目调网点太小，印刷时容易丢失而呈现纸白。

当然图像的其他应该呈现中性灰的部分都可以用来检查色偏并当作校正的作用点。如果图像中缺少中性灰，也可以在扫描时夹扫一条灰梯尺以用作中性灰检查和校正时使用。

（2）校色方法

① 定标校色。定标校色法主要针对偏色原稿，对图像的白场、中间调和黑场进行重新标定，从而校正图像的偏色。校色工具是高光、中间调和暗调滴管。前面谈到它标定印刷用的极点并进行层次范围的调整，这里把它当作色彩校正的工具来讨论。

a. 定义滴管颜色的方法双击滴管图标，激活它的颜色定义窗口，然后向各个滴管输入目标值，在用滴管工具校正色偏时，高光、暗调和中间调滴管应输入与图像中需要去除色偏区域的亮度接近的中性灰颜色值，图像中较亮区域的校正应使用高光滴管，暗调区应使用暗调滴管校正。

b. 校正操作的方法。将定义好中性灰值的滴管移到图像中带有色偏的灰度区域并点击即可。这样原来含有色偏的灰色区域的像素颜色值被改变成滴管的颜色值，于是这个色调范围左右的色偏一般即可被消除。

c. 联合校正方法。这种方法是指在进行中性灰校色时，一般都是和印刷极点设置同时进行的。也就是说将图像中高光区作为印刷极点的设置点，又作为较亮区域的中性化校正的校正点。而对于暗调区域也可将暗调极点设置和暗调中性化操作同时进行。

假设有一个图像，它的高光区的值是（C5%，M0，Y1%，K0），可以看出它的值太小而无法印出其网点，同时带有色偏，颜色偏青。校正的方法是首先打开Curves工具，双击高光滴管，并输入目标值（C5%，M3%，Y3%，K0）。然后使用定义了中性灰目标值的滴管点击图像上可辨认出的高光点,即将该点映射到定义的颜色值上,这时两项工作同时完成。印刷极点设置完成,同时较亮区域中多余的青被去掉而获得中性平衡,完成了颜色校正。

② 颜色波段校色法。所谓颜色波段校色就是指某一颜色范围内进行的局部性的色彩校正。如果画面中需要调整的颜色聚集在某一颜色范围内,例如对画面上的蓝色天空、衬衫的红颜色、鲜花的黄色等,就可以有效地使用这类方法。

颜色波段校色法使用的是色相/饱和度工具,首先确定要校正的颜色在对话框下方色谱上的位置和范围,然后挑选合适的默认整体(master)和R、G、B、Y、M、C范围,可利用范围调节工具重新进行移动和设置,确定范围后就可以进行色相/饱和度/亮度的调节和校正。这种处理只对于图像中的某种颜色起作用,例如向日葵的金黄色等,而同时又可以保证其他区域的颜色不变化。

使用有选择性的不同层次和颜色范围的校正在许多情况下比整体校正要有益得多,这对提高图像的质量和进行创意的变化是十分重要的。

③ 关键色校正法。关键色也就是常说的记忆色,因为人们对这些颜色有十分熟悉的印象,如蓝色的天空、绿色的草地、黄色的土地、人的肤色等,因此如果图像中这些颜色表现不准确,就很容易被发现。因此这些记忆色的准确表现是一幅图像中最基本和最关键的质量要素之一。对记忆色的调整不能看屏幕上的颜色,最基本的办法就是记住常用记忆色的CMYK四色印刷的颜色值,并将图像中的相应记忆色调整到这个颜色值的附近,下面是一些典型记忆色的调整实例。

a. 皮肤颜色(图3-26)。在CMYK空间中,肤色的基本色成分通常是黄色,其次为品红色,一般比黄色少10%以上。青是第三色,其值一般为品红的1/3~1/2。表3-3是不同肤色人种的典型肤色颜色值。如对图像中的肤色用Info工具进行测量,发现肤色偏红。校正的方法是打开Curves(色阶)工具,测量肤色的色调范围,然后打开品红色通道,在品红色映射曲线上的肤色所在的色调范围上设置控制点并向暗调方向(也就是减少品红色的方向)拉动曲线。

表3-3　　　　　　　　　　　典型的肤色颜色值

颜色	非洲人	亚洲人	欧洲人
黄	53	53	30
品红	45	43	45
青	35	15	18
黑	0	0	0

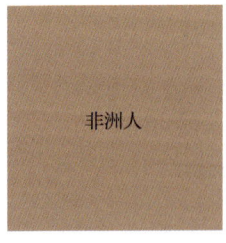
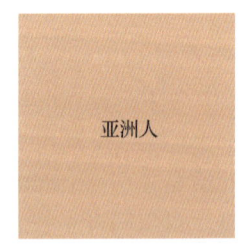

图3-26　不同人种的肤色

b. 蓝天（图3-27）。蓝天中的基本色成分是青，其次是品红，并尽可能减少蓝天中的黄色，黄使蓝天趋于褐色。如果需要加深蓝天，最好增加黑色而不是增加黄色。蓝天的典型值见表3-4，从表中可以看出青和品红的关系决定蓝天的阶调和色相。品红越多蓝天越趋于暖色，在冷色调的蓝天中，品红是青的30%～40%。

表3-4　　　　　　　　　　　　　蓝天的典型值

颜色	天蓝	偏冷	偏暖
黄	0	0	0
品红	23	15	45
青	60	60	60
黑	0	0	0

图3-27　天空的颜色

c. 典型记忆色（图3-28）。从上面的例子可以看出要准确校正关键色，就要不断记录和熟悉所看到的常用颜色及它们的CMYK颜色值。另外，不同的打样与印刷条件对这些值有一定影响，这也是大家需要熟悉的。在积累一些经验后，不但能理解印刷时能实际得到的颜色，也知道如何去改变它们，表3-5是一些典型记忆色和其CMYK值。

表3-5　　　　　　　　　　　一些典型记忆色和其CMYK值

典型记忆	黄	品红	青	黑
银	14	15	20	0
金	65	15	5	0
高亮灰	2	2	4	0
浅灰	16	16	25	0
深紫	10	68	100	5
紫红	10	95	85	0
海蓝	28	50	79	0
柠檬黄	75	18	5	0
橘红	100	100	5	5
橙色	100	50	5	0
粉红色	5	40	5	0
深褐色	100	65	45	40

图 3-28　特征记忆色

4. 颜色校正中的其他问题

（1）色彩饱和度的处理　如何匹配饱和度是色彩处理的重要环节，客户一般都要求其产品的色彩饱和鲜艳，甚至有时要求的条件非常苛刻。实际上在处理时可以等量压缩各种色彩或在损失某一部分色彩的基础上，加强另一部分的色彩，有时使全部色彩的饱和度保持平衡，应根据原稿内容和主体色彩而择优处理，以凹印为例从以下几个方面做起。

① 深度基本原色做足。把各种实地色块如红色、绿色、蓝色等实地字、标志等图案和不需要层次的深度基本色做足。一般客户对这些标志色，都要求浓重、厚实、鲜艳。因此，该用100%就要做足100%实地，以充分发挥油墨最大实地密度的极限，不能做成90%或95%。虽然90%或95%的网点经印刷后会扩大到100%，但这与100%的实地印刷时产生的效果正是不一样的。90%或95%的网点只有在90%或95%的网点区域内密度达到实地，而扩大的5%或10%区域虽然有油墨，但油墨较薄，密度达不到实地密度效果，所以从视觉上来看，90%或95%的网点扩大为100%的油墨密度没有100%的实地密度那样厚实、鲜艳。

② 保持深度基本色中的层次。深度基本色的网点阶调值范围为65%~90%，80%以上是凹印网点扩大最多的区域，容易造成层次并级。对于这个区域需要层次的基本色，应在强调实地色块饱和度足够的前提下，注意保持深度基本色中的层次，不能强调了实地密度饱和度足够，而造成深度基本色中的层次并级，也不能注意了深度基本色中的层次，而使饱和度的不足。要把需要层次的深度基本色适度降浅，使之与实地密度拉开距离，从而达到两全其美的效果。

深度基本色中的层次质感主要用主色版来表现，如红色、橙色等暖色调，则以Y、M色版来表现；如绿色、青色等冷色调，则由C版来表现。因此，处理时要加以强调主色版的层次质感，这样能逼真地表现出实物层次质感的特征。

③ 中调区的基本色做足。中调区的网点阶调值范围为35%~65%，这是图像的主体部分，是处理好色彩的关键区域。要重视把图像中调基本色调节到最佳饱和度，在该色相需要色量的基础上，再加深4%左右，以突出物体色彩的视觉效果。如红花，其亮中调的M色需要色量为40%，可加深至44%，使红色更加饱和鲜艳。

④ 高光、亮调区的淡色调做足。高光区的网点阶调值范围为1%~10%，例如凹印有效的淡色调为5%~10%，5%以下的极淡色因凹印小网点转印不出而损失；亮调区的淡色调网点阶调值范围为10%~35%。高光区和亮调区更是色彩处理的关键区之一。

以上两部分的色量由于三个原因的影响而造成不足，一是由于凹印工艺小网点转印性差；二是由于扫描时的光量等级与色量矛盾影响；三是客户来稿，由于设计人员只顾拉大高光反差，从而造成高光及亮调区的淡色调严重不足，而这个区域的淡色调又是人们注目的中心，这一点往往又不被操作人员注意，致使许多产品淡色调平淡不饱和，甚至损失。

因此，要有意识地把这个区域的淡色调基本色作加深处理，应以该色调需要色量的基础上再加深3%～5%，如淡粉红花，其M色量需要10%，应加深至15%，从而使淡粉红色饱满。同时要把最淡的基本色与极高光或白纸拉开距离，如淡黄色、粉红色、淡青色、淡绿色等基本色作加深处理，这样既能表现出淡色调饱满，又能使高光突出。

（2）色彩亮度的处理　商品类包装产品，要求色彩明亮鲜艳，通常应该注意以下几个方面。

① 要做足亮、中、暗调的基本色，只有基本色做足，才能使色彩鲜艳亮丽，原则是基本色可足而不可浅。基本色不足，色彩就灰暗。

② 要把高光调至亮调的鲜亮色彩，尽量用原色或间色组成，充分发挥三原色油墨纯度的极限来表现色彩的明亮度，不用或少用相反色。因为从颜料混合理论上讲，颜料越加越暗，如在亮调的鲜艳色彩中加入相反色，色彩就灰暗。

a. 橙色、橘红色在高光调至亮调部分不能放相反色C版，若放一点C版，橙色、橘红色就灰暗不明亮，其层次质感由Y、M基本色来表现。

b. 鲜艳的翠绿色在高光调部分不能加相反色M版，若加M版，翠绿色就灰暗不明亮。

c. 人物肤色，特别是卡通片一类人物面部肤色面积小，在高光调至亮调Y、M色版的20%以下不能放相反色C版，若放C版，肤色就灰暗不明亮。具体应从什么部位开始放C色版，应根据人物明暗层次长短和Y、M色版的网点值深浅而定。当然高质量的四开、对开挂历和宣传画片的美人照等人物图片，应放C版，以充分表现肤色的色彩变化和立体感。

（3）色彩跳跃区的处理

① 处理好大网点跳跃区的色彩。例如凹版印刷，可根据印刷网点增大的规律是随着阶调加深，网点增大和网穴深度的同时变化，其网点增大随百分率比例递增，呈直线增大状态，越往暗调增大越多、越急。而80%区是一个网点转折的跳跃区，80%以上的网点呈直线增大，颜色层次极易并级；80%以下网点增大比较缓和，一般都能印出层次。因此，应把最深的基本色，如大红基本原色与处在暗调的网点值在80%～85%区域的肉色、茶色等复色拉开距离，把暗调的肉色降浅到80%以下，为75%～78%，以避开80%这个网点跳跃区。一方面这样可以保证打样、印刷时印足大红实地色；另一方面又可使暗调的肉色、茶色等复色既不冒红，又保持层次，取得两全其美的效果。

② 处理好小网点跳跃区的色彩。如对于凹版印刷，根据雕刻滚筒对小网点容易损失和因高光调墨稀而影响OPP膜打样和印刷时的小网点转移性差的规律，5%以下小点一般机器转印不出来，影响高光浅色调的色量不足，并容易与极高光绝网部分并级。因此，要有意识地把高光调的基本色稍作加深处理，以避开5%这个网点跳跃区，既保证高光调色彩饱满，又使高光浅色调不出现硬口、脱节、粗糙之弊病，处理好两个网点跳跃区的色彩就可以提高凹印彩色层次版制版质量。

（4）原稿偏色的处理　目前许多原稿图像都存在着各种偏色，因此，对偏色的纠正是调色作业中的一个重要内容，应掌握如下几点。

① 偏色定位。首先分析原稿（包括光盘、磁盘）的图像是否偏色。典型的偏色主要表现在中性灰和印象中的颜色部分。定位偏色时，依靠眼睛或使用吸管测定网点值与灰平衡值相比较并确定是否偏色。视觉识别偏色的方法如下。

a. 眼睛观测图像中的黑、白、灰是否偏色，因为黑、白、灰对人们印象最深，最为敏感，最容易识别是否偏色，只要画面中的黑、白、灰色正确，说明该原稿色调是正确的。

　　b. 看最熟悉部位的颜色，如人物肤色，是否符合儿童肤色、青年女性肤色、演员肤色等各种人物的特征，是否符合人心理所希望的肤色，有无偏黄、偏红、偏灰等缺陷。

　　c. 看图像中重要的印象色，如大红色、绿色、橙色、西红柿色、香蕉色、红枣色、核桃色、草莓色等，是否符合印象中的客观实物的真实色彩，是否与客户提供的彩稿色相符，有无偏色。

　　② 确定偏什么色。

　　a. 以黑、白、灰为基准，看黑、白、灰偏什么色，是偏蓝、偏红还是偏紫等。

　　b. 以人物特征的肤色为基准，结合人们心理所希望的肤色，看是偏黄、偏红，还是偏灰、偏暗等。

　　c. 以客观实物的真实色彩为依据，根据客户的要求，看各种主体的重要色偏什么色。如大红色是偏品红还是偏橙红；绿色是偏青绿还是偏黄绿，还是偏灰暗；橙色、橘红色是偏黄缺品红还是偏品红缺黄，还是偏灰暗等。只有准确的确定是否偏色，偏什么色，才能进行正确的纠偏。

　　③ 纠偏方法。

　　a. 白色调的纠偏。如白色调中有层次质感，应用层次曲线工具的白场工具，按中性白网点值比例纠正；白色调中没有层次，则可用选择校色工具中的白色块工具纠偏。

　　b. 中调灰色纠偏使用层次曲线的灰场工具，按中性灰网点值纠偏，应注意两种情况。一是要观察偏色部分的网点值大小与原稿密度值大小是否接近，若偏色部分网点值比原稿密度深，则可减浅所偏的色版，如灰色偏冷即可减浅C版，既达到灰色平衡，又使灰色调减浅。二是若偏色部分网点值比原稿密度浅，需要加深，则可加深相反色，如灰色偏紫，即可加深Y版，既达到灰色平衡，又使灰色加深。

　　c. 黑色调纠偏。暗调和黑色中有层次，应使用层次曲线的黑场工具，按中性黑的网点值比例纠偏；暗调和黑色调中没有层次，则可用选择校色工具中的黑色工具纠偏。

　　d. 彩色部分纠偏。应用Photoshop软件的选择校色工具的Y、M、C、R、G、B色相进行纠偏处理，纠偏时应视该色彩的饱和度情况而定，如绿色偏青绿、不鲜亮，是加黄色还是减青色，若黄色网点值已达到95%左右，而青色为90%，则应减青色为80%~85%。若黄色为85%，青色为80%，则应加深黄色为95%。

　　采用选择校色工具纠偏时，它对饱和度大的色彩校色极为灵敏，对灰暗的色彩校色迟钝，若校色量大，一定要对该区域制作选区进行调节，否则会影响同色系色彩的变化。

　　④ 留一些色偏。对一些有较重色偏的图像，如果做彻底的中性化就可能使它偏离原稿太多，对原稿的改动太大会造成失真或颜色过渡不自然。如果出现这种情况，不妨留一些色偏存在，常用的办法是先确定需要校偏的全部量，然后减半处理。例如某种颜色需要减少10%的青就可使它完全中性化，实际则减去5%。

　　（5）色彩空间距离的处理　处理好空间距离的色彩变化，关系到印刷图像色彩变化的科学性和艺术性效果。

　　色彩本身能给人以远近的感觉，一般来说，亮度大的暖色调的色彩显得近、大、突出，低亮度的冷色调的色彩，给人缩小后退的感觉。所以处理色彩时，必须注意表达画面的空间感。如近景中的物体宜暖色、浓色；远景的物体宜冷色、淡色。如风光摄影画面中的山，近景为黄绿色，色浓重；中景为青绿色；远景则为蓝紫色，色调浅淡。如不是这样，就会破坏画面的透视关系，没有空间距离感。

色彩学上讲，我们的视线由于空间大气介质的影响，不同距离的物体在形体上、色彩上都发生了不同的变化，物体的近大远小是空间透视的结果，而物体的近者清晰，远者模糊，色彩观感的近者强烈，远者微弱，便是色彩空间透视的结果。处理时一定要掌握色彩表现的空间距离时的变化规律，近的暖，远的冷；近的纯，远的灰；近的鲜明，远的模糊；近的对比强，远的对比弱。

（6）选择校正的颜色与同色系颜色的关系　无论是采用色相/饱和度，还是选择性校正工具进行颜色校正，其校正颜色时都是相互关联的，这是由于调整的颜色信号与光波波长是按R、Y、G、C、B、M排列的，它们是一个连续性的信号，并没有使每一个色相有明确分开的界线。因此，在调节某一色相时，必然会影响其临近的两个色域。调节过量会引起混乱，结果出了问题往往不能正确分析判断问题所在。例如：①过量加深黄色，会同时加深红色和绿色中的黄色；②过量加深品红色，会同时加深红色和蓝色中的品红色；③过量加深青色，会同时加深绿色和蓝色中的青色。因此，在颜色校正时，一定要注意：一是不要只顾调整某一色相而忘记顾及其相互关联的色相变化；二是要先进行Y、M、C一次色的调整，然后再进行R、G、B二次色的调整。例如，在调整品红色域时，其红色和蓝色会受到影响，这时再调红色和蓝色时，只需很小幅度的调整。反之，若先调整红色和蓝色中的品红色，那么品红色已受到影响，然后再在品红色域调整时，那么已经调整好的红色和蓝色域会再次受到干扰，这样不但影响色彩调整的准确性，而且增加反复调整的时间，影响效率。

综上所述，正确掌握校色工具功能的作用范围及其颜色校正的规律性是高质量图像处理的关键技术之一。正确的颜色校正，可使颜色鲜艳、饱和度足、颜色中的层次丰富；而校色过量会造成颜色失真，颜色中的层次并级；校色不足，则造成色彩灰暗陈旧、饱和度不足。因此，要明确颜色校正的概念和方法，不断在实践中总结颜色校正的经验，把实践经验变成规律性的认识，再用理论指导实践，从而把彩色图像的色彩处理得更有科学性和艺术性，印制出更多的精美产品。

（7）高光点不一定是最亮点　图像中的高光点不一定要设在最亮的可印刷值上，例如可设在20%的亮度上以用于图像特殊效果的正确显示。在前面层次校正中讲过应尽量将高光点设在最亮的可印刷值上，究其原因是可以增加阶调的范围，从而加大图像的对比度，扩大图像的层次表现范围。许多有艺术性的调子较平的图像，如婚纱摄影中的一些效果照片，如果按上述方法校正就会违背摄影师的意图。

5. 层次调节和颜色调节是否会有相互影响

层次调节和颜色调节都会相互产生影响。归根到底所有的调节都是像素的色彩数值的改变，因此层次调节时必然会影响到颜色的变化，特别是颜色的亮度值的变化。反过来，颜色的数值的改变也会使层次产生变化。例如某颜色的M色增加，则其亮度会减低，层次也会产生相应变化，特别是K版的颜色增减对层次的变化影响更为明显。总之，层次调节和颜色调节会相互影响，只不过侧重点不同而已。

四、图像清晰度强调

图像清晰度也称锐度，是评价图像复制质量的重要指标之一，如果图像的层次、颜色处理得很好，而清晰度不好，那么图像的总体质量也不会很好。

1. 图像清晰度的概念

图像的清晰度指图像细节的清晰程度。图像的清晰度包括如下几点：

（1）分辨出图像线条间的区别，亦即图像层次对景物质点的分辨率或细微层次质感的精细程度。其分辨率越高，则景物质点的分辨率或细微层次质感的精细程度越高，表现得越细致，清晰度则越高。

（2）衡量线条边缘轮廓是否清晰，即图像层次轮廓边界的虚实程度，用锐度表示。其实质是指层次边界渐变密度的变化宽度。若变化宽度小，则边界清晰，反之则边界发虚。

（3）图像明暗层次间，尤其是细小层次间的明暗对比或细微反差是否清晰。图像清晰度在电分制版中往往称为细微层次强调，在数字图像处理中则称为锐化，属图像增强中的一种。

2. 清晰度强调的必要性

获得清晰的分色片是彩色制版的主要目标，分色片的清晰度基本上决定了复制图像的质量。如果一幅图像的清晰度（细节层次）得以充分再现，则输出的分色片质量高，图像的复制质量也高；反之，分色片质量低，图像质量也低。

印刷工艺过程中影响图像清晰度的主要因素如下。

（1）扫描过程　滚筒扫描仪在输入原稿时通过滚筒的转动和扫描头横向进给的组合实现对原稿的扫描输入。虽然滚筒扫描仪的扫描线很密，但从数学上分析，扫描时采样点的轨迹并不是想像中的直线，而是一条螺旋线。以扫描原稿上的一条垂直黑线为例，扫描的结果是线条将由有限个排列成螺旋状的采样点描述，其结果必然使线条的边缘虚化，且边缘宽度增加。

（2）扫描仪的频率响应　设计得再好的扫描仪，它的频率响应范围总是有限的，只有当信号频率在扫描仪能够捕获的范围内时才能保证对图像进行正确的处理和传输。当信号频率位于扫描仪响应频率范围的边界或超过边界时，必然要产生图像的失真，其结果是降低了图像的清晰度。

（3）反差压缩　印刷复制出的图像反差通常都低于原稿反差，为此必须对原稿反差进行压缩，从而导致视觉对比灵敏度的降低，使图像的清晰度下降。

（4）光学系统的误差　扫描仪的扫描和记录光学系统中各种光学镜头的分辨率总是有限的，且存在着一定的色差和其他光学误差，这些因素同样会降低图像的清晰度。

（5）图像网点化　印刷工艺用网点大小、疏密等变化来再现原稿的颜色和层次变化，图像网点化后，其图像内容的细腻光滑程度低于连续调图像，即从解像力60~70l/mm的原稿变为4~7l/mm的加网图像，使图像细节边缘粗糙，图像清晰度降低。

（6）印刷材料　印刷技术用油墨将图像的颜色和层次变化传递到承印物上，纸张是使用最多的承印物。在印刷过程中，油墨在纸张中的渗透、纸张的变形和套印不准是无法避免的，这也是造成图像清晰度下降的原因。

3. 清晰度强调原理

清晰度是一种图像在人眼中的视觉心理反映。通过研究发现,应用视觉现象的原理,能使视觉上产生良好的"清晰"效果,主要视觉现象如下。

(1)奥布莱恩效应 奥布莱恩效应(Obrien effect)是指在一定密度部位上,使密度逐渐产生变化,此时尽管图像左右密度相同,但给人以左右存在一定密度差的视觉感受,如图3-29所示。

两边均是38%的灰色,中间是先从38%灰色渐变为白色,再由白色迅速渐变至黑色,最后由黑色渐变至38%灰色,此时相等的左右密度在视觉上产生了密度差。

(2)马赫范德效应 马赫范德效应(mach band effect)是指有一定反差的图像临界部位在视觉上给人以特别白或特别黑的感觉。人们在观察一条由均匀黑的区域和均匀白的区域形成的边界时,一般认为主观感受与某一点的投射强度或反射强度有关。但实际情况并不是这样,人感觉到在图像低密度一边的临界密度更低,而高密度一边的临界部分密度更高,这就是所谓的马赫范德效应。

例如观察一条以10%为间隔的灰梯尺,在各梯的交界处,即会产生密度较小的一级更亮,密度较大的一级更暗的现象,马赫范德效应如图3-30所示。

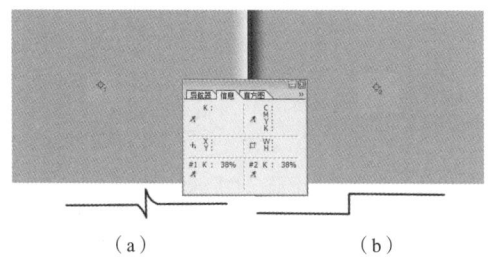
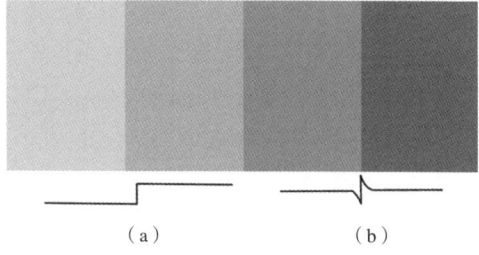

图3-29 奥布莱恩效应
(a)图像的状态 (b)图像的视觉效果

图3-30 马赫效应
(a)图像的状态 (b)图像的视觉效果

马赫范德效应可以用人眼对突变的亮度刺激有着"超调"的响应来解释:在亮度较低的一侧似乎感到更暗,而在较高一侧则似乎感到比实际亮度更亮。因此,在图像亮度发生改变的边界处,人眼感受到的是对比度的增强。

(3)同时对比效应 此现象基于人眼对某个区域感觉到的亮度并非仅仅依赖于它的强度,而与它所处的背景有关。例如,图3-31给出的例子很好地演示了这一点。图中,所有位于中心的圆形均是40%的灰色,只是所处的背景不同,其中(a)的背景色为100%红(M100%Y100%),(b)的背景色为100%蓝(M100%C100%),(c)的背景色为100%黑色,而(d)的背景色则为20%灰,四个中心圆形色块因为所处的背景色不同而看上去视觉感觉不同,当背景色彩浓重时看上去亮,背景亮时看起来暗。人眼的这种视觉特点称为同时对比效应。

这种现象可以用近旁适应性来解释,在观察图3-31(c)中灰色小圆圈的视敏细胞周围,同时也有许多视敏细胞在观察背景。由于背景很暗,所以这些细胞光灵敏度很高。观察小圆圈的视敏细胞受周围细胞的影响,使亮度感受增加,因此,似乎比其余小圆圈更亮些。

 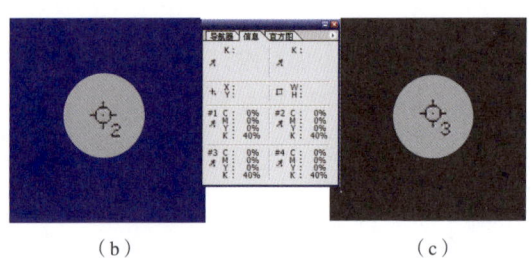 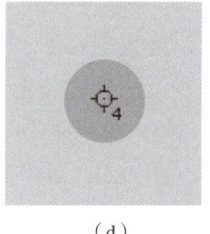

（a）　　　　　　　　　　（b）　　　　　　　　　　（c）　　　　　　　　　　（d）

图3-31　环境对颜色的影响

（a）背景色为100%红　（b）背景色为100%蓝
（c）背景色为100%黑　（d）背景色为20%灰

另外，当我们在观察一幅图像的密度跳跃处时，图像层次边界的反差越大，则图像视觉的清晰度越好。因此，我们对图像的清晰度进行强调，并非一定要从本质上提高图像的清晰度，而可以从视觉上提高图像清晰度即可，即只要使图像在视觉上产生清晰的效果即可。

图像信号具有良好的传输特性，高档扫描仪的清晰度增强手段是综合考虑了上述因素后设计的，在图像密度跳跃的边界两侧各附加一个适当的"边饰"密度，来增强图像中密度跳跃处的视觉清晰度，同时提高密度跳跃两侧的相对反差，达到获取高清晰度分色片的目的，如图3-32所示。

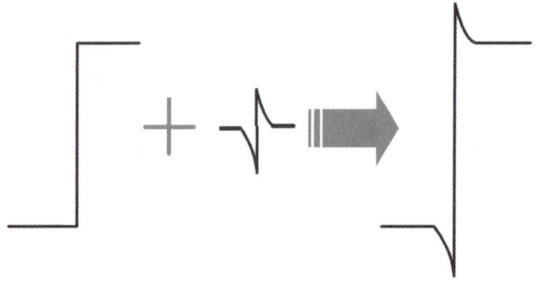

图3-32　清晰度强调原理图

4. 在Photoshop中图像清晰度的强调

图像清晰度的强调主要是通过锐化功能来实现的，即通过锐化处理增强图像中景物边缘和轮廓。在Photoshop的Filter（滤镜）工具中选择Sharpen（锐化）工具，即可对图像进行锐化处理，提高图像的清晰度。锐化工具包括四个功能选项：锐化、锐化边缘（Sharpen Edges）、较多锐化（Sharpen more）和虚光蒙版（Unsharpen Mask）。其中锐化、锐化边缘和较多锐化都没有参数控制，调节时不能控制清晰度调整的幅度，只有虚光蒙版具有参数控制来调节清晰度，故最常用到。

（1）锐化（Sharpen）、较多锐化（Sharpen More）、锐化边缘（Sharpen Edges）　滤镜均是通过提高与周围像素点的对比度来提高图像的清晰度，但后者效果比前者明显。锐化边缘滤镜仅锐化图像的边缘，即对图像中具有最强对比度的区域（边界）进行锐化处理。

（2）虚光蒙版USM（Unsharpen Mask）　一般是在图像不清晰时才用到Unsharpen Mask进行清晰度强调，但并不是强调程度越高越好，强调过头会给图像带来噪声或白边。现在的问题是怎样既能强调清晰度，又不至于出现噪声。这就要掌握好调节尺度，在调节时要注意参数的变化，并且让图像在显示比例为100%（双击Photoshop放大镜工具）时，图像中没有地方出现白边和砂粒。刚刚出现细小砂粒是作用的上限，同时应该注意，半径越大，出现白边的可能性越大。

虚光蒙版技术来源于照相制版的蒙版技术，其参数控制对话框见图3-33。

图3-33　用USM锐化工具调整图像清晰度

① 虚蒙量（Amount）。该设置表示参加运算的像素之间变深变浅的剧烈程度，即沿着边缘产生的对比度增强的程度。由于虚蒙的最终效果，是增加在边界或细节处相邻像素之间在亮度或网点百分比之间的差额，是以百分比来计算的。它表示通过虚蒙后，边界两侧亮度差增加了一倍，程度（或虚蒙量）便为100%。在Photoshop中，这个数值的范围可在0~500%之间任意选取，缺省值是50%，选值越大，强调效果越显著，具体选择多少，应依原稿内容及印刷效果而定。

② 半径（Radius）。半径表示符合锐化条件的某个像素在锐化时使周围的多少个像素同时参加运算，也即虚蒙作用完成后像素的亮度，在多大半径的范围内实现边界的亮度过渡。在Photoshop中，半径的取值范围为0.1~250个像素，半径取值低，则产生清晰的边界效果，半径过大，则产生更高对比度的宽边界效果，使图像粗糙，失去自然风味。实际操作时，对低分辨率的图像，选取较小的半径值，对高分辨率的图像，选取较大的半径值。

③ 阈值（Threshold）。阈值定义了参加锐化的相邻像素点的反差范围，以确定锐化强调的范围，即相邻像素点反差在阈值以内的不做锐化处理，相邻像素点反差大于阈值的则做锐化处理。

由于虚光蒙版作用于整个画面的每个像素，它可以提高任何相邻像素之间亮度的差距。有时画面有大片的平缓变化区（如人体肤色）。这些地方亮度差别不大，从而有柔和细腻的质感，若对这种亮度差别不大的地方也需加虚蒙效应，常常容易造成人为的起伏，严重时会将原来看不出来的噪声显露出来，造成颗粒粗，浮雕边或马赛克效应等现象。阈值的单位是灰度选项，其范围为0~255，若设置为零时，所有像素点不加选择全部进行锐化处理，使得像素之间的对比度被夸大，这样就发挥不出USM精细的功能。在实际使用中，这一参数与原稿的关系很大，没有一个标准值。

④ 锐化处理时的基本要点。不同类型和主体的图像，其清晰度增强的幅度是有区别的。通常情况下，风景和静物或用于凹版电雕工艺的包装类原稿，其清晰度增强的幅度可

以大一些，锐化量要大，阈值设置要小，半径值要大。对图像放大倍率大，锐化强调量需增大，半径取值也应大一些。对人物为主的原稿，锐化强调量较小，阈值设置较高，半径取值应较低，以保持肤色的柔和和细腻。对金银、首饰、机械等原稿，锐化量要大，阈值设置要较低，同时半径取值可较大，以突出其特征和质感。对国画类原稿，锐化量要小，阈值设置要大，半径值要小。

除去应考虑不同图像类型和主体以外，还应注意对小幅面、低分辨率图像的清晰度强调量、边缘宽度应较小，否则容易出现明显的浮雕轮廓效果。对一些去网后复制的印刷品原稿，强调清晰度时应注意防止龟纹显现。

通俗地讲，图像清晰，我们观察时就看得清楚，图像模糊，就是不清晰，看图像时对其观察就不清楚。在图像上两个像素之间的灰度值差越大，则说明其反差大，观察时较为清晰。图像模糊就说明图像中像素之间的反差小，界限不明显。图像清晰，图中的细节也表现得清楚，层次也表现得完善些。

电脑设计处理过程可以通过扫描清晰度控制、图像处理清晰度强调、缩小图像、提高图像分辨率等过程来控制图像清晰度。其中最主要的是扫描图像清晰度控制，这是清晰度的关键。如果这个基础没有打好，后面再怎么处理也难以把图像整体质量处理好。

5. 去网处理

对印刷品原稿图像再复制时，应当进行去网处理。假如经过扫描仪去网以后，图像中仍然存在少量龟纹干扰，则可以利用Photoshop"滤镜（Filter）"的"噪声（Noise）"中的"去除斑点（Despeckle）"功能去掉干扰性条纹。如果干扰条纹较严重，可以使用"蒙尘与划痕（Dust&Scratches）"功能，但其中的半径和阈值应相互配合（即阈值应较高，而半径值较低），防止在去网时造成图像过于模糊的现象。去网其实就是将图像虚化，也就是说去网是以损失图像清晰度为代价的。其实，如果没有去网，印刷品扫描后就会有很多噪声，因此去网就是去噪声。

去噪声的方法有去除斑点和蒙尘与划痕两种方法。常用方法应该采用蒙尘与划痕（见图3-34），因为该工具具有参数控制，半径是作用的像素范围。与清晰度虚光蒙版（Unsharp Mask）的半径是同样意义；阈值同虚光蒙版（USM）阈值的意义是一样的。阈值越大，去噪声作用就越小。

图3-34 用蒙尘与划痕工具去网

用蒙尘与划痕去掉噪声的时候，如果作用过度，会使图像模糊。在去噪时，应先试一试半径为1pixel时的去噪效果如何，一般半径最大设置为2pixels。这时一般图像会较模糊，可以慢慢增大阈值，图像会慢慢变清晰，在噪声重新出现前确定一个阈值即可。

有时候图像中有噪声，可以分别看一下CMYK各通道的噪声情况。如果只是某一通道有噪声或二三个通道有噪声，就可分别处理，这样没有噪声的通道没有损失清晰度。例如M通道有噪声，其他三个通道都较好，这时可单独对M通道进行蒙尘与划痕处理。

五、在Photoshop中使用专色通道创建印刷用专色色版

专色油墨是指采用CMYK四色以外的特定纯色相油墨来复制原稿颜色的印刷工艺。它可以是一种预先用（CMYK）混合好的特定彩色油墨（或叫特殊的预混油墨），用来替代印刷色（CMYK）油墨，或不是由印刷四色墨调配出来的其他油墨，如明亮的橙色、绿色、荧光色、金属金银色油墨等，或可以是烫金版、凹凸版等，还可以作为局部光油版等。它不是靠CMYK四色混合出来的，每种专色在付印时要求专用的印版（可以简单理解为一付专色胶片、印刷时为专色单独晒版，或CTP版），专色意味着准确的颜色。

专色有以下几个特点：

① 准确性。每一种专色都有其本身固定的色相，所以它解决了印刷中颜色传递准确性的问题。

② 实地性。专色一般用实地色定义颜色，而无论这种颜色有多浅。当然，也可以给专色加网，以呈现专色的任意深浅色调。

③ 表现色域宽。专色色域很宽，超过了RGB、CMYK的表现色域。所以，大部分专色是用CMYK四色印刷油墨无法呈现的。

1. 创建专色通道（Spot Channel）

在Photoshop中，专色已经被设定为一个理所当然的功能。专色被设在Channel控制面板中，通常可以使用Photoshop预设的专色颜色库搭配专色色标，以使用正确的专色进行印刷。如果希望在原图像中加入专色，可依照下列的步骤来完成。

① 打开一张图像，并打开Channel（通道）控制面板（见图3-35），这个文件的色彩模式为CMYK，因此在Channel控制面板上会有包含复合Channel在内的Color Channel（颜色通道）。

② 从Channel控制面板的指令弹出菜单中选取New Spot Channel（新专色通道）指令（见图3-35），随即出现New Spot Channel（新专色通道）对话框（见图3-36）。

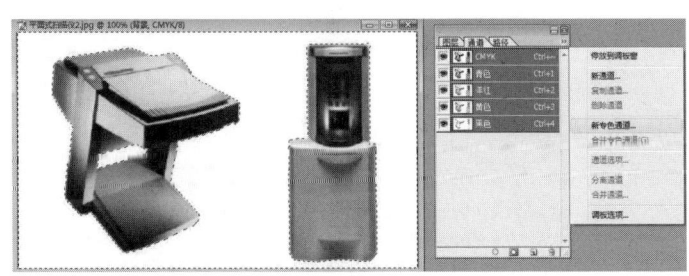

图3-35　建立专色通道面板　　　　　　　图3-36　专色选项对话框

③ 单击Ink Characteristics（油墨特性）栏中的Color色块，此时会再出现Color Picker（选色器）的对话框（见图3-37），由于要使用专色，因此，虽然可以直接选取颜色但是

为了搭配专色使用，单击Custom（自定）按钮。

④ 在随后出现的Custom Colors（自定颜色）对话框中（见图3-38）的Book（色库）栏内，Photoshop提供数种色标系统。通常可以依照需求选取所需的色标系统，在这里我们选取TOYO颜色查找器系统。接着在下面的栏中挑选所需要的专色TOYO0172，点击"好"按钮。

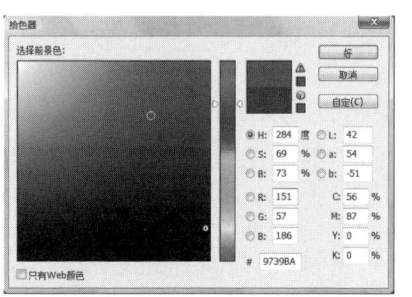
图3-37　选色器设置专色预视色

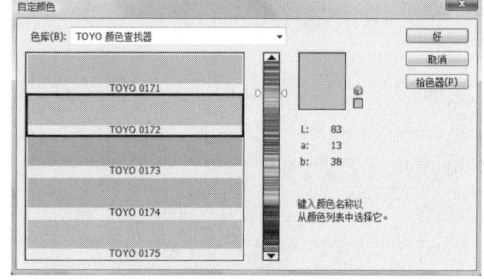
图3-38　从颜色库选专色预视色

⑤ 此时会再度回到New Spot Channel（新专色通道）对话框（见图3-39），不过Name（名称）栏中的名称会自动依照所选取的颜色命名，这就是新增的Spot Channel（专色通道）的名称。接着在Solidity（实色）栏中可以设定专色在屏幕上的预览效果，数字越大则颜色越不透明，不过这个选项只是影响屏幕的显示效果而已，并不会影响输出的结果，真正的输出还是决定于通常所选取的颜色与对专色编辑的结果（如图3-40）。最后单击OK，即可在Channel（通道）控制面板上出现一个新的所选颜色的Spot Channel（专色通道）。

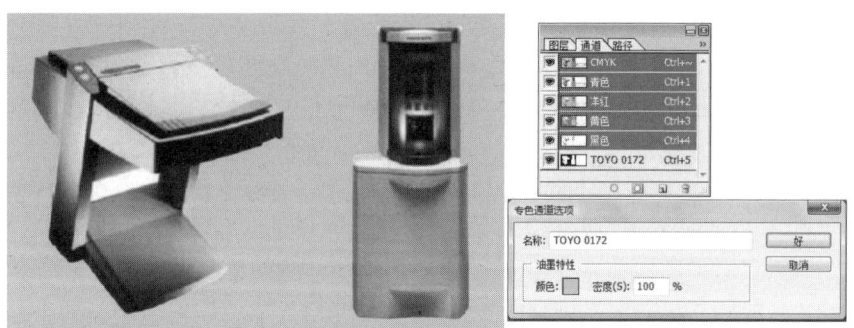
图3-39　添加专色的预视图

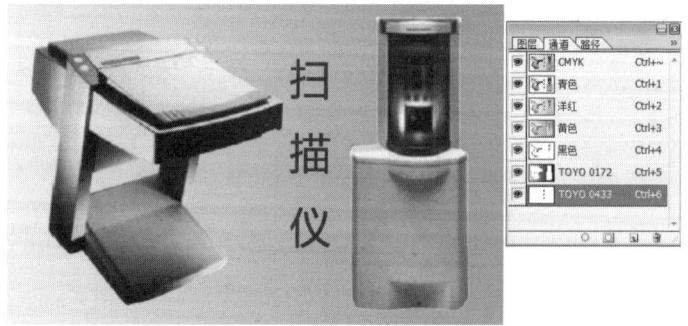
图3-40　多个专色设置

⑥ Spot Channel是8bit的灰阶图像，通常可以选用任何可以填色的工具或指令在Spot Channel上涂色，黑色表示专色为完全的不透明，白色表示不涂色，如果是灰色则表示浓度的深浅，表示专色的浓淡。在TOYO0433的Spot Channel（专色通道）上键入文字"扫描仪"后，如图3-40是将Spot Channel（专色通道）与Color Channel（颜色通道）一起显示的结果。原则上专色会显示在CMYK四色的图像之上，如果有很多个专色的话，则会依照在Channel控制面板上顺序来显示。

2. 输出专色色版

在使用Spot Channel（专色通道）设定了专色以后，由于专色是属于CMYK印刷四色以外的颜色，因此当输出时会是独立的一张色版，如图3-41。

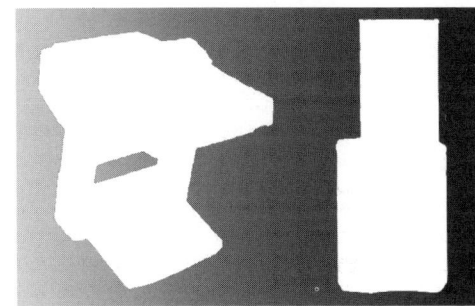

专色通道TOYO0172　　　　　　　　　　　专色通道TOYO0433

图3-41　多个专色色版

3. 将专色与印刷四色相混合

如果想让专色融合到四色之中，并在最后输出的时候能够参与四色分色的话，就必须将Spot Channel（专色通道）与CMYK四个Color Channel（颜色通道）融合，其方法为在Channel（通道）控制面板中先选取要融合的Spot Channel（专色通道）TOYO0172，然后在Channel（通道）控制面板的菜单中选取Merge Spot Channel（合并专色通道）指令，则Spot Channel（专色通道）的专色就会依照其最相近于CMYK四色的数值，将其分别融合到4个Color Channel（颜色通道）中，所选的专色通道也自动消失了（见图3-42）。

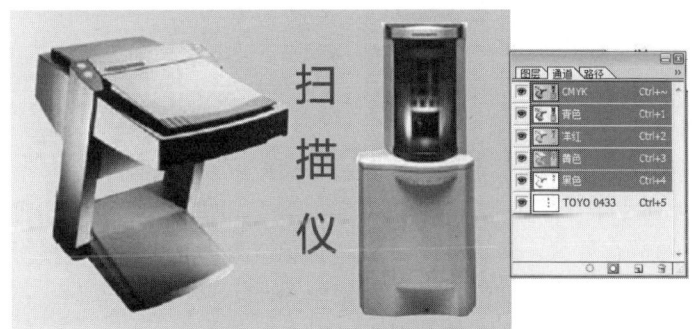

图3-42　将专色转为印刷色

4. 专色应用领域

① 对于一些没有阶调变化的、要求准确再现的颜色，如企业的LOGO、高档商品包装盒图形色等，可以采用专色制版印刷。

② CMYK色域以外的纯色或金属色等。

③ 为了减少印刷故障，特别是印刷大面积的相同底色时，用专色来印刷可以降低印刷难度，保证印品的色相一致。

5. 专色处理注意事项

（1）专色名称统一问题　　在不同的软件中，对于相同的颜色名称却不同，在排版输出时，就会以不同的专色对它们进行处理，输出不同的专色版造成无法印刷的情况。所以在输出前对于相同的专色必须统一它们的名称，较为常用的方法是以发排软件中的专色名称为准，将相同专色的名称在各类其他软件的调色板上调整为同一名称。

（2）专色加网的角度　　一般情况下，专色都是以实地进行印刷的，很少会加网，所以一般很少会提到专色的加网问题，但当使用过渡专色时，即专色要求有深浅变化时，就存在加网问题，若专色和其他色有相叠的区域就必须考虑网角的问题，通常使网点角度和黄一致。

（3）专色的陷印问题　　一般都不会像四色印刷那样用专色来叠印产生其他的颜色，所以专色一般都是采用套印方式进行印刷，这样在专色制版时就要考虑陷印的问题，从而防止漏白现象发生。

第二节　图形处理

一、图形处理的基本概念

矢量图：矢量图也叫面向对象绘图，是用数学方式描述的曲线及曲线围成的色块制作的图形，它们是在计算机内部中表示成一系列的数值而不是像素点，这些值决定了图形如何在屏幕上显示。用户所作的每一个图形，打印的每一个字母都是一个对象，每个对象都决定了其外形的路径，一个对象与别的对象相互隔离，因此，可以自由地改变对象的位置、形状、大小和颜色。同时，由于这种保存图形信息的办法与分辨率无关，因此无论放大或缩小多少，都有一样平滑的边缘，一样的视觉细节和清晰度。矢量图形尤其适用于标志设计、图案设计、文字设计、版式设计等，它所生成文件也比位图文件小。基于矢量绘画的软件有CorelDRAW、Illustrator、Freehand等。

二、图形处理的内容

① 用数学模型绘制简单的基本图形，对基本图形进行布尔运算，包括联合、相交、相减。在图形处理操作中引用了这种逻辑运算方法以使简单的基本图形组合产生新的形体。

② 对指定图形进行移位、放大或缩小、旋转和三维物体投影等变换操作。

③ 将扫描的线条稿在图形软件中转换为矢量图。

三、图形软件的应用

因图形处理软件课程有详细的讲解，这里只简单列举几个例子。

1. 标志设计

（1）标志的意义　　在科学技术飞速发展的今天，印刷、摄影、设计和图像传送的作用越来越重要，这种非语言传送的发展具有和语言传送相抗衡的竞争力量。标志，则是其中一种独特的传送方式。今天，虽然语言和文字传送的手段已十分发达，但像标志这种令公众一目了然，效应快捷，并且不受不同民族、国家语言文字束缚的直观传送方式，更会适应生活节奏不断加快的需要，仍然是任何传送方式都无法替代的。标志，是表明事物特征的记号，它以单纯、显著、易识别的物象、图形或文字符号为直观语言，除标示什么、代替什么之外，还具有表达意义、情感和指令行动等作用。

标志，作为人类直观联系的特殊方式，不但在社会活动与生产活动中无处不在，而且对于国家、社会集团乃至个人的根本利益，越来越显示其极重要的独特功用。例如：国旗、国徽作为一个国家形象的标志，具有任何语言和文字都难以确切表达的特殊意义。公共场所标志、交通标志、安全标志、操作标志等，对于指导人们进行有秩序的正常活动、确保生命财产安全，具有直观、快捷的功效和意义。商标、店标、厂标等专用标志对于发展经济、创造经济效益、维护企业和消费者权益等具有重大实用价值和法律保障作用。各种国内外重大活动、会议、运动会以及邮政运输、金融财贸、机关、团体及至个人（图章、签名）等几乎都有表明自己特征的标志，这些标志从各种角度发挥着沟通、交流宣传作用，推动社会经济、政治、科技、文化的进步，保障各自的权益。随着国际交往的日益频繁，标志的直观、形象、不受语言文字障碍等特性，极利于国际间的交流与应用，因此国际化标志得以迅速推广和发展，成为视觉传送最有效的手段之一，成为人类共通的一种直观联系工具。

（2）标志的起源　标志的来历，可以追溯到上古时代的图腾。那时每个氏族和部落都选用一种认为与自己有特别神秘关系的动物或自然物象作为本氏族或部落的特殊标记（即称之为图腾）。如女娲氏族以蛇为图腾，夏禹的祖先以黄熊为图腾，还有的以太阳、月亮、乌鸦为图腾。最初人们将图腾刻在居住的洞穴和劳动工具上，后来就作为战争和祭祀的标志，成为族旗、族徽。国家产生以后，又演变成国旗、国徽。

古代人们在生产劳动和社会生活中，为方便联系、标示意义、区别事物的种类特征和归属，不断创造和广泛使用各种类型的标记，如路标、村标、碑碣、印信纹章等。广义上说，这些都是标志。在古埃及的墓穴中曾发现带有标志图案的器皿多半是制造者的标志和姓名，后来变化成图案。在古希腊，标志已广泛使用。在罗马的庞贝以及巴勒斯坦的古代建筑物上都曾发现刻有石匠专用的标志，如新月车轮、葡萄叶以及类似的简单图案。中国自有作坊店铺，就伴有招牌、幌子等标志。在唐代制造的纸张内已有暗纹标志。到宋代，商标的使用已相当普遍。如当时济南专造细针的刘家针铺，就在商品包装上印有兔的图形和店门前白兔儿为记字样的商标。欧洲中世纪士兵所戴的盔甲，头盖上都有辨别归属的隐形标记，贵族家族也都有家族的徽记。

在当今社会，公共标志、国际化标志开始在世界普及。随着社会经济、政治、科技、文化的飞跃发展，现在，经过精心设计从而具有高度实用性和艺术性的标志，已被广泛应用于社会一切领域，对人类社会性的发展与进步发挥着巨大作用和影响。

（3）标志的特点

① 功用性。标志的本质在于它的功用性。经过艺术设计的标志虽然具有观赏价值，但标志主要不是为了供人观赏，而是为了实用。标志是人们进行生产活动、社会活动必不可少的直观工具。

标志有为人类共用的，如公共场所标志、交通标志、安全标志、操作标志等；有为国家、地区、城市、民族、家族专用的旗徽等标志；有为社会团体、企业、活动专用的，如会徽、会标、厂标、社标等；有为某种商品产品专用的商标；还有为集体或个人所属物品专用的，如图章、签名、画押、落款、烙印等，都各自具有不可替代的独特功能。具有法律效力的标志尤其兼有维护权益的特殊使命。

② 识别性。标志最突出的特点是各具独特面貌，易于识别，显示事物自身特征，标示事物间不同的意义、区别与归属是标志的主要功能。各种标志直接关系到国家、集团乃至个人的根本利益，决不能相互雷同、混淆，以免造成错觉。因此标志必须特征鲜明，能够令人一眼即可识别。

③ 显著性。显著是标志又一重要特点，除隐形标志外，绝大多数标志的设置就是要引起人们注意。因此色彩强烈醒目、图形简练清晰，是标志通常具有的特征。

④ 多样性。标志种类繁多、用途广泛，无论从其应用形式、构成形式还是表现手段来看，都有着极其丰富的多样性。其应用形式，不仅有平面的（几乎可利用任何物质的平面），还有立体的（如浮雕、园雕、任意形立体物或利用包装、容器等的特殊式样做标志等）。构成形式有直接利用物象的，有以文字符号构成的，有以具象、意象或抽象图形构成的，有以色彩构成的。多数标志是由几种基本形式组合构成的。就表现手段来看，其丰富性和多样性几乎难以概述，而且随着科技、文化、艺术的发展，总在不断创新。

⑤ 艺术性。凡经过设计的非自然标志都具有某种程度的艺术性，既符合实用要求，又符合美学原则，给予人以美感，是对其艺术性的基本要求。一般来说，艺术性强的标志更能吸引和感染人，给人以强烈和深刻的印象。标志的高度艺术化是时代和文明进步的需要，是人们越来越高的文化素养的体现和审美心理的需要。

⑥ 准确性。标志无论要说明什么、指示什么，无论是寓意还是象征，其含义必须准确。首先要易懂，符合人们认识心理和认识能力。其次要准确，避免意料之外的多解或误解，尤应注意禁忌。让人在极短时间内一目了然、准确领会无误，这正是标志优于语言、快于语言的长处。

⑦ 持久性。标志与广告或其他宣传品不同，一般都具有长期使用价值，不轻易改动，如图3-43所示。

图3-43　商品标志

2. 图案设计

图案顾名思义即：图形的设计方案。图案教育家陈之佛先生在1928年提出：图案是构想图。它不仅是平面的，也是立体的；是创造性的计划，也是设计实现的阶段。

一般而言，可以把非再现性的图形表现，都称作图案，包括几何图形、视觉艺术、装饰艺术等。在电脑设计上，我们把各种矢量图也称之为图案。图案是与人们生活密不可分的艺术性和实用性相结合的艺术形式。生活中具有装饰意味的花纹或者图形都可以称之为图案。

图案根据表现形式则有具象和抽象之分。具象图案其内容可以分为花卉图案、风景图案、人物图案、动物图案等。

图案是实用和装饰相结合的一种美术形式，它把生活中的自然形象进行整理、加工、变化，使其更完美，更适合实际应用。它的应用范围极广，可以用于工业设计、广告设计、包装设计、服装设计、家居设计、地图绘制等，如图3-44和图3-45所示。

药品包装　　　　　　食品包装

图3-44　包装设计图案　　　　　　图3-45　地图绘制

3. 文字设计

信息传播是文字设计的一大功能，也是最基本的功能。文字设计重要的一点在于要服从表述主题的要求，要与其内容吻合一致，不能相互脱离，更不能相互冲突，破坏了文字的诉求效果。尤其在商品广告的文字设计上，更应该注意任何一条标题，一个字体标志，一个商品品牌都是有其自身内涵的，将它正确无误地传达给消费者。抽象的笔画通过设计后所形成的文字形式，往往具有明确的倾向，这一文字的形式感应与传达内容是一致的。如生产女性用品的企业，其广告的文字必须具有柔美秀丽的风采，手工艺品广告文字则多采用不同感觉的手写文字、书法等，以体现手工艺品的艺术风格和情趣。

根据文字字体的特性和使用类型，文字的设计风格大约可以分为下列几种：

① 秀丽柔美。字体优美清新，线条流畅，给人以华丽柔美之感，此种类型的字体，适用于女性化妆品、饰品、日常生活用品、服务业等主题，如图3-46（a）。

② 苍劲古朴。字体朴素无华，饱含古时之风韵，能带给人们一种怀旧感觉，这种个性的字体适用于传统产品，民间艺术品等主题，如图3-46（b）。

③ 稳重挺拔。字体造型规整，富于力度，给人以简洁爽朗的现代感，有较强的视觉冲击力，这种个性的字体，适合于机械科技等主题，如图3-46（c）。

④ 活泼有趣。字体造型生动活泼，有鲜明的节奏韵律感，色彩丰富明快，给人以生机盎然的感受。这种个性的字体适用于儿童用品、运动休闲、时尚产品等主题，如图3-46（d）。

4. 版式设计

版式设计是现代设计艺术的重要组成部分，是视觉传达的重要手段。表面上看它是关于编排的学问，而实际上，它不仅是一种技能，更是技术与艺术的高度统一。版式设计是现代设计师必须具有的艺术修养与技术知识。

（a）　　　　　　（b）　　　　　　（c）　　　　　　（d）

图3-46　字体设计图示

（a）秀丽柔美　　（b）苍劲古朴　　（c）稳重挺拔　　（d）活泼有趣

所谓版式设计，即在版面上将有限的视觉元素进行有机的排列组合，将理性思维个性化地表现出来，是一种具有个人风格和艺术特色地视觉传达方式。它在传达信息的同时，也产生感观上的美感。版式设计的范围可涉及报纸、杂志、书籍、画册、产品样本、挂历、招贴、唱片封套等平面设计的各个领域，其设计原理和理论贯穿于每一个平面设计，如图3-47所示。

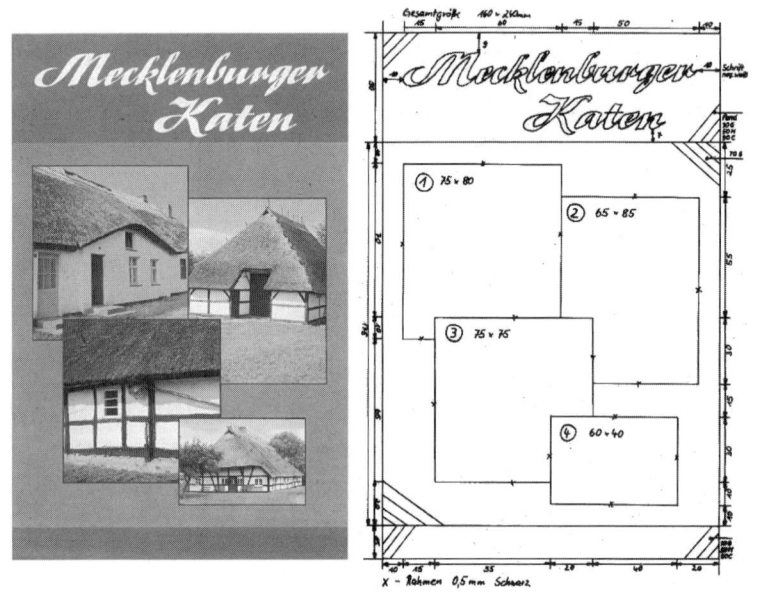

图3-47　版式设计

第三节　文字处理

任何出版物的版面都是由文字、图形和图像组成，而文字占很大的比例。因此要求文字不仅要规范，而且要阅读方便。

一、字体的基本常识

文字在版面设计上是很重要的一环，如何适当地使用文字，把信息准确无误地传递，首先要了解电脑字体的特色，明白其结构。

（1）汉字字体 字体泛指一套完整的字型或符号，小则为一套英文字母，大则可以是一套包含上万字的中文字体。汉字是世界上最古老的文字之一。现在常用的汉字字体有宋体、黑体、楷体、仿宋体、隶书体、魏碑体等。汉字的计算机字体的字空间都是统一的，但是同一种字体也有字体宽度、粗细等的变化，一般汉字有细、中、粗、超等区分。

（2）英文字体 外文字体是以笔画开头形状的不同变化为依据的。如把字形改斜的称斜体、改正的称正体；把笔画改成横竖同样粗的称黑体；笔画像手写的一样称草体、手写体、花体等。外文字母有大写字母和小写字母之分，它不像中文大小都是统一的，每一个字所占的空间全视个别字母而定。当然，英文除了有不同的字体以外，对于同一字体也有粗细和斜度之分，一般有正体、粗体、斜体和粗斜体四种。

二、印刷字体的大小

印刷字体的大小用号数制或点数制来表示。计算机排版系统用字号来表示汉字、数字、英文的大小，从小七号到96pt、任意磅数（1pt=0.35mm），具体大小见表3-6。不同的字体、字号适合于不同的版面。

表3-6　　　　　　　　计算机排版系统字号尺寸对照表

字号	注解写法	毫米/mm	点阵线/字身	字号	注解写法	毫米/mm	点阵字/字身
小七号	7"	1.849	54	小一号	1"	8.424	246
七号	7	2.123	62	一号	1	9.657	282
小六号	6"	2.465	72	小初号	0"	11.095	324
六号	6	2.808	82	初号	0	12.671	370
小五号	5"	3.150	92	小特号	10"	14.794	432
五号	5	3.698	108	特号	10	16.917	494
小四号	4"	4.246	124	特大号	11	19.726	576
四号	4	4.931	144	63磅	63	22.191	648
三号	3	5.547	162	72磅	72	25.342	740
小二号	2"	6.369	186	84磅	84	29.589	864
二号	2	7.397	216	96磅	96	33.836	988

初号、小初号适用于作报纸、期刊中重要文章的标题或作封面、广告等。

一号字一般适用于16开期刊的标题。

二号字适用于报刊一般文章的标题。

三号字一般适用于32开图书标题。

四号字一般适用于小标题。四仿、四宋适用于16开文件、材料的正文，四楷适用于按语、诗词和儿童读物等。

小四黑适用于小标题。小四宋、小四楷适用于少儿读物、教科书的正文，也可作期刊的小标题，小四楷还可用于排诗歌、按语或作小标题。

五黑适用于32开图书的小标题。五宋适用于32开书刊正文。五楷适用于诗歌、按语等。五仿适用于诗歌、引文、学习材料等。

小五黑适用于小报或期刊排小五宋正文的小标题。小五宋一般适用于16开期刊正文、报纸正文及书刊中的表格、注释。小五楷、小五仿适用于表格和注释。

六黑适用于注释序号等。六宋适用于工具书及书刊的表格和注释。

七号一般适用于版本记录页及著录事项。

三、标点符号及其排版规则

1990年3月22日国家语言文字工作委员会、新闻出版署联合发布了修订后的《标点符号用法》，要求社会各界遵照使用。它明确规定了16种标点符号的名称和用法，统一了使用的标准和范围，见表3-7。

表3-7　　　　　　　　　　标点符号表

名　称	标点符号	用　法
句　号	。	陈述句或语气舒缓的祈使句末尾的停顿
问　号	？	疑问句（包括反问句）末尾的停顿
感叹号	！	感叹句或语气强烈的祈使句末尾的停顿
逗　号	，	句子内部的一般性停顿
顿　号	、	句子内部并列词语之间的停顿
分　号	；	复句内部并列分句之间的停顿
冒　号	：	提示性话语之后的停顿或用于总结性话语之前
引　号 （竖排）	"" '' 『』 「」	标明行文中直接引用的话。引号里还要用引号时，外层用双引号；里层用单引号
括　号	（） 〔〕 [] 【】	标明行文中注释性的语句
破折号	——	标明行文中解释说明的语句
省略号	……	标明行文中省略了的话或表示说话断断续续
着重号	．	标明要求读者特别注意的字
连接号	－ ～	把意义密切相关的词语连成一个整体
间隔号	·	外国人或某些少数民族人名内各部分的分界
书名号	《》 〈〉	标明书名、篇名、报刊名。书名号里边还要用书名号时，外层用双书名号；里层用单书名号
专名号	＿＿	表示人名、地名、朝代名等

其他符号还有：星花＊，剑号†，隐讳号×，虚缺号□。文字间常见符号还有对

开杠（_）、硬撇（′）、百分号（％）、千分号（‰）、度（°）、分（′）、秒（″）等。

在科技图书、期刊和报纸中，标点符号的用法基本相同，下面介绍几个常用标点的用法和排版时注意的问题：

① 除了破折号、省略号外，单个标点不能用于行首。

② 成对标点（引号、书名号、括号）的前半个，不能用于行尾；后半个不能用于行首。

③ 为了解决行首标点问题，可在字间、对开标点之后加空格调整。

④ 破折号和省略号都占两个字的位置，上下居中。中间不能断开，也不能分排两行。在一段文字的最后，这两个标点符号也不要单占一行。

⑤ 标点以其所占位置大小，分为全身标点和半身（对开）标点，在用半身标点排版时，句号、问号、感叹号一般仍用全身标点，但当居于一段之内的行尾时，宜用半身标点。

⑥ 多个标点在一起使用时，前面的几个宜用对开标点。

以上六条禁排规则在计算机排版系统的批处理软件中已作处理，形成版面时会自动调整。但在用其他计算机排版软件时应注意，有时屏幕上排法正确，但形成版面时会出现禁排现象。

⑦ 标题中的标点，宜用半身标点，目录页上亦同。

⑧ 尽量避免"标点走廊"的出现（上下几行标点在同一位置，特别是全身标点）。

⑨ 遇有引号内套用一对引号，甚至套用第三对引号时，应当最外一对用双引号，第二对用单引号，第三对再用双引号（书名号也一样）。

⑩ 星花常见于两种地方。一是用它代替注码，地位偏上。二是用它来表示文章大的段落划分，一般用三个，占一行，星花间空匀，左右居中。

⑪ 间隔号一般只占一个字的位置，上下居中。其用法及举例如下：

用来分开标题中并列的词（政治·经济）；用来断开书名、篇名（史记·高帝本纪）；用来间隔外国人的名、姓（默尔·戴维斯）；算式中作乘号用。

⑫ 着重号、专名号标在字的下边。

⑬ 在汉字间，最好不用"一"字线连接号，以免与数字"一"相混。一般用一个浪纹（~）来连接相并的数字。

⑭ 引用完整的一句话、一段原文在后引号前加句号成为"□□□□□□□□。"，如不是引用完整的一句话，只引其中几个字，则在引号外加句号或逗号。

⑮ 引文连续几段，则每段的末尾不加后引号，直到最后引文全部完毕，在最后一段的末尾加后引号。如：

"□□□□□□□□□□□□□□□□□□□□□
□□□□□□□□□□□□□□□□□□□。
□□□□□□□□□□□□□□□□□□□□
□□□□□□□□□□□□□□□□□□□□
□□□□□□□□□□□□□□□□□□。"

四、字距与行距

相邻两字之间的空白处称字间，它的距离称为字距。字距以mm、pt、l为单位。在排标题、表格、工具书等内容时，字距可适当缩小、放大或按规定字数撑满。

字身的底线称为字模的基线。在计算机排版中，排在同一行的汉字字模除了数学公式及有移动基线的特殊要求外，无论字号大小，基线总是对齐的。

相邻两行字基线间的距离称为行高（距）。从上一行文字的基线到下一行文字字身顶线之间的空白处称行间，它的距离称为行距，所以行高=字高+行距。行间空距的目的是为了调整版面的疏密，便于阅读。正文排版中行距要大于字距。

由于出版物的性质不同，对行距也有不同的要求。一般分为宽行、标准行和密行三种。宽行行距为字高的2/3～1倍，多用于经典著作；标准行距为字高1/2，多用于普通读物；密行行距小于字高的1/3，多用于报纸和工具书。

为保证版心大小全书一致，版心宽、版心高与行距应该完全相同。因此设置的标题字的行高应是正文行高的倍数。

版心规格中，宽度的尺寸为：字宽尺寸×版心宽；高度的尺寸为：字高尺寸×版心高+行距尺寸×（版心高–1）。例如：某教科书为大32开，用五号字排，版心宽×版心高为28×29（字数×行数），行距为1/2。从表一中查到五号字字宽为3.698mm，所以版心规格为：

版心宽度=3.698×28≈104（mm）

版心高度=3.698×29+3.698÷2（29–1）≈159（mm）

版心尺寸不包括页码及书眉占行尺寸。页码的占行为：页码与正文的距离+页码字高。一般页码与正文间为一个行距，但计算机排版中可自行调节。页码常用与正文同号字的数体，所计算版面字数时常用版心高加一行来计算。

书眉高为：眉线与正文距离+书眉字与眉线距离+书眉字高，一般书眉高也为一行高，所以计算版面字数时，有书眉的也是加一行计算。

注：一线（X）=1/29.2mm

对于中文汉字来说每一个字的空间都是统一的，其所占的位置空间都是一样的。但对于英文来说就不一样了，每一个字所占的空间全视个别字而定，如图3-48所示。

图3-48 英文字体的空间位置
A—文字上线　B—文字基线　C—文字下线　D—大写字高　E—小写字高

五、图书标题的分级及标题序号选用

（1）图书标题的分级　　在一本书或一篇文章中，往往有大小不同的各种标题，它们各处于不同的层次。在版面设计和排版工艺中，为了便于操作人员区别每个标题所处的层次，一般是按不同级别来划分不同的标题。通常是把一本书或一篇文章中最大的标题称为一级标题，然后按标题的层次顺序排列为二级标题、三级标题，以此类推。

同一级别的标题不但要用相同的字体字号，而且在排版格式上也应当相同。带序号的标题在同一级别中，所用符号及序号也应相同。

（2）标题序号　　标题一般可分为有序号标题和无序号标题两种，标题序号有"第×篇"或"第×章"等形式。不用"第×章"、"第×节"等形式的标题序号，需要另加专用符号和改变数码写法来标明其序级，其表示方法一般为："一、"、"（一）"、"1."、"（1）"、"①"、"Ⅰ."、"A."、"a."等。在标志数码序级时，根据标题实有级数可省略其中某些数码形式。如：某些正文的标题序号省略"（一）"、"（1）"等。但使用的序号，在序列的排列顺序上不可倒置。一般是大写字在前，小写在后；不带括号的在前，带括号的在后；汉码在前，西码在后。如：不能以"（一）"为一级标题的序号，而以"一、"为二级标题序号。另外，应特别注意，在汉码序号后用"、"，并空半个字；在西码序号后用"."，可不加空；序号外有括号或圈码的后面不带标点，与正文间空1/2或1/3个字。

六、计算机字体类型

现在的印刷和电子出版中的文字一般都是通过键盘输入电脑的。计算机所采用的字体格式中，英文字都有两种形式，第一种是点阵字体，也就是屏幕字体，点阵字体是由一个个像素所组成的，主要用于屏幕显示；第二种是向量字体，向量字体是由线和节点所组成的，主要用于打印机、网片、网版输出机上，如图3-49所示。

点阵字体是由一个个像素所组成的　　　　　　向量字体是由线和节点所组成的

图3-49　字体示意图

向量字又有两种格式，第一种是PostScript字体，第二种是TrueType字体。

中文字也和英文字一样，拥有点阵字和向量字，最主要的差别是中文字所占的容量约为英文字的数十倍，因此在制作与处理中文稿件时，对内存和硬盘的要求更大。

1. 点阵字体

电脑屏幕上显示任何的字或图形，实际上都是一点一点显示出来的。因为受到屏幕解析度的影响，字体是用点矩阵的方式显示。点阵字体是由像素构成每个字元的字体，和以数学方式描绘的字元完全不同。中文的点阵字体通常用多少乘多少点矩阵来表示大小，例如，常见有24×24，48×48，然后在点矩阵内以位元状态来表示一个字的笔划形状。

由于是以0和1来表示字的白与黑，字在放大后边缘会有锯齿状产生，不适用于专业印件的要求，此种字体只能应用于屏幕显示，必须搭配PostScript字体才能打样或输出美观的文字来。常会不经意用到点阵字体输出网片后会形成锯齿状效果。

2. PostScript字体

即所谓的外框字，是利用贝赛尔曲线构成及描述字的外框线段。英文只有大小写各26个字母及数字、符号组成，所以英文的PostScript字体档案小，可以直接和其屏幕字体安装在开机系统的字体档案夹中，输出时由系统下载字的外框资料印出美观的字，若配备足够也可事先安装在打印机的硬盘中。

但是中文PostScript字体就不能存在前端电脑系统内，因为中文字的总数皆超出10000字以上，所以一套中文的PostScript字体量就大多了。目前字体公司发行的中文字体可存放在外接式硬盘，并安装在支持PostScript打印机旁，故输出时系统透过打印机驱动程序，找出字体硬盘内的字体并印出专业用的字来。

PostScript字体是以外框向量的形式将一个字体的笔划形状以PostScript程序来编译，因此能产生高品质的输出效果。一套PostScript字体，亦可以被视为以PostScript语言编写的程序。PostScript字体的优点是可以将字型任意放大或是缩小，但在形成字型的时候，硬件还需要配备有PostScript的解码程序。由于PostScript语言是Adobe公司的专利产品，具有PostScript解码程序的硬件产品价格一般会比较高。

PostScript字体的好处是能在输出设备输出最佳品质的文字图形，但是在屏幕显示时却依然会出现锯齿或毛边的情况。为了解决这一问题，Adobe公司推出了ATM（Adobe Type Manager）技术，使PostScript字体数据可以在屏幕显示。在安装了ATM后，只要电脑中内载有PostScript字体，便可以在屏幕上显示任何大小、品质良好的字体。Adobe的ATM亦改良了非PostScript打印机的PostScript字体输出效果，安装了ATM后，几乎所有的PostScript字体均可在任何激光打印机、喷墨打印机有高品质的输出。

使用中文PostScript字体，前端电脑系统内要安装中文屏幕字体，后端打印机或输出机则另接硬盘安装中文PostScript字体资料。

3. TrueType字体

在中文系统内使用PostScript字体进行屏幕显示，必须通过ATM来进行。为提供更多的选择，苹果电脑公司特别创制出TrueType字体格式，同样是以数学方程式描述字形轮廓。

由于TrueType字体在屏幕显示和打印字体描述均使用数学方程式，故此两者都可以使用同一个字体档案。

一般而言，TrueType字体笔划清晰，而且不会有锯齿或毛边出现，在屏幕显示效果极佳，而打印时亦能印出美观顺畅的字体。此外苹果电脑更致力推广TrueType字体格式至其他平台，让使用者在不同平台上交换资料，亦能获得一致的显示和打印效果。

TrueType字体档案较多占用前端硬盘空间，亦需要较大的内存空间，故打印时由于传送的资料量大，所需时间比点阵字体搭配PostScript字体的输出时间长，尤其是大量的文字书刊印刷产品。

对于杂志、小说等大量文字出版业而言，可考虑前端主机内安装TrueType字体，然后将打印机外接PostScript字体硬盘，不仅前端画面可显示美观字体，并可做字体变化，在输出时以字体硬盘内PostScript打印，节省传送的时间。

TrueType字体是向量字体的一种，主要是针对一般用户的使用需求。一般用户通常不会选购一部PostScript打印机，而是购买比较便宜又有一定品质的喷墨式打印机。喷墨式打印机普遍都是QuickDraw打印机，所有打印的效果都是靠发出打印信息的电脑计算，因此开发并使用TrueType字体，不论在屏幕显示上或在打印时都是最出色的。

较专业的PostScript打印机可以外接一个硬盘，然后将PostScript字体安装至这个硬盘中。当打印文字时，打印机直接到硬盘中抓取字体，而不需要到电脑系统内下载字体，因此文字的打印速度会比较快，对于打印文字量大的文档具有很大的优势。

第四节 文件格式

目前已有许多用于图像存储的文件格式，但只有一部分被广泛使用，以作为实际的标准。对于数字印刷的应用，有TIFF、EPS、JPEG、PDF四种常用的数据格式，其中EPS、TIFF和PDF是桌面出版人员最感兴趣的三种基本格式，而JPEG格式在印刷上用的较少，它主要用于多媒体。如果在印刷中使用其他格式，如PICT、GIF、BMP、WMF等，在使用前通常要转化为上述常用的四种文件格式。

一、TIFF文件格式

TIFF是Tagged Image File Format（标记图像文件格式）的缩写，此种文件格式是由Aldus和Microsoft公司为扫描仪和台式计算机出版软件开发的，是用来为存储黑白图像、灰度图像和彩色图像而定义的存储格式，现在已经成为出版多媒体CD－ROM中的一个重要文件格式。TIFF格式的历史比其他的文件格式长一些，现在仍是使用最广泛的行业标准位图文件格式。

TIFF位图可具有任何大小的尺寸和分辨率。在理论上它能够有无限位深，即每样本点1~8位、24位、32位（CMYK模式）或48位（RGB模式）。

TIFF格式能对灰度、Lab模式、CMYK模式、索引颜色模式或RGB模式进行编码。它能被保存为压缩和非压缩的格式。几乎所有工作中涉及位图的应用程序，都能处理TIFF文件格式——无论是置入、打印、修整还是编辑位图。

TIFF的规范允许使用CMYK和RGB这两种颜色模式，即可将图像分成4种套印颜色，并且将分色前的图像保存为TIFF格式。将TIFF格式文件置入页面版式设计或类似程序后，就不要求做进一步的分色。当印刷青色印版的时候，程序只是简单地拉住青色通道；印刷红色印版的时候，拉住品红色通道即可。TIFF格式也可保存索引颜色图像，但是很少这么做。对索引颜色图像，更多的时候是选择使用GIF格式。

TIFF格式可包含压缩和非压缩像素数据。压缩方法（LZW）无损压缩，能够产生大约2∶1的压缩比，可将原稿文件削减到一半左右，还有ZIP、JPEG、RLE等压缩，用于印刷的图像一般不压缩。

此外，在TIFF文件格式家族中还值得一提的是TIFF/IT（Tagged Image File Format for Image Technology）文件，它建立在TIFF Aldus6.0标准之上，融合了DDES（Digital Data Exchange Standards，数字数据交换标准）和IFENS（Intercompany File Exchange Nets

Standards，公司文件交换网络标准）的部分成果，开发TIFF/IT格式的目的就是为了简化印前、印刷以及图像领域信息的转换。

TIFF/IT格式集多种标准于一身，在图像数据交换方面的优势非常明显。此外，在一些新出现的印刷技术上，TIFF/IT格式也起着不可替代的作用，如在CTP工作流程中，如果在转成的PS（PostScript）文件中发现错误，修改起来费时费力，而将TIFF/IT文件直接发送给输出设备，一来可以减少输出的时间，二来可以减少麻烦的出现。此外，在根据印刷工艺条件进行组版、陷印参数设置或进行色彩校正的时候，对TIFF/IT文件进行操作可以使问题更容易处理和解决。

在TIFF文件中，没有任何工具含有加网处理指令。如果想在保存位图的同时保存加网处理指令，则必须使用EPS文件格式。但是TIFF格式能够处理剪辑路径，无论是Quark XPress还是PageMaker，都能读取剪辑路径，并能正确地减掉背景。

二、EPS文件格式——封装的PostScript（Encapsulated PostScript）格式

PostScript语言是Adobe公司设计用于向任何支持PostScript语言的打印机打印文件的页面描述语言。除了被优化用于纸张上打印文字和图像之外，它像Basic语言、C语言或任何其他编程语言一样，当在PostScript打印机上工作并告诉文字处理器（或任何其他的应用程序）打印页面时，计算机就会用PostScript语言编写一个程序描述该页面，并将这个程序传送给打印机。打印机实际上装有一台功能齐全的计算机和PostScript语言解释器执行这个程序，将图形画在内存中的虚拟纸张上，然后将其打印到纸上。

EPS文件就是包括文件头信息的PostScript文件，利用文件头信息可使其他应用程序将此文件嵌入文档之内。EPS文件还有一些限制，而这些限制并不适用于标准的PostScript文件。这些限制主要就是一些规则，以保证EPS文件可以插入到不同的文件中，而不会损伤该文件。例如：在Microsoft Word中，可以在一个Word文档中嵌入ESP文件。EPS文件最流行的应用就是将其嵌入桌面出版文件中，特别是由PageMaker或是QuarkXPress创建的文件。EPS文件格式可用于像素图像、文本以及矢量图形的编码。如果EPS只用于像素图像（例如选择Adobe Photoshop程序作为输出），挂网信息以及色调复制转移曲线可以保留在文件中，而TIFF则不允许在图像文件中包括这类信息。

由于EPS文件实际上是PostScript语言代码的集合，因而在PostScript打印机上可以以多种方式打印它。创建或是编辑EPS文件的软件可以定义容量、分辨率、字体和其他的格式化和打印信息。这些信息被嵌入到EPS文件中，然后由打印机读入并处理。有上百种打印机支持PostScript语言，包括所有在桌面出版行业中使用的图像排版系统。所以，EPS格式是专业出版与打印行业使用的文件格式。

EPS格式是一种用于打印的格式。嵌入到EPS文件中的PostScript语言代码提供了重要的打印定义，但是，这就使得文件的尺寸变大。除此之外，为了在软件中建立PostScript引擎所需要的价值和内存开销也是较高的。结果大多数的Web浏览器不支持EPS文件，大多数图像查看共享软件和自由软件也都不支持EPS文件。由于这种原因，EPS格式不能用在Web站点的图像显示上。

DCS（Desktop Color Separation，桌面分色）文件格式是Quark公司开发的EPS文件格式

的变种，它将四色分色文件保存为一组封装的PostScript文件或EPS文件，在支持这种格式的QuarkXpress、PageMaker和其他应用软件中被应用，DCS文件格式便于分色打印。值得注意的是，在使用DCS格式时，需将图像的颜色模式转换成CMYK四色模式。

开发DCS文件格式的目的是能有一个文件格式将分好色的彩色图像导入到排版软件中。DCS文件包括5个相互链接的EPS文件：一个低分辨率的屏幕预览文件，再加上青色、品红色、黄色和黑色四个单色文件。DCS2.0版文件可包括4种以上的套印色，也可以在其中包括一定数量的专色（spot color）或者是高保真的分色，如图3-50和图3-51所示。

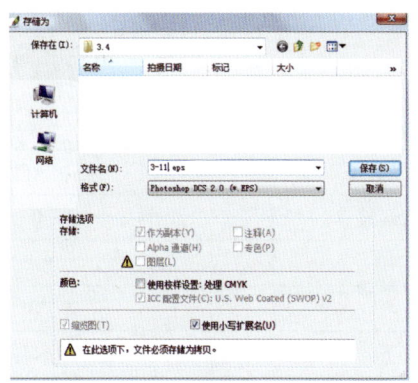
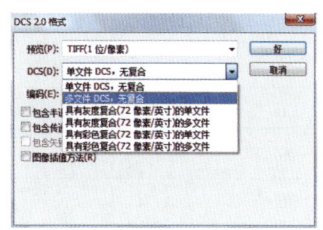

图3-50　存储格式选取对话框　　　图3-51　选取DCS类型对话框

DCS文件格式有两个主要优点：一是输出比较快，因为已存成四个分色文件，在输出分色片时，传送时间最高可缩短3/4，比较适合于较大图形文件的分色输出；二是具有OPI功能，即低分辨率预览图像，高分辨率输出，这样可加快制作速度，尤其适合多图像书刊的制作。

三、JPEG文件格式

JPEG文件格式是以开发这个格式的组织机构名称命名的，该组织为"联合摄影专家组"（Joint Photographic Experts Group）。JPEG格式是现在使用最为广泛的文件格式之一，应用在MAC机和PC机上的几乎所有软件都可以打开和保存JPEG图像。JPEG格式还是互联网上图像处理和传播使用的主要文件格式之一。

以JPEG文件格式保存的图像实际上是两个不同格式的混合物：JPEG格式规范本身，用来定义图像的压缩方法，并且被包在定义分辨率和颜色模式的图像数据格式之中。

Photoshop和实际上每个能读取和写入JPEG文件格式的其他应用程序，以JFIF文件格式（JPEG文件交换格式，JPEG File Interchange Format）或与JFIF格式非常像的其他格式保存图像数据。JFIF文件格式只是将一种图像格式环绕JPEG压缩的一种简单方法，它们没有其他的更多功能。

最初的JFIF文件格式规范只允许8位灰度图像和24位RGB图像；但是Adobe"修改"了此种格式，使之也能处理32位CMYK模式的数据。但是，多数版面设计应用程序实际上不能将CMYK模式的JPEG图像分离开，所以Adobe所做的这个修改的意义并不大。JPEG文件格式允许用可变压缩的方法，保存8位、24位、32位深度的图像。例如，当以JPEG格式保存一幅Photoshop图像时，Photoshop给出了多种保存选项：低压缩率，中等压缩率，高压缩率及最好的分辨率等级别，如图3-52和表3-8所示。实验证明，当进行印刷或在显示器上观察时，JPEG一般可将图像压缩为原大小的1/10而看不出明显差异。图像会分解成8×8像素图像单元的小方块。这种JPEG失真有时会在新闻图片中发现，这些图片在进行电子传输前被大大地压缩了，随后又以高放大倍率进行了印刷。

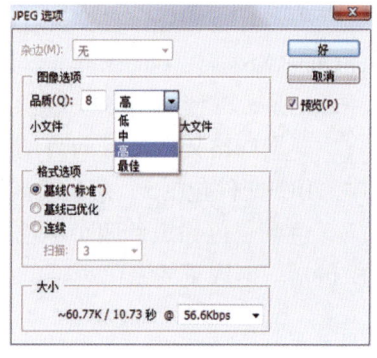

图3-52　JPEG压缩比选取对话框

表3-8　　　　　　　　　　JPEG压缩等级和压缩比例对照表

文件大小/KB	压缩等级	压缩比例/%
1407	无压缩	0
135	10	9.6
99	8	7.0
76	6	5.4
64	4	4.5
33	2	2.3
22	0	1.6

　　JPEG使用了有损压缩格式，这就使它成为迅速显示图像并保存较好分辨率的理想格式。也正是由于JPEG格式可以对扫描或自然图像进行大幅度的压缩，利于储存或通过调制解调器进行传送，所以在互联网上得到了广泛的应用。

　　JPEG格式有一个特殊的变种，名为"Progressive JPEG"。在创建Progressive JPEG文件时，数据是这样安排的：在装入图像时，开始只显示一个模糊的图像，随着数据的装入，图像逐步变得清晰。

　　JPEG格式的主要不足之处也正是它的最大优点。也就是说，有损压缩算法将JPEG只局限于显示格式，而且每次保存JPEG格式的图像时都会丢失一些数据。因此，通常只在创作的最后阶段以JPEG格式保存一次图像即可。

　　在印刷领域，由于JPEG文件格式的图像颜色质量较低，因此一般不被高档印刷品的设计师所采用，但却广泛地被报社所使用。一些较新版本的排版软件均可置入和输出JPEG格式的图形文件，如Illustrator和FreeHand，但大多仅限于RGB模式。

　　如果要打印图像，特别是打印高质量的图像，TIFF格式是更为合适的选择。

四、PDF文件格式

1. PDF概念

　　PDF是一种通用文件格式，全称是"便携式文档格式（Portable Document Format）"。它能够如实地保存任何源文档的所有外观和内容，包括字体、格式、颜色和图形，而不管创建该文档所使用的应用程序和平台。这类文档可通过电子邮件发送，也可存储在企业内网、文件系统或CD-ROM上，来供其他用户在Microsoft Windows，Mac OS和UNIX等平台上进行查看。PDF已成为全世界安全可靠地分发和交换电子文档及电子表单的公开实际标准。

Adobe Systems Incorporated是全球最著名的图形、图像软件公司之一，也是全球最大的PC软件公司之一。公司总部位于美国加州圣荷塞。其产品如Adobe Photoshop、Adobe PageMaker、Acrobat等都是图形印刷业的专用软件，PDF即为其所开发。对于一般用户而言，由于PDF格式的文档如实保留了原始文档的外观和内容，故作为打印用途是再合适不过的了。此外，利用Acrobat Reader，还可以将PDF文件中的文本和图形内容选取出来在Word等办公或编辑器软件中使用。

阅读PDF文件，只需要一个PDF浏览器，如最著名的官方软件Acrobat Reader以及被广泛用于学术界的gsviewer，许多Linux系统都自带了古老而实用的PDF浏览器xpdf。三者各有特点，Acrobat Reader功能最为强大，但由此导致了软件体积略显臃肿；gsviewer对于中文的支持有限，有时不能予以正常显示，但它还可以查看PostScript文件；xpdf是Acrobat Reader的前身，功能有限却精悍，运行速度较快。

2. PDF生成

制作PDF文件的最佳软件是官方的Acrobat。

要制作中文PDF文件，至少需要以下内容：

能够使用简体中文的系统（最好支持GB18030）；

字处理软件（如Word、Starsuite等）；

支持中文的PDF转换软件。

与免费的Reader不同，Acrobat是价格不菲的商业软件。正是由于这个原因，出现了许多第三方PDF制作软件。比较出名的有PDF995、Easy pdf等。但就目前所知，以上两者对中文支持都不佳。制得的PDF文件中的中文提取到Word等软件中就成了乱码，共享软件PDF Factory倒是在这方面做得不错。

如果需要免费的PDF制作软件，可以尝试OpenOffice及它的孪生兄弟StarOffice。这是一个免费的办公软件，其简体中文版的PDF转换器表现得近乎完美。另外，如果是制作纯英文的PDF文件，ps to pdf也是一个不错的选择。ps to pdf利用的是GhostScript，与之相关的软件包在几乎所有的Linux发行版中都能找到。

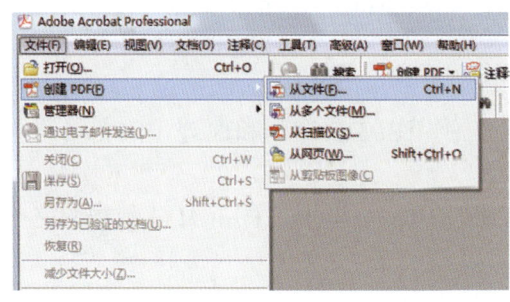
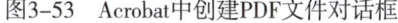
图3-53　Acrobat中创建PDF文件对话框

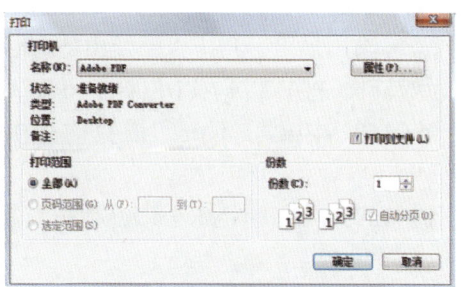
图3-54　应用软件中打印PDF文档

利用Acrobat软件生成PDF文件，实际上是利用软件中的Acrobat Distiller组件，方法是在软件中选择"文件/创建PDF/从文件"，如图3-53所示，也可以在应用软件中通过打印到文件选项完成，如图3-54所示。

3. PDF特点

高兼容性，PDF是对文字、图形、图像数据都兼容的文档格式，还是独立于各种计算机平台和应用软件的高兼容性文档格式，PDF文档可以使用各种平台之间通用的二进制或ASCII编码，实现真正的跨平台作业。

高压缩性，PDF是文字、图形、图像的压缩文档格式。它使用多种方法来达到缩减原PostScript文档的目的，文档的存储空间很小，一般文档通常可以压缩至原来的数十分之一到数百分之一，非常适合网上快速传输。

设备独立性，PDF文档具有字体替代和字体格式的调整功能，PDF文档的浏览不受操作系统、网络环境、应用程序版本、字体的限制。它是为整合多种输出选项的网络所设计的，是标准化及设备独立的最佳化输出格式。

页面独立性，PostScript文档的各页间是相互关联的，这意味着在跳到某页之前必须把前面所有的页都处理一遍。而PDF文档格式并没有这个限制，因为PDF文档中的每一页与其他页是互不相关的，以单页为单位，所以可以直接阅读PDF文档的任何一面，无需考虑其他页。

可扩充性，PDF设有Plug-in接口结构，可通过Plug-in方便的集成或增加新的功能。同时可使用LotusNotes数据库建立PDF文档数据库和有效进行电子文档数据管理。

保护性，PDF文档允许设定密码和其他多种保护方式，以防止非法使用。例如必须使用密码才允许阅读、打印、复制、注释或修改等。

4. PDF/X技术

由于PDF格式是作为多用途目标而设计的，印前和电子出版是两大典型应用领域，无法彼此兼顾也是必然的。为了使PDF真正成为印前工作环境的数据交换标准，美国印刷技术标准委员会CGATS开展了一系列的研究和论证工作，试图为PDF定义一个子集，这就是PDF/X，以产生结果可预测的PDF文件，且具有良好的一致性。在制定PDF/X标准时，目标应用领域为报业和广告业，他们要求建立交换矢量广告数据的标准，类似于栅格化的TIFF/IT格式。首先出现的是PDF/X-1标准，通过限制PDF文件允许包含的内容，报业、广告业和其他行业的使用者处于相对封闭的工作流程下，改善生产效率，确保印刷质量。以PDF/X为基础的文件交换常称为无障碍交换（Blind Exchange），也就说这种文件交换不会影响最终输出质量。PDF/X已经由ISO批准为国际标准，形成了下述四个文件，分别对应于技术基础、PDF/X-1、PDF/X-2、PDF/X-3：

ISO15929印刷技术·印前数据交换·关于使用PDF的准则和原理（PDF/X的技术基础）；

ISO15930-1印刷技术·印前数据交换·PDF应用第一部分：采用CMYK数据的完整交换（PDF/X-1）；

ISO15930-2印刷技术·印前数据交换·PDF应用第二部分：采用CMYK数据的部分交换（PDF/X-2）；

ISO15930-3印刷技术·印前数据交换·PDF应用第三部分：适合于色彩管理工作流程的无障碍交换（PDF/X-3）。

5. PDF在流程技术中的应用

在以前的印前生产中，基本上都采用PS文件格式，包括卫星传版用的打包文件使用的也是这种文件格式。现今的流程中第一步就是把前端传来的各种文件转化成流程自身的规范化PDF文件。PDF文件是用于印刷出版的最新标准文件格式，它有着诸多适用于印刷的特点。

（1）文档处理容易　在流程中，产品功能结构和操作灵活性对于实际生产效率起着决定性的作用。利用Acrobat，操作人员可以对PDF文件中的文字错误、段落调整、图片颜色修正等小问题进行直接修改。对于大幅度的修改，只要应用相应的软件打开PDF文件就可以了。

（2）经过规范化的PDF文档，可直接输出纸样，也可进行拼版　PDF文档杰出之处是便于对文件的编辑和修改，即使要对由多个单页面拼成大版进行修改，也不是难事，甚至可以很容易地对大版中的某单个页面进行替换。因此，PDF将是一种用于拼大版的理想文档格式。灵活的拼版方式使PDF输出流程具有很好的数据可修改性，在最终输出前，操作人员可在任何时候改动页面。随后，只需将改动好的内容转换成PDF文档即可，这工作效率更灵活，更高效。

（3）远程打样方便　PDF是一种以数字形式存储的信息，它能对文字、图形、图像进行最优化的压缩。由于PDF文档本身的跨平台特性和网络浏览器对PDF文档的广泛支持，用户可以利用计算机的浏览器预览提前看到印刷效果，同时可以提出各种修改建议，并通过网络通知印刷厂的操作人员进行修改，客户也可通过网络表示对最终结果的认可。

（4）能够与输出系统更好地兼容　由于PDF文件不受设备限制也没有嵌入的打印驱动器，因此具有广泛的设备支持能力，能够最大限度地利用系统所提供的功能。基于此PDF在印刷工业中被看作为万能的文件格式，并在印刷媒体、网络媒体以及电子媒体中被广泛应用。

（5）PDF文件在记录与设备无关的色彩空间方面的优点　因为可以用一个独立的应用软件（Acrobat Distiller）将PostScript文件转换成PDF文件，转换和编码的过程中用户可以定义几套参数来确保转换的精度，与通过印刷驱动器记录在磁盘上的PostScript文件相比，生成一份彩色PDF文件可能经受更多的控制。将PDF文件中与设备无关的色彩映射转换到当前所选的输出设备的色彩空间，会比输出到PostScript文件时更方便、可靠。最后，由于ICC色彩特性文件可以在PDF中定义与设备无关的色彩空间时直接使用，因此使用那些支持ICC特性文件的应用软件就可以保证色彩的一致性。

另外，PDF文件数据量小，便于传送和页面检查，PDF文件的处理速度要比PS文件快近一倍，这样也便于与高速CTP设备的配合，不会出现生产的瓶颈。在PDF的生成过程中对其进行加密，这样的文件在其他的系统中是不能读取和解释处理的，更不能修改，从而进一步提高了生产的安全性。以上这些都是以前的PS文件处理系统所无法比拟的。

PDF使印刷生产过程从输入到输出都实现自动化。PDF工作流程实现了在很少有操作员介入的情况下把电子文件传递给胶片或印版记录装置，或者传递给数字式印刷机或打印机。

第五节 陷　　印

一、陷印概念

包装印刷常在CMYK四色印刷的基础上还要加上专色印刷，尤其高档包装的多色印刷，必须保证在整个印刷过程中，各色之间非常精确地套准。即便是常规印刷中可以接受的微小偏差，在包装印刷中也是绝对不允许的，因为套印不准就会导致两色版之间承印材料的底色显露出来，在视觉上产生一条细小白线（俗称露白）和一条两色叠印的第三色重叠线，严重影响包装品的美观，如图3-55所示。

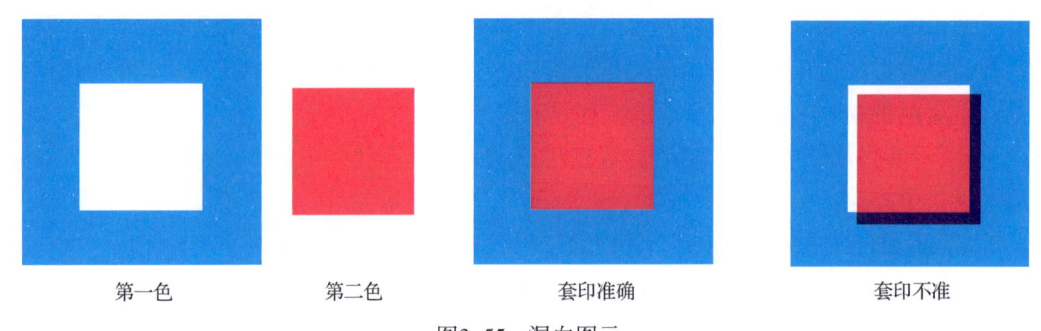

图3-55　漏白图示

然而，在实际印刷过程中，精确套准却是相当困难的，纸张因吸收润版液、油墨会改变尺寸，印刷滚筒的高速机械辗压会使纸张变形，印刷机精度的限制和印刷过程中机械的振动，必然会造成印刷压力起伏，根本不可能做到真正意义上的绝对套准，结果各色图文在承印材料上的印刷位置不可避免地产生一定程度的偏移。这就需要用数字陷印技术来解决。数字陷印能对包装印刷中无法抗拒的微小套准误差进行近乎完美的视觉补偿，弥补由于工艺与设备缺陷给印刷质量带来的影响，在原有套准精度下提高包装品的印刷质量。

二、数字陷印原理

数字陷印是利用印前制作软件，微量调整具有边缘密接套准关系的对象的尺寸，在各对象搭接处形成视觉不易觉察的微量叠印或颜色过渡区，避免因套印不准而出现露白（俗称补漏白）。严格来说，数字陷印并不能校正印刷套准，它只是用油墨掩盖套印不准的地方，对目前工艺设备精度下的套准误差进行视觉弥补。

陷印可以通过外扩、内缩和互扩3种方式实现。

（1）外扩　背景对象尺寸保持不变，前景对象尺寸扩大，扩大的前景叠印在尺寸不变的镂空背景上，前景对象扩展到了镂空背景上，则两对象边缘产生叠印区，从而避免露白，此法即外扩前景实现陷印，真正印版上前景外扩的轮廓线是不需要的，如图3-56所示。

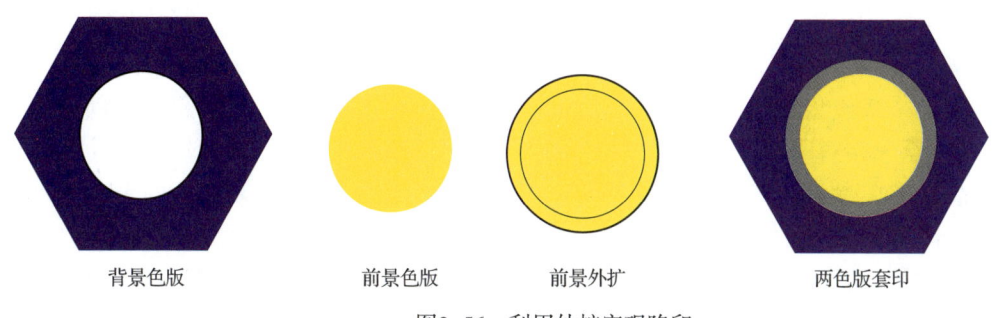

| 背景色版 | 前景色版 | 前景外扩 | 两色版套印 |

图3-56　利用外扩实现陷印

（2）内缩　前景对象尺寸不变，背景对象的镂空部分缩小，尺寸不变的前景叠印在镂空缩小的背景上，镂空背景扩展到前景上，则两对象边缘产生叠印区，从而避免露白，此法即内缩背景实现陷印，如图3-57所示。

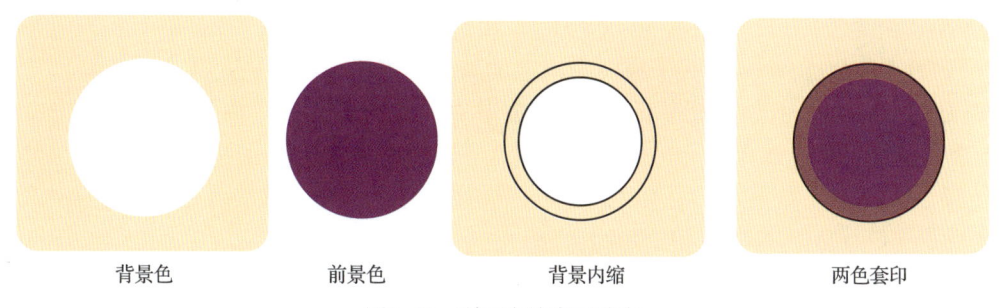

| 背景色 | 前景色 | 背景内缩 | 两色套印 |

图3-57　利用内缩实现陷印

（3）互扩　前景对象和背景对象尺寸都改变，也就是外扩和内缩同时进行，使两对象边缘产生叠印区，从而避免露白，此法即前景、背景互扩实现陷印，如图3-58所示。

图3-58　同时利用外扩和内缩实现陷印

（4）让空　如果在两个颜色交界处，有一方的颜色相当浅（亮），则可以按照陷印的宽度进行反向让空，让这两个颜色离开一定距离，即让它故意漏白。这种情况主要应用在以下几个方面。

① 可以防止边界两侧的两个专色交叠后出现明显的第三色，而宁愿让其露出底色，这样的效果会更好。

② 在一些包装印刷中，要防止相邻的专色油墨之间的重叠，有意露出底色作为边界（如一些金属塑料印刷、有色纸板印刷等），这种让空处理是可以巧妙实施的。

③ 在有黑参与的多色叠印形成较大面积暗色区域内，如果出现明亮的露白区域（如背景是丰富黑色而前景是反白文字），则需要对CMY三个版中与黑重叠的边界部分向黑色内部收缩。这样可以保证前景轮廓在有套印误差时，其轮廓仍然是整齐的，而不会露出不规则的彩色斑纹。

三、包装印刷中何时需要做陷印

陷印不是任何时候都必须的，陷印不恰当反而会使边缘模糊，降低清晰度。在包装印刷中，对象之间的精确套准关系有相接和相叠（或称套印与压印，即背景镂空和不镂空）两种情况。

（1）印刷对象相接　两个或两个以上的对象相接时，若印刷对象之间色彩差异较大就需要进行陷印，但如果相邻的2个对象，其中一个对象的一种原色油黑（C、M、Y、K）成分值与另一个对象的原色油黑成分值一样（如都含有100%的青色），两对象其他的原色油黑成分值差异不大，则不必陷印，因为共同的颜色成分使它们之间出现空白边的可能性很小。

两专色对象相接或专色与印刷色对象相接则必须陷印。

（2）印刷对象相叠　两个或两个以上的对象相叠时，若色块是由两个大小、位置相同的原色或者专色叠印而成，周围又有透明或者白色，套印不准漏出下一色则影响美观，必须内缩下一色进行陷印，但如果色块是由两种平网色叠印而成，或者上一色为平网、下一色是实地，一般不需要陷印，除非印刷有特殊要求。

四、包装印刷中陷印处理的原则

陷印是在颜色交接的地方用交接的两种颜色互相渗透一些，使印品不产生白边。对陷印最简单的理解就是内缩和外扩。陷印是采用内缩还是外扩取决于两种颜色是亮还是暗，一般情况下是从亮色延伸到暗色，即调整浅色物件的形状，因为浅色其周边比深色物件的视觉重量要轻。用陷印的方式可以最大限度保证对象形状不变，通过将亮色延伸到暗色，重叠部分看起来就不明显。若移动暗色，对象形状的改变就更明显。

归纳起来，陷印处理的总要求为：① 无论处理是图形画面还是图像画面，只要具有明显的两种颜色的交接边界，就有可能需要进行陷印处理，而如果是连续的过渡色调的图像或者渐变的图形，则一般不需要做陷印处理。② 陷印处理的原理是在颜色交界处的浅色一方的颜色适当向深色一方扩张，而这个扩张的宽度被称为陷印值。如果套印准确，浅色的边界处的扩张部分会和深色部分叠印在一起，而如果套印不准，则浅色的扩张部分的一侧就会印在露白部分，从而使纸张的白色不会直接暴露。③ 从原则上讲，陷印值应该比印刷机四色套准精度略大一些。由于各种彩色印刷品所采用的印刷工艺、纸张和印刷机的精度各不相同，因此陷印值应当根据实际情况决定。印品越精密，套准精度越高，陷印值就越小。

五、包装印刷陷印量的确定

陷印量的大小对陷印效果至关重要,太小不能达到补露白的目的,太大会在陷印边缘产生加深的轮廓线,同样影响美观。陷印量的大小可按加网线数的0.5~2倍线宽进行计算,如印刷加网线数为150l/in,则陷印量在如下范围适宜:

(1/150in)×0.5=1/300in=0.24(pt)=0.085(mm)

(1/150in)×2=1/75in=0.96(pt)=0.339(mm)

即150l加网,陷印量在0.085~0.339mm区间,再根据承印材料的特性、印刷方式、印刷系统的套印精度甚至客户要求,在上述区间内进行调整。表3-9给出了包装印刷中一些典型的陷印值供参考。

表3-9 各种印刷方式的陷印值大小

印刷方式	承印材料	加网线/lpi	陷印值/mm
单张纸胶印	有光铜版纸	150	0.08
单张纸胶印	无光纸	150	0.08
卷筒纸胶印	有光铜版纸	150	0.10
卷筒纸胶印	无光商业印刷纸	133	0.13
卷筒纸胶印	新闻纸	100	0.15
柔性版印刷	有光材料	133	0.15
柔性版印刷	新闻纸	100	0.20
柔性版印刷	牛皮纸(瓦楞纸)	65	0.25
丝网印刷	纸或纺织品	100	0.15
凹印	有光表面	150	0.08

六、数字陷印技术在包装印刷中的应用

下面就包装印刷中常见印刷对象的陷印问题展开讨论。

(1)色块 黄色块与品红或青色块相邻时,黄色向品红或青色扩展实现陷印。青色块与品红色块相邻时,品红色向青色块扩展实现陷印。青、品红、黄任何两色的叠加色与另一色相邻时,陷印处理将单色块向叠加色中扩展。

由不同网点百分比的品红、黄组成的红色与由不同网点百分比的青、黄组成的绿色相邻时,套印不准就会漏出黄色而不美观,必须外扩品红对象进行陷印。

如果色块是由两个大小、位置相同的原色或者专色相叠加而成的,周围透明或者是白色,套印不准则会漏出下一色而造成不美观,应内缩下一色进行陷印。

(2)渐变对象 青色渐变与品红色、黄色相邻时,将品红色或黄色向青色渐变中扩展。品红渐变与青色块相邻时,需要进行反向陷印,即将青色向品红渐变中扩展;品红渐变与黄色块相邻时,将黄色块向品红渐变中扩展。黄色渐变与青色、品红色块相邻时,要进行反向陷印,将青色、品红色块分别向黄色渐变中扩展。

(3)连续调图像 连续调图像如照片本身不需要陷印,但如果在彩色图像上加

了标志或文字等的色块（非专色），且色块的色相与图像的色调相差较大时，则需扩展色块到图像中也可扩展图像边缘到色块中进行陷印。扩展图像边缘时，可根据实际情况在图像编辑软件中等比例稍微放大图像的边缘或适当扩大该图像的蒙版尺寸实现陷印。

当图像与专色相邻时，必须陷印。为了不让专色叠印在图像上产生色变，需将图像上与专色区域对应的部位挖空，精确挖空部位的面积应略小于专色区域，即挖空图像内缩向专色扩展进行陷印。

（4）专色　专色与原色、专色与专色、专色与渐变、专色与图像之间的均需陷印，陷印方向根据上述陷印原则而定。

（5）黑、金等特殊颜色　为了在包装印刷品上获得最大饱和度的黑色，往往使用超黑，超黑一般为50%C、50%M、50%Y、100%K。如果套印不准，就会在黑块周围出现一条彩色的色边，需缩小青、品红和黄色版进行陷印。

黑、金色块与其他色块相邻时，黑、金色文字及比较小的黑、金色块直接叠印在底色上，比较大的黑、金色块为了节省油墨，要对底色镂空进行套印，将底色向黑、金色块中扩展。

黑色与金色或者银色相邻时，根据印刷的色序进行陷印，先印的颜色向后印的颜色扩展。一般情况下可以把黑色叠印在金色或者银色上，如果两者面积都较大，最好做成套印（即镂空底色）以免印刷困难。

带有黑、金色轮廓线条的图案，图案的填充色和相邻的底色向黑、金色轮廓扩展，并且最好被叠在黑、金线条的中间，避免陷印不匀影响美观。

（6）白色　在包装印刷中，很多时候都需要以白色做底托，并且有时还会托两层白色。套印不准则会露出色块下面的白色，严重影响美观。如果色块下托白且旁边为透明，或者黑、金色下托白时，下层白色内缩进行陷印。如果色块颜色较浅或者是平网时，其颜色与白色反差不大，白色内缩的陷印量要小或者不陷印。渐变图案下托白时，渐变向下层白色扩展陷印。

（7）细小文字和线条　对细小文字和线条进行陷印，会导致其边缘有一定程度的模糊。因此细小文字和线条尽量选用压印而不用套印。若有特殊要求需陷印时，为了获得优质的字形，应采用互扩方式进行中心线陷印（两边的颜色同时分别扩张"各陷一半"），使陷印均衡地产生于交界处，以保证小字结构。

七、陷印的处理方法

目前，陷印处理方法总的来说可以分成两类，即前端处理和后端处理。前端处理是在印前设计软件中进行陷印处理，后端处理则是在进行软片输出时由RIP进行陷印处理。前端处理相对后端处理更为开放性。

1. 陷印的前端处理

目前流行的一些印前设计软件中，如Illustrator、CorelDraw、Photoshop、InDesign、QuarkXpress等，都有陷印设置功能。下面就如何在这几种软件中设置陷印作简单介绍。

在Illustrator中，有两种方法可以设置陷印。一种是自动生成，另一种可以手动设置。要使选中的对象自动生成陷印，可以使用"路径寻找器（Pathfinder）"面板，选择"陷

（Trap）"，如图3-59所示，同时输入陷印的宽容度值，通常情况下是0.25pt。还可以根据需要指定陷印值，减少浅色色块的陷印百分比，这样可以使陷印区域不是很明显。设置陷印后的效果如图3-60所示。

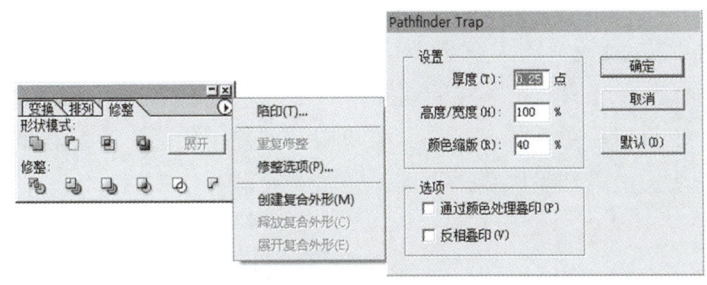
图3-59　陷印设置

图3-60　陷印效果

在CorelDraW中，也可以给对象加上一个轮廓线并同时设为叠印来进行陷印处理。选择图形对象，创建轮廓线，然后在该对象上单击鼠标右键，选择"叠印轮廓（Overprint Outline）"。当保存或输出时，要确保陷印设置为"保存文档叠印设置（Preserve the Document Overprint Settings）"，该项可以通过点击"导出（Export）"窗口下的"高级设置（Advanced）"命令实现。否则，陷印的信息在导出后可能会丢失。如果以TIFF文件格式输出时，也会出现同样的情况。如果使用软件自动创建陷印，那么就必须存储为EPS格式。该操作通过点击"高级设置（Advanced）"选框并选择"自动扩展（Auto-spreading）"来完成，其中"最大值（Maximum）"命令可以设定最终的陷印宽度。

在Photoshop中，可选择"图像"菜单中的"陷印"选项，即弹出如图3-61所示的对话框，陷印的缺省值为1个像素，陷印值的大小可以根据需要进行调整。1个像素的陷印值对于大多数300 dpi的图像作品来说都是比较合适的。

图3-61　Photoshop陷印设置对话框

InDesign的陷印缺省值为0.25pt。同时，InDesign允许对丰富黑（Rich Black）设置陷印。

PageMaker的缺省陷印值为0.1mm。这个值较为常见，一般也不会导致什么问题出现。

在QuarkXpress中，陷印的缺省值为0.144pt，大约是1／500in。在印刷中要求套准精度保证在1／500in以内（即0.05mm多一点）是不可能实现的。要改变OuarkXpress软件中陷印缺省值，可执行"Edit／Preference／Document／Trap"选项。选择"Absolute"，意味着在页面中所有对象的陷印值都是相同的；而"Proportional"则会根据陷印颜色的深浅设定不同的值。建议将四色印刷陷印设置为"开启"，并将缺省的陷印值增加到0.25pt。这个值同InDesign的默认设定相同，大约相当于300dpi的图像1个像素的陷印值。

以上所列举的几个软件中的陷印功能，基本上能满足简单的陷印要求，但对于复杂的陷印，有时候还难以完成。下面以Illustrator为例介绍手动设置陷印的方法。掌握了这些方法，再复杂的陷印也可以应付自如了。

（1）在同一页面中对不同对象设置不同陷印值　有些软件对陷印的设置没有个性化，即输入一定的陷印数值后，对整个页面都起作用，不能针对不同情况做出不同的设置。遇到这种情况，就需要手动进行陷印设置了。

对需要陷印的图形对象创建一定宽度的轮廓线，同时将其设置为叠印。具体操作可以通过打开"属性（Attribute）"面板，图形在选中状态下勾选"叠印描边（Overprint Stroke）"选项，如图3-62所示。通过调整轮廓线的宽度，对于同一页面中的不同图形对象就可以分别进行陷印设置了。设置后可选择"视图"菜单中的"叠印预览"检查陷印的效果，如图3-63，通过在黄色块边上增加轮廓线，得到补漏白的效果。

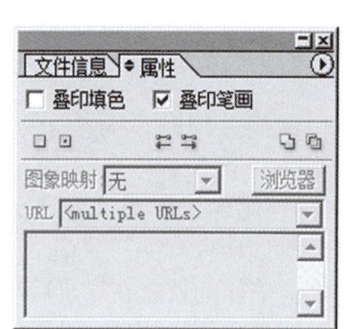 

　　图3-62　设置轮廓线对话框　　　　图3-63　叠印轮廓线实行陷印原理图

（2）在同一对象的不同部分设置不同的陷印值　为了达到更好的效果，某些特殊的印刷品往往采用组合印刷方式。如磁卡、高档包装盒等，为了使其具有立体感和金属光泽，有时会采用金、银墨丝网印刷与胶印相结合的印刷方式。两种印刷方式的套印精度不同，对陷印值的要求也不同。如果有一个图形对象恰好位于两种印刷方式印刷范围的交界处，为了便于印刷，我们就要对同一个对象的不同部分设置不同的陷印值，以得到最好的印刷效果。图3-64就是这样一个典型的例子，图中左侧的底色为银色，采用丝网印刷方式印刷；右侧的底色为蓝色，采用胶印。由于丝网版印刷时变形大，故套印精度比胶印差，所以在与上方图形相接处作陷印处理时，左侧的陷印值比右侧的要大。这种情况用软件自带的陷印设置和上文介绍的方法均很难处理。下面介绍一下此类陷印的处理方法。

假设需设置的陷印值，在丝网印刷部分为0.2mm，在胶印部分为0.1mm。

第一步，将上方图形选中，选择"对象/路径/偏移路径"菜单，在弹出的对话框中"位移"一栏填入"0.2mm"（即丝网印刷需要的陷印值），然后将路径偏移后生成的新路径填充为白色，如图3-64（a）。

第二步，利用剪刀工具将新生成的白色路径位于右侧蓝色区域内的部分剪掉，如图3-64（b）。

第三步，重复第一步的操作，只不过路径偏移值设为0.1mm，再次生成一个新的路径，并填充为白色，如图3-64（c）。

第四步，重复第二步，这次剪去的位于左侧银色区域内的部分，如图3-64（d）。

第五步，将图3-64（b）与图3-64（d）合并，得到图3-64（e）的图形。

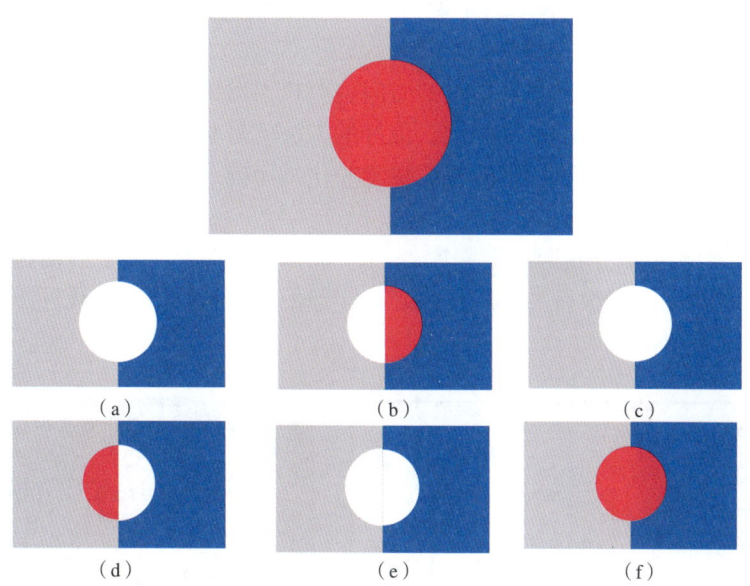

图3-64　在同一对象的不同部分设置不同的陷印值

第六步，调整对象图形顺序，将白色图形置于品红色图形的下一层，并在属性面板中将品红色图形设为"叠印填充"，通过"叠印预览"检查陷印的效果，如图3-64（f）。可以明显地看到，品红色对象在左侧与右侧得到了不同的陷印值，满足了两种不同印刷方式的套印精度要求。

2. 陷印的后端处理

陷印的后端处理指的是完成排版的彩色页面，送到具有陷印能力的专门工作站完成陷印处理，即在软片输出之前，有些照排机、外部设备或程序可以对文档进行陷印处理。但是到目前为止，还只有很少量的RIP系统可以智能化地对PDF文档进行陷印处理，甚至对页面中导入之前没有设置陷印的单个对象也能进行陷印处理。问题在于，我们不能预知设计文档会到哪一家印刷企业进行印刷，也就无法得知他们的设备能否进行陷印处理，即便他们可以进行陷印处理，也要事先在软件中将设置的陷印全部取消。所以，作为印前设计和制作人员，并不能依赖那些先进的设备，陷印问题仍旧需要设计制作人员自己来处理，并且要使用创建源文件的软件对其进行陷印处理。只有这样，才可以使得陷印贯穿整个工艺直到生成最终的输出页面。

八、陷印的实际运用

陷印是用人为的"小"错误掩盖印刷工艺产生的"大"错误，因此，对这种陷印的小错误，也应该尽量避免、能少则少。陷印处理必须遵守一定的规则，即对页面上的每一对相邻颜色，陷印管理器都要判断是否需要进行陷印处理，如何去进行陷印处理。这些判断是基于相邻颜色的油墨特性（深浅、覆盖性和分布等）的。

1. 需要陷印的情况
① 图形图像中包含较大的实地色块。
② 图形图像中输入较大的文字。

③ 图形图像中的某一部分与周围邻接处有明显的颜色差别。

2. 避免做陷印的情况

陷印越复杂，准备和处理文件要花的时间也更长，出错的机会就越大，整个活件也就越复杂，相应的制作成本也越高。因此，最好的方法就是避免做陷印，这就要求设计稿件时尽量避免容易漏白或需要陷印的方案，尽量简化陷印操作。如果印刷作业允许的话，最好采用一种无需陷印的设计。

（1）页面元素单独存在时无需陷印处理，如图3-65所示。颜色为纯色也无需做陷印处理，因为这些页面元素没有相邻的颜色，这样即使套印不准也不出现间隙，所以就不必做陷印了，如图3-66所示。

图3-65　各图元无接触无需陷印

图3-66　相同颜色图元无需陷印

（2）小文字或细线设计成黑色，采用叠印方式。

（3）在相邻的颜色共享足够高百分比的共享色组分时，就不必做陷印处理，这种现象称为原色过渡，这里的原色指CMYK四色。只要相叠印的两个色块中都有四种印刷油墨中的某一色，且有足够高百分比，就可不必为它们设置陷印。例如，相叠印的两个色块都至少包含有30%的品红时，纸张滑动引起套印不准时，品红色油墨将填充间隙处，就不会看到露出的白纸颜色，如图3-67所示。

控制原色过渡，在陷印软件的参数中是使用"共同密度"来表示和设置的。系统将各分色版的共有量计算出来后，并换算成共同中性密度，然后，将所有分色成分上的这个共同密度进行求和，再将这个密度作为是否在这个边界上进行陷印处理的判断数据。

（4）在设计带背景的小字或细线条成分时，

图3-67　原色过渡无需陷印

尽量不使用与背景色没有共同成分的颜色。

（5）框住不可陷印的图片。如果有图片放在一个没有变化的底色之上，在设计时，可以考虑在图片的周围加一个与底色颜色相同的边框，就可以掩盖套不准的问题。

（6）避免陷印出现的麻烦。尽量避免调整置入图片的大小，否则很可能毁坏它的陷印，大小的调整会分离图中的元素，并会打乱收缩与扩张的设置。尽量避免两个渐变色块的叠印，否则在重合的边缘，会有一条较暗的人工陷印线，即使它们有共享CMYK中的一色也不能避免。

（7）陷印是用于校正CMYK图像中填充底色的对齐错误。通常情况下，不要为连续色调图像（如照片）创建陷印。在C、M和Y印版上，过多的陷印可能产生分界线效果（甚至交叉线）。在复合通道中可能看不到这些问题，但输出到承印物上就会显露出来。

九、结语

数字陷印技术在包装印刷中的应用，对弥补工艺和设备缺陷，提高包装品的印刷质量，降低企业的废品率和生产成本，具有重要的意义。同时，数字陷印也是一件相当烦琐和复杂的工作，还有很多种陷印的形式，如复色与复色、渐变与渐变等各种情况的组合，都需要根据具体的印刷方式、色序、色相等参数，按照前述的原则进行陷印。

第四章 图文信息组版

版面是出版信息表达的基本形式，是出版产品的形象与思想的表达，是出版物的信息载体。版面也称页面，是印刷要素的基本组成单位。

第一节 平印制版图文组版的原理

平印制版图文组版包括单个版面（页面）的排版，以及按照印刷产品生产工艺要求制作符合印刷幅面要求的拼大版两个过程。单个页面排版主要在排版软件中完成，也有在图形软件中排版；拼大版现今主要用折手软件来完成。因此，必须首先充分理解版面设计与构成基础，正确理解与掌握版面的构成和排版规则，正确地应用排版软件与工具，才能有效使用排版和拼大版软件的各种工具，排出符合标准与规范的版面，高效、艺术、规范地生产出各种印刷产品。

一、版面构成要素

版面指在书刊、报纸的一面中图文部分和空白部分的总和，即包括版心和版心周围的空白部分。通过版面可以看到版式的全部设计，版面构成要素如图4-1所示。

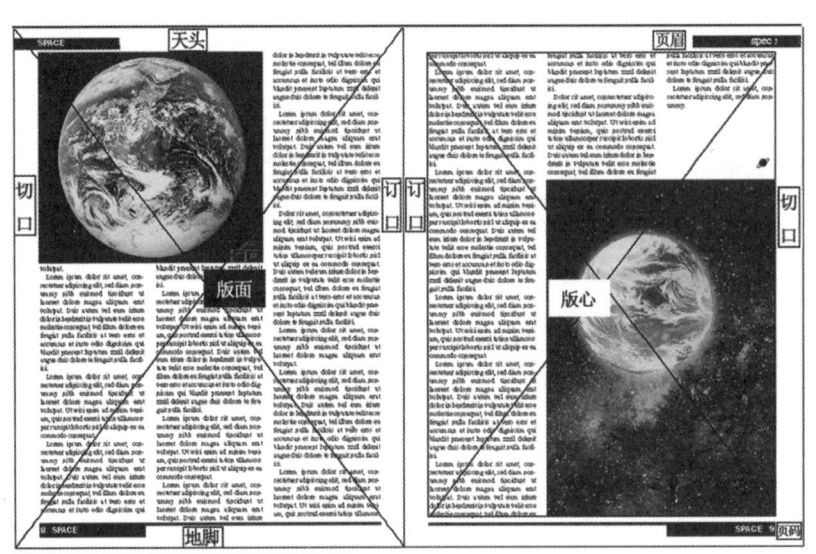

图4-1 书刊版面示意图

① 版心位于版面中央、排有图文信息的部分。
② 书眉排在版心上部的文字及符号统称为书眉，它包括页码、文字和书眉线，一般用于检索篇章。
③ 页码书刊正文每一面都排有页码，一般页码排于书籍切口一侧。印刷行业中将一

个页码称为一面，正反面两个页码称为一页。

④注文又称注释、注解，是对正文内容或对某一字词所作的解释和补充说明。排在字行中的称夹注，排在每面下端的称脚注或面后注、页后注，排在每篇文章之后的称篇后注，排在全书后面的称书后注。在正文中标识注文的号码称注码。

二、排版的内容

各种印刷产品都是由一个页面中图文要素的配置与组合来实现的，即在二维平面上通过一个排版软件将预处理完成的文字、图形以及图像等素材按用户的意图进行有效配置，并正确处理其相互间的空间位置关系。目前页面制作过程主要由排版软件来实现。

排版软件处理的对象主要分为文字、图像和图形三种。

① 文字是页面信息的最基本内容，以符号编码方式生成，通常既可采用专用录入软件录入，再导入排版软件，也可以在排版软件中直接录入。

② 图像是页面信息的重要内容，以点阵描述方式生成，通常由扫描仪、数码相机采集并用专用软件处理，在排版软件中置于页面指定位置。

③ 图形既可由专用软件绘制，也可由排版软件中的图形功能绘制，并置入指定排版位置。

三、排版的禁则

排版中对版面和文字的排列有一些基本的原则和要求，不能违反，这称为排版禁则。

（1）字行排版禁则

① 单字不占行。即一行中不能只有一个字，数字和外文字母不允许出现单个字符占一行的现象，一行只有一个汉字，但后面跟随一个标点符号的情况是允许的。

② 单行不占页。即不允许一面中只有一行文字。一般要求至少有三行才能占一页，出现单行时可以用缩行的方法，将多出的一、两行挤到上一版，或用扩行或强制换页的方法将上一版的部分内容排到下一版。

（2）转行排版禁则

① 数字。转行时不允许从一组数码中间断开转行。

② 外文。转行时要符合该语种的折行要求，转行后不能在行首或行末留一个字母（一个字母的单词例外）。

③ 公式。不应出现在页末处转行。

（3）标题排版禁则

排版中不允许出现背题，报纸、期刊排版不允许出现对题、叠题或并题。

1. 背题。背题是指标题与正文背离。背题现象就是标题出现在版面的最下一行，题下无正文，这是排版中不允许的。背题是有条件的，不是所有的标题都有背题的忌讳，只有那些字号较大、居中排的标题才要防止背题。与正文字号相同、随正文排、不居中的小标题不存在背题的问题。

排版中遇到背题的情况，最简单的方法是在标题前面提前换面，将标题排到下一页去；也可以采用版面的缩行或伸行的调整方法解决。

2. 对题。对题是指期刊杂志的对版处，两个版面上的标题按同一种排法，排在同一个位置上。通常可以通过调整标题排列方式来解决。如一个标题横排，另一个标题竖排。

3. 并题和叠题。并题和叠题的现象主要是发生在报纸版面排版中，当相同排列格式的标题左右重复出现时，叫并题，上下出现时叫叠题。解决并题和叠题的方法是调整一下标题的排列结构（如横排改竖排），也可以通过调整文章的结构排列顺序来解决。

第二节　页面排版的规则与方法

一、图书排版的规则

1. 正文排版

（1）通栏与分栏　正文每行字数与版心宽相等，称通栏或长栏。正文每行字数如按版心宽度分成相等的若干栏，称分栏。从视觉效果上看，横排过长容易视觉疲劳，因此，对于开本比较大的书，多采用多栏排的方式，如图4-2所示。

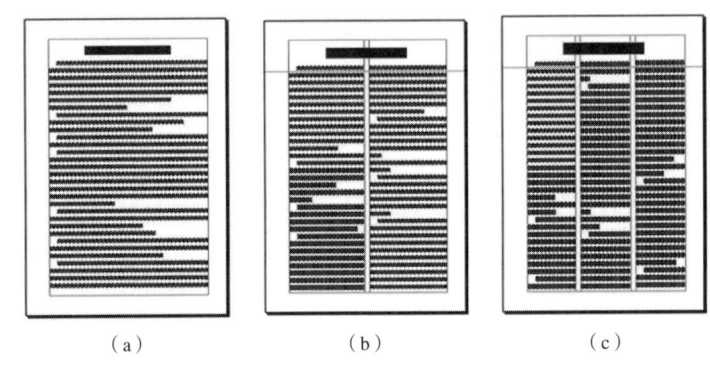

图4-2　正文分栏形式
（a）通栏　（b）两栏　（c）三栏

（2）行页的伸缩　将本版面上的图文、表格、公式等挤到前一版面里去，减少一个版面，称缩面，将本行上的字挤到前一行里去，减少一行，称缩行。

在排版禁则中，有"单字不成行，单行不成面"的规定，对于单字行和单行面应采用缩行、缩页的处理方法，实在没办法缩字、缩页的，则采用伸字、伸行。

2. 标题排版

（1）标题的分段和字体字号的选择　一本书中，往往有大小不同的各种标题，以显示文章内的层次关系，为区分所处层次，一般将书中最大的标题称为一级标题，依次二级标题、三级标题。同一标题要用相同的字体字号和相同的排版格式。

（2）标题的字距和序码处理　标题必须美观、紧凑、大方。一般标题用的字体、字号以及占行都是由版面设计人员决定，但长度不一定标明，要由排版人员自行掌握。一般占版心1/2~2/3。

（3）标题的占行　为了使标题匀称、醒目，它的行距要大于正文的行距。标题占行一般是受版面大小、字号大小、版面风格的影响。版面越大，字号越大，标题占行越多。

（4）标题排版时还要注意

① 另页起、另面起排。另页起排是指某一级标题必须从单页码版上部起排的排版格式。另面起排，是指某一级标题必须从下一版（无论是单、双页面）上部起排的排版格式。大标题的排版有另页起、另面起的排版格式。

② 标题中的标点符号处理。一般标题中除书名号、引号等表示专用名的符号外，不应出现标点，如要表示停顿，可用空格键表示。

③ 避免背题。背题是指图书标题排于版末，题下无正文。背题会给阅读者带来很大的不便，应在排版时避免出现。

3. 页码、书眉的排版

（1）页码的位置　一般页码的位置不占版心，而是排在距版心一个行距高、靠切口的一侧，而且距版口一个字距宽的位置上。

（2）暗页码　在页面上不显示、但计入页码数的页码为暗页码。通常出现在另页起、另面起排的篇名页、章名页、空白页和没有文字的插图页上。

（3）书眉的位置及内容　对横排书的页眉，一般可排标题、页码、书名（或篇名）等，一般书眉的文字都比正文字号小，所以，书眉线与正文间的行距应等于或略大于正文行距。

二、期刊排版的概念与规则

1. 标题的种类和在版面中的位置

在期刊中，标题可以与正文平行，也可以与正文垂直；有的标题排在正文前，有的标题排在正文中间。标题的字号、字体和占行等都是根据期刊的性质、内容、风格、版面大小和作品主体文字所占面积而设计的。

（1）文前标题指排在文章上面的标题，其中包括：

① 通栏标题。指标题长度占整个版面，通常用于文章大标题的排版。

② 一栏标题。如果正文的版面是双栏、三栏或四栏，标题只占一栏的宽度，这种排法多用于文章中小标题的排版，如图4-3（a）所示。

③ 跨栏标题。如果正文的版面是两栏以上，标题的长度长于一栏，短于版面的排版方式叫跨栏标题，如图4-3（b）所示。

④ 跨版标题。标题的排版从双页码版面跨页排到单页码版面的排版方式，多用于标题文字比较多的长篇文章，如图4-3（c）所示。

（a）

（b）

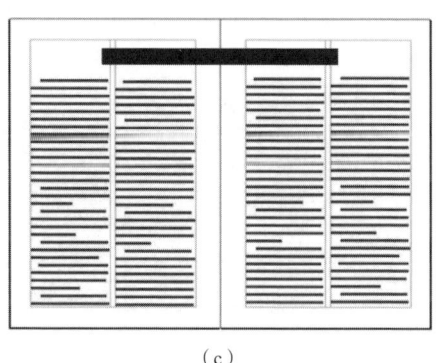
（c）

图4-3　文前标题排法
（a）通栏和一栏标题　（b）跨栏标题　（c）跨版标题

（2）文内插题　标题不独立于文章之上，而是以各种形式插在文章之内的各种式样的标题，是报纸，期刊多用的一种排版方式，这种标题多见于横文竖题较多。正文多采用双栏排，题文必须排在一页内，不能转页排，因此，这种排版方式关键是计算好版面面积，要求排好后基本达到两栏均衡，不多行也不少行，如图4-4所示。

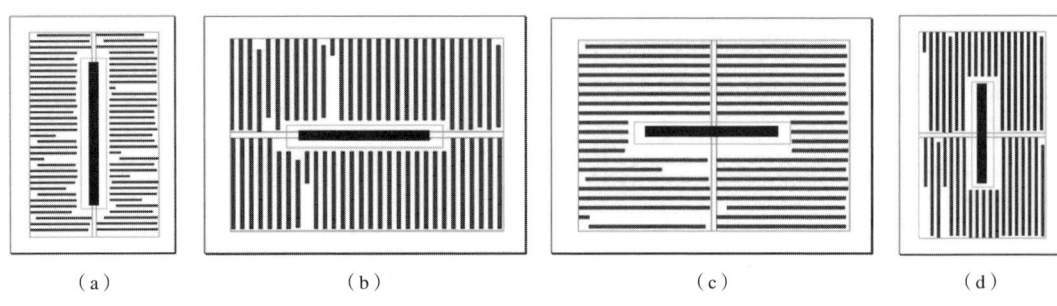

图4-4　文内插标题
（a）横文竖题　（b）竖文横题　（c）横文横题　（d）竖文竖题

期刊标题的排版，形式多样，但要注意避免出现并题和叠题。并题是指在一个版面或一对合页中，两个标题对称并列排版，如图4-5（a）所示，叠题是指文章中两个以上的标题上下重叠，如图4-5（b）所示，排版时应注意避免出现这种现象，这会使版面显得呆板，而且无法区分文章之间有无关系。

图4-5　并题、叠题标题
（a）并题　（b）叠题

为防止出现并题或叠题，可采用错开标题位置来解决，如图4-6所示。

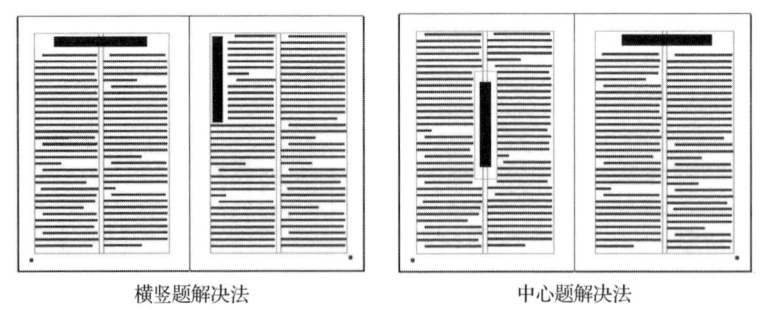

横竖题解决法　　　　　　　　　中心题解决法

图4-6　并题、叠题解决办法

2. 插图排版

以文字为主的书刊版面中的图称为插图，它是正文叙述内容的形象说明，可以弥补文字的不足，因此是书刊版面的重要组成部分。

（1）插图的作用和排插图的原则　在文艺类图书中，插图一般较少，它起着揭示主题、形象人物、美化版面的作用。少儿读物图文并茂，插图起着补充内容、解释内容、活泼版面的作用。而科技读物中的插图，则是正文内容必不可少的部分。

排插图的原则是图跟文走，先见文，后见图，图文紧排在一起。若两者发生矛盾时，应主要考虑阅读的方便。因为阅读效果中最主要的一点是图、文呼应，而艺术效果则处于从属地位。

（2）插图在版面的位置　插图排版的关键问题是要合理安排插图在版面上的位置。它不但要求版面美观，而且要求便于阅读。由于图的幅面大小、版面风格、版面设计要求不同，各种插图的位置也不同。

① 串文图。图两边的文字称串文（卧文、伴文），此图称为串文图（卧文图、伴文图）。其版面分普通式、松散式和紧密式三种。

a. 普通式版面。一般图书，当插图小于2/3版心宽时，必须在图旁串文。

b. 松散式版面。少儿读物及低年级教科书，要求版面应有较多的空间，因此除很小插图外，一般图可不串文。

c. 紧密式版面。辞典等工具书，为了节约篇幅，一般不留出空白边，图旁要尽量串文。其他要求版面紧凑的图书，图旁只要能排下4～5个字，都应串文。

当排串文图时，图与正文间的留空应不小于一个字的宽度。如果在一面上只有一个图时，原则上应按"先外后内"的顺序确定其位置，因版面"外口"（靠切口处）相对比"内侧"（靠订口处）显目。但横排版式中的人物照片插图，因有统一格式，则不必机械照搬"先外后内"的原则，如图4-7所示。如果有两个图，应对角交叉排，当上图排在靠切口的一边时，下图就应排在靠订口的一边，如图4-8所示。上下两图之间必须排有两行以上的通栏文字。如果有三个图时，则应作三角交叉排，即一、三图靠切口排，第二图靠订口排。也可将一、二图并列排通栏，第三图靠切口排。除了一般的排法外，有些书有特殊的要求，这时就应按照版面设计的要求来排。例如，有些书要求不论单、双面图一律靠版右侧排。

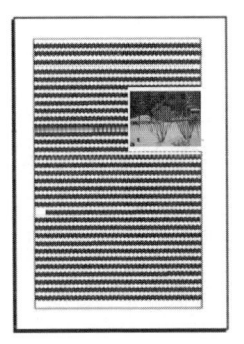 

图4-7　单个串文图排版　　图4-8　两个串文图排版

若双单码两个版面均有串文图时，应根据插图、相应文字内容及插图面积等，考虑串文图的布局匀称、协调、艺术感等整体效果，如图4-9所示。

串文图与相关文字在同一版面的，其对应方式有如下两种：一种是版面上只有一幅串文图，除图下"图注"或"说明"外，可在相关文字适宜处用括号加"见图"字样；另一种是版面上有两幅以上串文图，应以"从上到下，从左到右"的顺序编写。

② 通栏图。在一般图书中，当插图的宽度超过版心的2/3时，图居中排通栏，称通栏图。有些出版物，版面要求有较大的空间，即使图较小，也要求排通栏。通栏图要排在一段文字的结束之后，不能插在一段文字的中间。这样文章不至于被中途切断而影响阅读，最好是排在版面居中偏上一些。

如果不受版面限制，应尽量避免把插图排在版头和版尾上，也不要把串文图排在版心的四角处，如图4-10（a）；尽量做到版头版尾各空两行通长文，再排插图。这样，不仅版心四边整齐，而且在改动版面时也很方便。当图在版的左侧，串文后的一行只有一、两个字时，应和串文行首排齐，不应齐版口，如图4-10（b）所示。

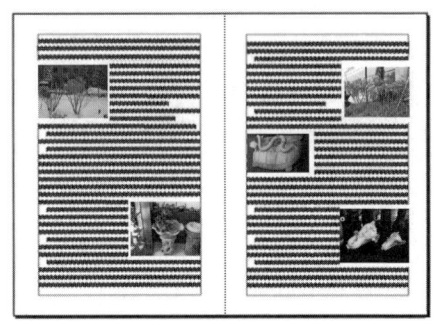
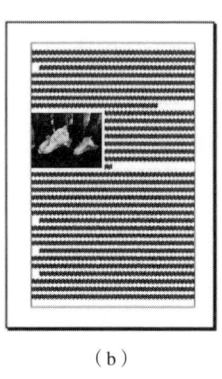

图4-9　多个串文图排版　　　　图4-10　串文图表错误排法
　　　　　　　　　　　　　　　（a）串文图表错误排法　（b）串文图表错误排法

串文处如果有较长的公式时，会给排版带来困难，这时应调整图的位置，把公式尽量排成通栏。

在分栏式的版面中，小插图排在每栏的左边或右边都可以。如图幅超过栏宽时，可排成通栏。若图幅超过一栏而不够通栏时，可以跨栏排。当栏与栏之间用栏线时，在图表伸延处，栏线应该中断，如图4-11所示。

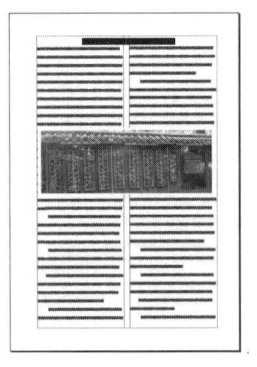
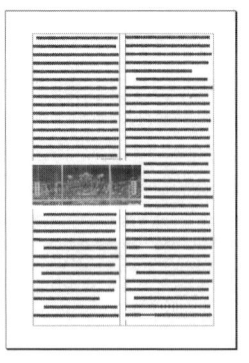
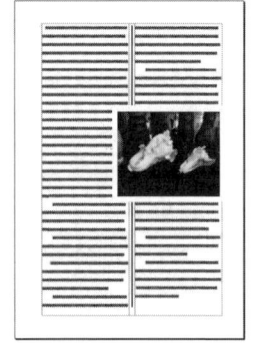

图4-11　通栏与跨栏排版

③ 出血图将插图的一边或几边超出书刊的成品尺寸，经裁切后切去图像画面的一部分，称为出血，这种图称为出血图。排出血图的目的是为美化版面，还可使视面适当放大，便于欣赏。这种形式在期刊及画册中使用较多。在儿童读物中采用这种版面，可避免呆板单调，以提高阅读兴趣。在排出血图时，应当了解该书的成品尺寸，一般以超出切口3mm为宜，如图4-12所示。

④ 超版心图。插图的边沿超出版心宽度而又小于成品尺寸时称为超版心图。超版心图在成品裁切时，不应切去图。因此，为了保证图面的完整，图的边沿应距离切口不小于5mm。超版心图如果占去书眉和页码的位置时，该面可不排书眉和页码。超版心可以是一边超出，也可以是两边、三边或四边超出。

排超版心图的目的，有的是为了美化版面而有意设计成超版心图，也有的是由于图幅较大，不得不采用超版心的方法来解决。有意设计的超版心图，应排在切口一边的上角或下角，如图4-13所示。

图4-12 出血图排版

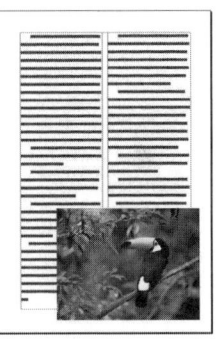
图4-13 超版心图排版

⑤ 其他排法。当插图幅面较大，采用超版心法又不能解决时，可采用以下方法：

a. 卧排法。如图宽度大于书刊幅面宽，小于书刊幅面高时，可将图按逆时针方向旋转90°排于版心。即单页码，图上方靠订口；双页码，图上方靠切口。

b. 跨版法。将图分两部分，跨排在双单两页面上，但图边应对齐。不能跨排在单双两页面上，因为这时不在一个视面内。

c. 图注转版法。如果图本身能排在一个版面内，而无图注位置时，可将注文排在下一版上。

d. 如幅面太大，用以上几种方法都无法解决时，只能用大于开本的纸张印刷，作为插页图。

⑥ 插图的占行无论是排串文图或通栏图，其上下所占版面总高必须是正文行高的倍数。尤其是串文图，要调整好图与图题、图注及正文间的空距。这样可保证正文对行，版心大小一致，也使版面规范。当两个通栏图之间有少数几行正文时，这几行正文也可不对行，但必须使版头、版尾其他正文的对行。

⑦ 排插图注意事项。排插图时，不仅应先文后图，而且图和相应的正文应当尽量靠近，这样便于阅读。但在实际排版中，往往难以做到，可采取以下方法。

a. 正文排至版末，恰巧遇到插图，如果排了图，图前正文就要移到下页；排了文，图就要排到下页。这时，如果这两版是双单页的话，仍可按先文后图的原则排，因为不需要翻页就可看到文和图。当从单码跨向双码时，应根据图可以超前的原则，将图排在前一面的版末，文字移到下一面去。

b. 排图应该严格按次序排。如果大图在前、小图在后，而大图在版末排不下时，不可以颠倒次序先排小图，后排大图。应将大图排在前一面，图前文字及小图移到下一面去。

c. 在一段正文中有很多插图时，最好排在同一面上。如果一面排不下，可以将部分图排在文前，另一部分图放在文后排在下一面上，但图不能跨节排。

在排插图时要根据具体情况灵活处理，原则是阅读方便。

（3）图题和图注的格式

① 图题。图题包括图序和图名两个部分。有的图题中只有图序而没有图名。图序表示插图的次序。有了图序，便于阅读时按图的序号查找。图序的编列方法有两种，一种是全书所有的插图按顺序统一编号，不分章次，如"图1"、"图2"等；另一种是以章节为单位，分别编号，如"图2-1"（即第二章第一图），或"图2.1.1"（即第二章第一节第一图），后一种例子适用于插图很多的情况。

② 图注。图注即图的文字说明部分。图注一般有两种情况。一种是当图是由几个小图所组成时，图注分别说明几个小图的名称或内容；另一种是为了说明一个图的各个构成部分，在图上用数字或字母表示，在图注中，排上对应的数字或字母以及注文。

③ 图题和图注的排法

a. 图题一般用比正文小的字排。如果正文为五宋，图题可用小五宋，图注用六宋，或图题用小五黑，图注用小五宋。图题和插图之间，以及图题和图注之间的空距，以力求美观为主。一般插图（包括图题、图注）与上下正文之间的空距应大于正文的行距，等于或小于行高；图题和插图、图题和图注之间空距约等于正文行距。如图题或图注过长，必须转行时，图题的行距为图题字高的1/2，图注的行距为图注字高的1/2。

b. 科技图书中图题和图注一般在图下居中排。有些图文并茂或以图为主的图书，图题的排法有所创意，有的在图下靠一边排，也有的在图侧竖排。

如果图题只有图序而没有图名，在"图"字与序号之间加一个字空。有图名时，"图"字与序号之间加三分空，序号与图名之间加一个字空。

c. 图注用的注码，不论是用何种数字或字母，应与插图中所用的注码和符号相同。注码与注文间可排半线、圆点、冒号等几种符号，有的版面不用符号，而将注码和注文间加对开空。图注文字若较短时可采用分栏排，这时，每栏的序码或序码与文字间的符号必须对齐，注文后可不加符号，如下例：

```
图2-1 □□□□□□□□□□□□□□□□□□
 a: □□□□□      b: □□□      c: □□□□□
 d: □□□□□      e: □□□□□□    f: □□□□□□□
 g: □□□□       h: □□□□      i: □□□□□
```

如图注接排，每一个图注后排分号，分号后再加对开或一个字空。若注文后不用符号时，加一个字空，最后一个图注后不排标点。但应注意注码不能排在行尾，后面必须排有注文，排版时可以调节图注的行长，使版面规范，如下例：

> 图2-2 □□□□□□□□□□□□
> □□□□□□□□
> 1—□□□□□□；2—□□□；3—□□□□□；4—□□□□□□□□；
> 5—□□□□；6—□□□□□□；7—□□□□□□

d. 图题和图注的长度，一般应不超过图的宽度。图题如果较长，必须转行者，应从文字意义的停顿处转行，第二行可采用题文对齐排或居中排。上下两行的字数长短要分匀，不宜相差过多，最好是第二行短于第一行。图注转行在两行以上，第二行起可齐头排，最后一行有齐头排和居中排两种形式，字数最好也要分匀，不能太短。

三、排版软件及其特点

排版软件作为用户表达思想的工具，既要具有在页面上正确有效处理文字、图像以及图形的能力，又必须符合出版行业长期形成的规范和标准，符合不同文化和语言习惯的要求。因此在文字排版中，就必须能正确处理不同文字排版中的各项要求，比如字体和字号的变化，英文换行时的拆音节处理，各种禁排处理（比如标点符号不能在行首等），在页面合成中保持版面美观漂亮的前提下，正确处理文字、图像、图形相互位置关系，相互交叠关系。在适应纸质媒体、电子媒体和网络媒体等不同输出要求时，还必须具有高保真前提下的多种数据格式、色彩模式、内容链接以及远程传输的能力，以适应数字时代实时、个性化消费的需要。

在中文排版方面，常见的排版软件主要有方正飞腾（Fit）、Pagemaker、中文Aodbe InDesign、Quark Xpress等交互式排版软件，还有方正书版等批处理软件。

1. 北大方正飞腾（Fit）排版系统

方正飞腾排版系统是方正研究院自主开发的面向对象的大型彩色排版软件，其中文排版技术居世界领先水平。飞腾具有功能强大，集成文字排版、图形设计与图像处理，输入、输出标准化，系统稳定，提供了开放的软插件体系的特点。飞腾提供了文字、图形、图像三类对象的处理能力。用户可操作内容丰富，为创意设计提供了方便灵活的手段，如可以对各种对象进行旋转、倾斜、镜像操作；封闭的图形可作为裁剪路径裁剪任何对象等，其主要优势如下。

（1）系统标准化　FIT排版系统支持各种国内、国际标准，是开放式的中文排版软件。支持标准PostScript Level 2/3，OPI（Open Prepress Interface）标准和开放式的字体管理技术。

（2）排版环境开放性好　OLE是英文Object Linking ang Embedding的缩写，中文意思为"对象链接与嵌入"，是一种用于在不同程序之间交换数据并建立复合文件的技术。支持OLE标准的应用程序可以分为两类：一类是OLE服务器（OLE Server），一类是OLE客户（OLE Client）。OLE服务器是提供OLE功能的软件，OLE客户是使用OLE功能的软件。飞腾是OLE客户，能够实现与其他软件之间的无缝配合。可以接受多种格式的文件，如常见的WORD、RTF、BD、WPS文件等。通过过滤器排入的文章，在飞腾中可以保持原来义件中的文字格式。各种支持OLE Server的软件，如：Excel、Core1DRAW、

Photoshop等所产生的对象都可以链接或嵌入到飞腾所产生的文件中。因此可直接使用Excel电子表格排股市行情表；通过Core1DRAW的绘图功能制作广告、标题等，然后链接或嵌入到飞腾中。

（3）系统易用性强　飞腾排版系统采用了Windows2000／XP的界面风格，采用菜单条、工具条、多种浮动窗口、支持鼠标右键功能等，还提供了背景格、提示线、库管理、块对齐、排版格式、捕捉等各种有效的版面设计工具及方法，使用户的操作更加快捷。

（4）版面功能强大　飞腾排版系统集成了文字、图形、图像的排版功能。在文字排版方面，提供了文字横竖排、分栏、绕文排、沿线排版、制作标题、各种文字立体、装饰等丰富的功能。在图形排版方面，提供了矩形、圆角矩形、椭形、菱形、多边形、曲线等丰富的图形工具，有100种花边、200多种底纹。用户可通过各种图形、底纹、颜色的不同组合，制作出各式各样的图形。在图像排版方面，可接受多种图像文件格式，如TIF、EPS、BMP、JPG、GIF、TGA、GRH、PCX、PIC等，可对图像进行旋转倾斜、勾边、裁剪、图文互斥、镜像等丰富的操作。

2. InDesign排版软件

Adobe公司的著名排版软件——InDesign采用"小核心+功能插件"的软件结构，软件核心很小，绝大多数应用层的功能都是通过插件实现的，核心只是功能插件的运行平台。这种结构非常开放，应用功能的扩展空间非常大，所以InDesign不仅是一个非常优秀的软件产品，实际上也是一个开发平台，人人都可以是功能插件的开发商，包括用户自己都可以为满足个性化的需求而开发自己使用的功能插件。因此InDesign是一个个性化的排版软件。

InDesign的主要功能有：丰富的人性化操作工具；文本框架随意设置；段落格式设定；方便的吸管工具；面向对象的操作；渐变色的填充和线框修饰；图像路径剪辑功能；智能图像链接功能；随时文字路径化；专业化的表格功能；Undo／redo的级数没有限制；快速导航，精确检视页面；页面元素的分层管理；主页功能；出版物的多重视窗；方便的物件库管理；图像、图形和文字文件的置入功能；书籍编辑功能；高级印刷管理等。

3. QuarkXPress排版软件

Quark公司推出QuarkXPress是在世界上被广泛使用的版面设计软件。它精确的排版、版面设计和彩色管理工具提供从构思到输出等设计的每一个环节的前所未有的命令和控制，作为一个完全集成的出版软件包，QuarkXPress是为印刷和电子传递而设计的单一内容的开创性应用软件。

从高难度的手册到产品包装，QuarkXPress具有高级的彩色能力、突出的图形处理、精确的排版控制和复杂的印刷功能，QuarkXPress被世界上先进的设计师，出版商和印刷厂用来制作宣传手册，杂志，书本，广告，商品目录，报纸，包装，技术手册，年度报告，贺卡，刊物，传单，建议书等。它把专业排版、设计、彩色和图形处理功能、专业作图工具、文字处理、复杂的印前作业等全部集成在一个应用软件中。QuarkXPress有Mac OS版本和Windows95／98、Windows NT版本，可以方便地在跨平台环境下工作。两种版本的QuarkXPress可以互相读取对方的文件，所以可以方便地在两种平台之间转换文件而不用担心文字重整，变换格式，或丢失图形。QuarkXPress中文版对中文出版市场和用户的需求有深刻的了解，对中文处理和排版有独到的理解。除了英文版的所有功能之外，QuarkXPress中文版还针对中文排版特点增加了许多中文处理的基本功能，包括简-繁字体混排、文字直排、单字节直转横、转行禁则、附加拼音或注音、字距调整、中文标点选项等。它支持OPI功能，有众多的外挂式软件，可以无限扩充各种专业功能，例如拼大版、条码制作等。

  4. 方正书版排版软件

  书版是北大方正自主开发的专业排版软件，是方正二十余年中文文字处理经验的结晶，在国内外专业书刊排版界享有很高的声誉。书版软件采用批处理的排版方式，具有强大的文字处理功能，排版速度快捷，版式多样，适用于期刊、辞书、典籍、科技类和文艺类等书刊的编辑和排版，广泛应用于电子图书、因特网上浏览传递、电子政务等领域；书版10.0是在简体中文Windows 98/NT/2000/XP系统上运行的32位批处理的书刊排版软件。它继承了6.x/7.x/9.x的排版模式和排版流程，保证了与低版本的兼容性。在继承以前版本功能的同时，书版10.0增加了适应网络出版、电子图书制作的新功能，规范、快捷的优势更加突出，工作效率明显提高；书版10.0对编辑器，注解命令和大样显示都做了功能上的改进：支持彩色排版，图片控制方便灵活，可显示46款GBK汉字并支持56000余字的超大字库。具有稳定、规范、快捷、专业等特点，是书刊制作、办公文印编排、电子图书制作的首选专业排版软件。

四、拼大版及其软件应用

  拼大版是指将通过排版软件图文信息系统处理好的文字、图形、图像与表格整合为单页文件后，再按照产品特点和印刷幅面要求，采用人工或数字方法，整合成符合印刷与印后加工要求的印刷原版文件或印刷原版作业。

  1. 拼大版的内容

  拼大版必须首先准备好需要拼版的所有页面的原版或原版文件，比如由手工拼版或电子拼版制作完成的单页胶片，再按照印张上单个页面的顺序、转动方向、准确定位及其控制和编辑要素来整体安排，具体关注的内容如下：

  （1）印刷工艺 大版是用来制作印版和印刷使用，因此必须关注大版的属性，如网点复制印刷工艺的网点原版、凹版印刷的连续调原版；直接印刷方式的正向原版、间接印刷方式的反向原版；阳图型版材的阳图原版以及阴图型版材的阴图原版等。

  （2）印刷机类型 大版的制作必须以承印的印刷机为基础，正确设定单张纸印刷机的咬口；轮转印刷机的定位销、辊间隙、套准标记、对润版引起纸张伸长的横向套准补偿等。

  （3）印刷机的印刷幅面以及双面印刷的翻转方式 大版的设定必须与带翻转装置的单张纸印刷机、不带翻转装置的单张纸印刷机的侧翻和滚翻、B-B型橡皮滚筒对滚印刷机的双面同时印刷的要求一致。

  （4）印后加工 大版制作还需要考虑折页机或折页装置的折手类型；印刷成品的装订方式（预留折页书帖的铣背与订口空白）；印后加工的方式（在分发车间进行滚筒式插页处理与配页处理）；纸张输送方向（单张纸印刷机的横丝绺纸或纵丝绺纸、轮转印刷机的纵页面或横页面）；在印刷成品中，折页印张的位置（页码的排列，如第1~32页在第1

个印张以及其他页面所在印张）。

（5）控制要素　大版的控制要素直接决定了后续印刷及其印后加工的品质与效率，包括印张每面的色数；辅助性标记（裁切标记、折叠标记、书帖折标、套准标记、书帖线、色版标记等）；控制条（横跨印张整个宽度的印刷控制条、非印刷部位上的晒版、印刷控制区），如图4-14所示。

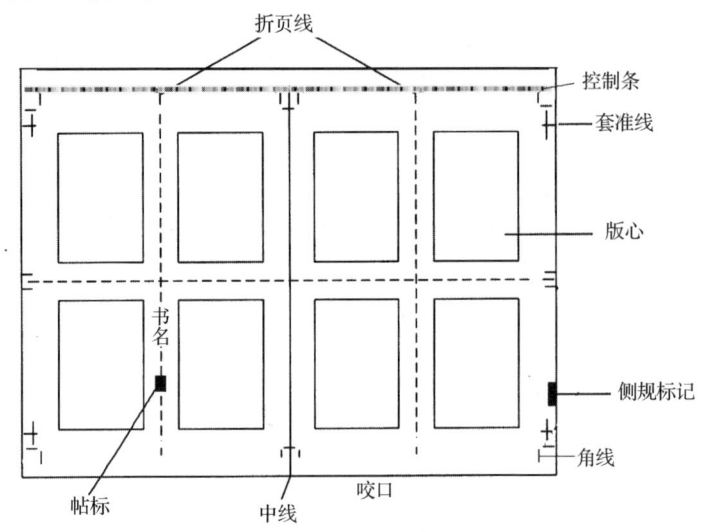

图4-14　辅助性标记示意图

总之，拼大版是后工序无错误结果的信息集合点，具有核心性的重要意义。既要根据不同活件的要求，还应注意其他各种规格要求。

2. 传统拼大版

传统拼大版是指在将文字和图像组合到页面上之后，按照版式规定，印前工作人员以手工方式，将文字和图像组成整页，这些图文通常是已经裁切好的胶片。传统拼大版包括台纸制作、小版的准备和大版的拼贴等环节。印刷品的质量与拼版准确性和精细程度直接相关。在随后进行的印刷中，根本无法补偿拼版所引起的套准误差，因此拼版非常重要。拼大版的作业内容如下：

（1）选择拼版台和准备台纸　首先选择一张幅面合适的拼版台，拼版台面是一块玻璃板，通过台面下透射散射的白光照明。随后绘制正确尺寸的版式台纸，台纸与印张幅面相同，并附带一个边缘区域。台纸采用尺寸稳定的透明材料/纸张制成。比如单张纸胶印机的台纸，是先将台纸按轴向平行定位在拼版台上，并用胶纸带粘贴固定，然后在其内部做好各种标记：印张幅面、咬口、印刷起点与中线。标记相关的数据，再根据折手图的规定，将印张正面所有页面的边框精确，而左右反转地反向绘入台纸。确定各页面相互之间距离时，还应考虑折页和裁切的附加量。在每个页面下角的外侧标注页码。最后确定每个页面的位置和朝向（正或倒），在标注控制区和辅助标记的位置后，台纸绘制完毕。

注意裁切和折页标记的设计必须以不引起印后加工过程的混淆为止，即使裁切有误差时，也不会在最终印刷成品上露出痕迹。色彩控制条应放在印张边缘处，裁切后与印刷成品分离。还必须为印张书帖标记、油墨色版标记和标识码留有余地。

（2）拼版准备　正式拼版前，首先将带毫米网格的胶片用胶纸带贴在拼版台上，然后在其上面固定拼版片基。拼版片基是一种尺寸稳定、对湿度不敏感、晶莹透明且无毛刺的合成材料薄膜，并有抗静电能力，厚度为0.15mm的聚酯片。中等及大幅面的拼版（整个印张拼版）使用0.3mm的聚酯片。然后将准备拼大版的小版原版按照要求裁切好，并按拼版的码序整理成组，最后准备好两把可平行移动的直角钢尺，以保证拼版的准确性。

（3）拼大版　进行拼大版时，要将台纸准确定位并固定在拼版台上，必要时在其下面附衬带毫米格的胶片。在台纸上，摆放拼版片基并准确定位。根据台纸的标注，将单页的胶片定位并粘贴固定。如同页面拼版一样，进行一组分色片的拼大版时，既可根据基础版，也可根据蓝图片。

拼大版时，小版胶片的图像层朝上拼。保证在后续晒版过程中，实现图像层与版材感光层的密接曝光，避免出现图文发虚。根据版式，原版图文胶片正确定位于拼版片基上，用液体黏合剂或0.05mm厚的单面胶带粘贴牢固，胶纸带只能粘贴在胶片无图文边缘的有限范围内；在图片边缘与胶纸带边缘之间至少应保留5mm的距离。胶纸带的裁切也不能有毛刺。假如图像边缘留出的余地不足，应使用液体黏合剂或喷胶。此外，原版胶片必须无毛刺地裁切到所需尺寸，可使用手术刀在玻璃板上或用裁片机进行裁切。在拼版片基上，各张胶片不能重叠，防止在后续的晒版中，凸起的重叠部位使原版与印版无法直接接触，导致晒版图文发虚。胶印大版若采用阳图型版材，则需要制作反向阳图原版。

多色图像的拼版必须精益求精。拼版工作不精确会直接引起印刷套准误差。必须注意避免视觉误差，即在拼贴分色片时，由观察方向倾斜产生的误差。在拼版时，使用放大镜或显微镜可以改善准确度，注意自动采取垂直观察方向。

（4）套准系统的使用　现代平印制版多数是彩色印刷，因此多色套准和设置的工作十分重要，只有细致入微，才能够使拼版错误率尽可能降低。因此，采用机械式套准系统能够降低作业时间。套准系统在页面拼版、拼大版、晒版及印刷机装版的所有步骤中应用效果更好。

套准系统采用外径允差很小的套准销钉（圆孔和扁孔的组合）及其配套打孔机，在事先确定的位置打上可以套入销钉的定位孔。通过套准销钉及其定位孔，可以将拼版胶片精确地固定在确定的位置上（沿x和y方向），使拼版片基以套准销钉为中心发生转动的自由度被唯一地确定。注意扁形打孔的中心轴必须位于圆形套准孔中心点所在的方向上。

3. 数字拼大版

数字拼大版是指通过计算机软件将小版原版文件集成为满足印刷与印后加工要求的大版文件的技术方法。也就是在印刷版面上最合理地排放小版文件或标注图的方法，包括单张纸上的印件构成、装订类型、纸张尺寸、印刷方式及折页等。

（1）拼大版的类型　目前，数字拼大版根据RIP的前后顺序，分为RIP前拼大版方式和RIP后拼大版方式。

① RIP前拼大版方式。RIP前拼大版方式是先将页面拼成大版再送去RIP，是欧美主流的拼大版方式。其优点是先完成各个页面的排版及补漏白，再进行各页面拼大版作业，并制作包含OPI（开放式平印制版接口）指令（用于RIP时进行高、低分辨率图像的调用）的输出文件，最后将此文档送到RIP中进行处理。采用RIP前拼大版方式，由于经过RIP处

理后文件容量会变得很大，不适合在网络存取传输，因此要求文件处理要准确、作业要标准，不能反复修改。

② RIP后拼大版方式。RIP后拼大版方式是先RIP小版页面，再拼大版，是国内和亚太地区主流的拼大版方式，也适合包装、标签类的拼大版处理。RIP后拼大版方式简化最后文件的修改方式，若发现某页面中含有一个排印错误，只需在修正错误后，再将这份页面重新RIP一次，替换掉原来错误之处即可，比将整个大版重做RIP要简单得多。

（2）拼大版的内容　数字拼大版采用作业数字化、文件数字化和控制数字化的方式，通过软件来实施拼大版作业，因此，需要预先掌握拼版作业的具体要件以保证作业准确和效率。

① 印刷方式。印刷方式根据印刷机的不同，有每次印刷一面的单面印刷方式和每次印刷两面的双面印刷方式。在单面印刷方式中，为了节省原版与作业过程，会出现自翻（包括侧翻和滚翻如图4-15所示）。

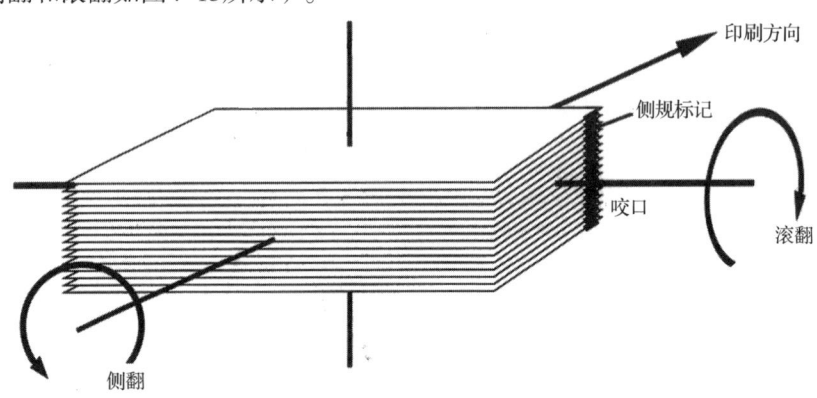

图4-15　印刷翻转方式示意图

a. 侧翻。侧翻法是用同一块版印刷印张的两面。第一面印刷后侧面翻转，正反面叼纸牙保持一致。即当在第二面时，印刷机所抓的纸张叼口同第一面相同，如图4-16所示。

b. 滚翻。滚翻同侧翻相似，也是用同一块版印刷印张的两面。只不过是印张第一面被印刷后，纸张不是侧面翻转而是滚动翻转。即反面印刷叼口在正面印刷叼口的对面，如图4-17。

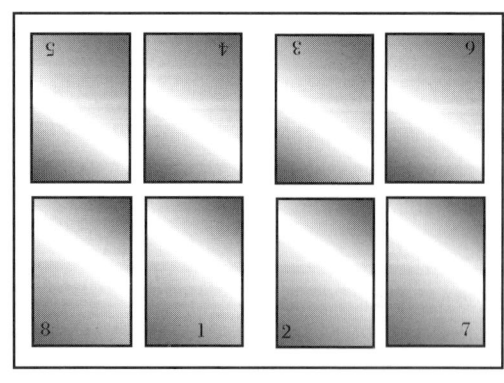

图4-16　侧翻自翻版页码排序

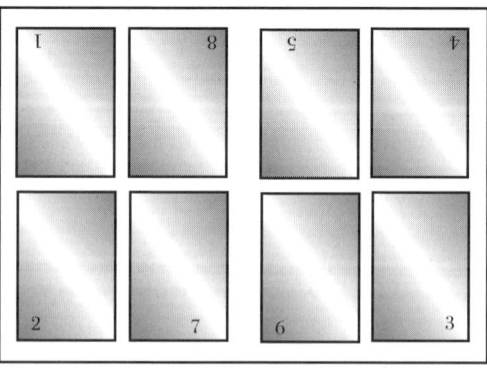

图4-17　滚翻自翻版页码排序

c. 正反版印刷（双面印刷）。正反版印刷需要两个独立的印版来印印张的两面。正反版印刷也存在侧翻和滚翻，只是一般情况下我们都采用侧翻身印刷，除非必须要采用滚翻时才用，如图4-18所示。

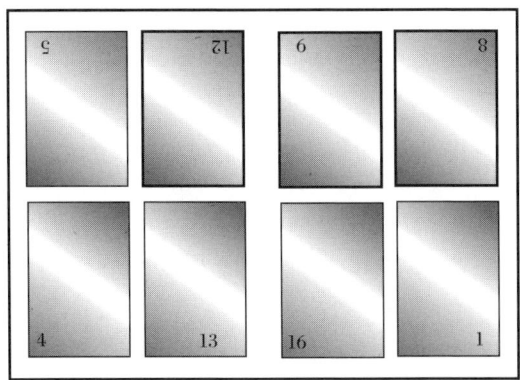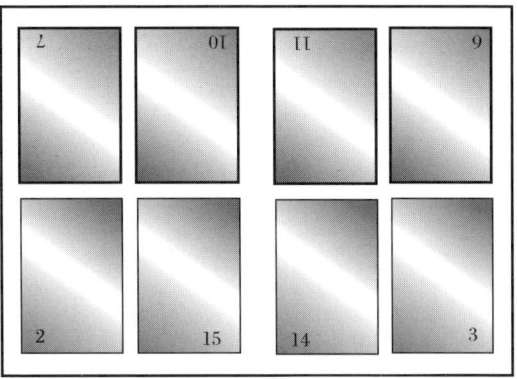

图4-18　套版印刷正、反版页码排序

② 控制要素

a 出血。对于存在整版底图之类情况的页面，为避免在书刊装订时由于切纸机对位不准（向外偏移）造成在最终成品的切口一侧留有白边，在排版时将有关图像或图案向页的四周扩张，使之较成品尺寸稍大一些。不同的印刷厂商有不同的出血要求。

b 装订方法。应用程序支持无线胶订、骑马订和其他普通的装订方法。用户自定义页边距和订口。当书或文件正确阅读受限制时，必须定义两页之间的空白。

c 爬移。由于纸张厚度造成的在多次折叠后书帖的最内侧的页面较最外侧的页面向外侧移动的情况。爬移变化依据纸张厚度。不同的印刷产品具有不同的爬移特性。印刷操作人员可在程序中选择纸张类型让应用程序自动调整爬移量。

d 印刷标记。印刷标记的置入和校准应该在模版中预先设置。必须允许操作者能够移动印刷标记到特定印刷机最需要标记的位置，使操作者根据预先设置的印刷标记对印刷机进行调整。

（3）主流拼大版软件　拼大版软件是专门用于对多个页面的正确页面配置以及解决拼版中产生各种问题的软件。可以定义页数、每一印张的页数、出血的大小、裁切的尺寸、裁切标记、十字线、色彩控制条、装订方式、爬移调整等全部拼大版参数。目前，主流拼版软件有：

① Impostrip及Impress。Impostrip是由Ultimate Technographics Inc制作的，适合Mac OS、Windows、Unix系统的拼大版软件，是一个典型的"RIP前拼版"软件，兼容多种专业分色、排版及补漏白的软件。软件提供了一套拼大版的模板样本显示，用户可依纸张的种类与尺寸、单色或多色印刷、平版或轮转机作选择，包含了裁切标记及十字线，不同的导色表。

软件的"Origami"模块，可以模拟印刷后纸张折叠的实样，告诉用户每种台纸上各个页面位置的配置方式。其最优势的功能是在大版页面上以空白页取代错误的页面，即如果在RIP进行时，某个页面产生错误，该软件就会自动产生一个空白页，替换到原来错误页面的位置上。在补漏白Trapeze中，先作好补漏白设定，Trapeze可针对输出文件进行输出前检查，并检查台纸上的每一页是否对齐，字型和图像是否齐全及其他问题的检验作业。

Impress是Ultimate公司为采用Chromapress（Agfa）或Indigo E-1000 Printer进行数字印刷用户提供的独立拼版软件，含有130组滤镜，可接受多种文件格式及一种自动调配的功能，用户设定好台纸包含的页数、印刷机种类、纸张尺寸、厚度等参数后，Impress会自动产生一个调配好的大版档案，其中包含折叠记号和爬移的预留空间，接着用户可将此大版文件送至RIP进行处理。

② Imposition及Imposition Lite（DK&A公司）。Imposition2.0是DK&A Inc公司基于Mac平台的拼大版软件。该软件可以接受QuarkXPress、PageMaker以及Photoshop的原始档案格式，也可以处理TIFF、PICT、EPS及PS等格式的档案，能直接处理原始档案。

Imposition在直接处理原始档案时，用户可处理PageMaker与QuarkXPress各自制作的页面档案，使处理及传输文件的时间减少。其Tempus外挂程序技术，能使台纸之中页面的编辑操作更流畅。用户编辑PageMaker或QuarkXPress原始文件页面内容时，大版的内容也会随之自动更新。Imposition最显著的特点是在整个排版工作流中不必先制作出PS格式的文件。

③ Preps（Scenic Soft公司）。Preps可以使用RIP过的页面直接进行拼大版的软件，很适合于包装文件的拼大版操作，Preps允许用户可以混用不同的文件类型、页面尺寸及方向，并针对各种页面分别进行裁切记号与十字线的设定，也可让用户在同一张台纸上放入多种不同的印件，如一般的纸盒包装或标签印制等。其全功能拼大版软件Preps Pro适用于多种工作流程及输出设备的工作环境，内建的分色功能可选择以打样用的四色合成方式或是以出网片或制版用的四色分色方式进行输出。用户可控制每个单色的网角及补漏白的设定，也具备完整的PS预览器，以确定每个页面在经过RIP处理时都能正确无误。

④ Presswise。Pres wise适用于一般打印机的商业输出以及单色或四色输出的出版物与书籍，可以接受任何操作系统的各类主要排版软件所产生的PS文件进行拼大版作业。内含一组样本库，可针对不同用途、自行制作所需要的特定样式，允许用户由多份文件中读取页面来进行拼版作业，也能控制网角及墨水等设定，还可让用户插入空白页面，以及对任何PS设备进行输出，如激光打印机、数字平印制版设备、无版印刷机和直接制版机等。

⑤ Heidelberg Drepress SignaStation拼大版系统。SignaStation是海德堡专用于Windows NT操作系统的拼大版软件，增加了PDF文件组版、大幅面支持、CFF2格式支持、并支持PDF活件标签等功能。在Heidelberg Delta工作流中使用时，SignaStation创建包括管理数据（活件名、分色数目、单张名等），裁切信息和墨区位置控制器等信息。创建的CIP3文件被送到Delta RIP中进行CIP3任务处理，可以让油墨墨区设置控制器代替印刷机的实际墨区设置。用户可在组版阶段进行印刷和印后设置，也能按顺序将样张输出到激光打印机上。

第五章

图文信息输出

当文字输入、图形绘制、图像扫描、图像修正和创意、图文组版等处理完成以后，图文信息已经按照页面组织起来，随后就进入图文信息输出阶段。图文信息不仅可以直接通过打印命令输出到彩色打印机、喷绘机、照排机、直接制版机或数码印刷机，也可以按适当的格式存储后作为备用素材导入到InDesign、Illustrator、CorelDraw、Flash、Premiere等各类应用软件中或优化处理后应用于Web发布。

第一节 输出前页面文件的检查

当电子文档制作完毕，在输出前应对文档进行仔细的检查，以防在输出过程中出现问题。检查内容主要集中在以下几方面：

1. 印刷中的图形图像文件格式

① 只能提交TIFF或者EPS文件格式。

② 以下是图像排版不能使用的文件格式:PICT，PAINT，RGBTIFF，RGB EPS，QuickTime，Windows，Metafile。将上述不能使用的文件格式植入到排版或图形软件当中，即使软件可以接收也不能得到正确的输出结果。双色调和带有剪辑路径的文件必须以EPS格式提交。

2. 检查颜色

① 要保证彩色图像文件（包括嵌套或植入的图文元素）都是基于CMYK色空间的而不是基于RGB色空间的，对黑白图片，图像模式可以为Grayscale或Bitmap。

② 检查设定的颜色命名。输出前要对设置色进行检查，看颜色命名是否规范，不能随便乱起名，常有人以数字随意为新设制的颜色命名，这是不好的做法，随意数字命名无法掌握色彩的成分，当颜色较多时，在管理上必然会造成混乱，使不同的颜色名可能是同一种颜色的情况出现。规范的做法是给颜色起名称时按照颜色的模式和固定的顺序起名，如CMYK模式按C、M、Y、K的顺序，用实际的网点百分比表示，如图5-1所示；起名时避免借用软件本身已含有的缺省名，以免造成同名不同色，如图5-2所示的绿色，软件本身也有这种颜色，因此在起名就不要用这种名字。这个问题在FreeHand中现已解决，对设定的新颜色FreeHand会自动给出一个名称，并且命名方法总是一致，并按数据表达。

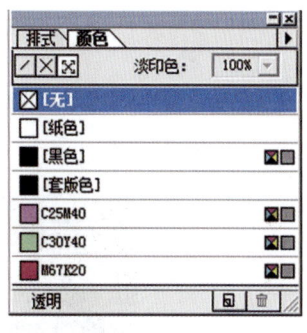

图5-1 正确颜色命名

对专色的命名，如果是一样颜色的不同深浅，印刷时用一个色版，其名称应该是一个，否则会当做两个专色处理。

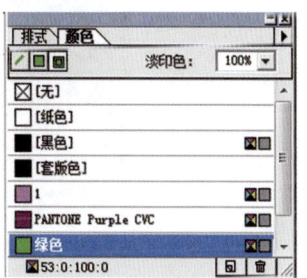

图5-2 错误的颜色命名

例如，在PageMaker6.5C中先命名了一个专色C43M91，另外还要用到这个专色的淡印色，大约是它的25%，这时没有必要去重新命名一个新的专色，只需在"颜色调节器"中选择颜色C43M91，然后调节其深浅，直到符合要求为止。色调节器调色方式就是以某色为基础，调出它的冲淡的颜色，专色的淡印色输出时和专色在一个色版上，如图5-3所示。

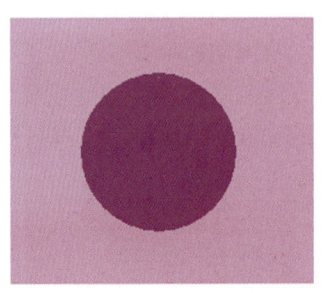

图5-3 专色淡印色设置

在不同的构件中，对完全相同的颜色，可能有不同的名称，Pantone专色名就有这种情况。如FreeHand和PageMaker中对Pantone Coated185命名为Pantone185CVC，而在Photoshop中则命名为Pantone185CV。因此，专色命名还要注意不同软件中Pantone专色的名称是否一致，以免造成输出两个色版菲林（或印版）的错误。在拼版时把不同软件中的元素放在一起，一个字母的差别就可能造成输出两种颜色，引起错误。对这种情况，应把能改动的颜色名改为和相同色的一样。

③ 纯黑色与CMYK黑色的使用。书刊内文黑色文字、图形图像黑色说明文字等用纯黑色（K100），拼版印刷的套色标示要用四色黑（C100M100Y100K100），因为四张色版都要出现以作为套色之用。而裁切线最好做成纯黑色，以免套色不准造成成品误差，如图5-4所示。

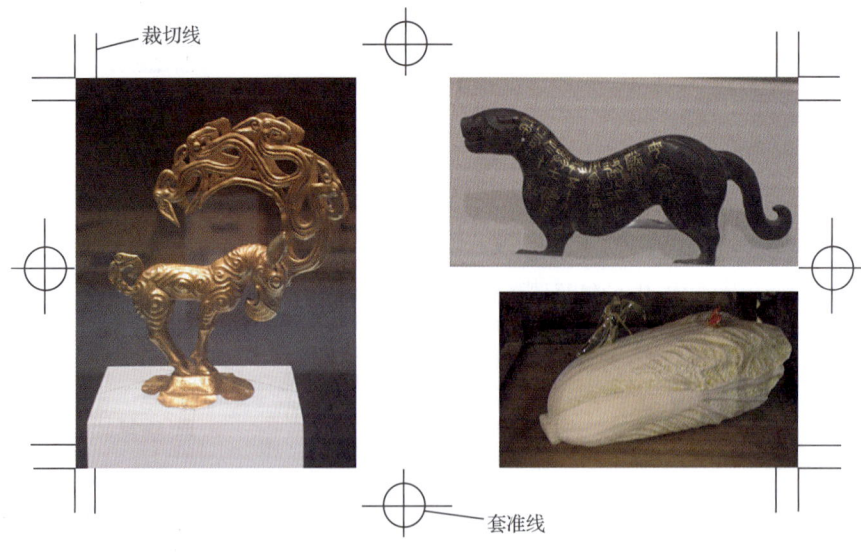

图5-4 裁切线用K100，套准线用C100M100Y100K100

3. 检查图形图像的链接、尺寸和锚点情况

① 有的页面程序建立了图片链接，可以此输出需要的图片。这只意味着该图片出现在拼版过程中，但是原图并不在页面上。有时到输出中心后，打开文件时才发现少了链接图像，只得返回去重新拷贝图像。因为在自己的计算机上，打开文件时不会发生找不到图的链接信息。一旦离开本地计算机，图像没有带上就找不到，就会发现链接不上信息，因此输出前检查链接十分必要。

链接不上图像的原因有：一是图像文件换了位置；二是图像的名称被修改；三是图像被删除。如果是图像换了位置，需要把它放回原来的位置或重新更改路径；如果图像的名称被修改，则需改回原名或重新链接新文件，也可以重新置入新文件；应该注意的是，如果图像的尺寸大小发生了变化，则应该重新置入文件，这时如果重新链接，那么图像的变形就不会被发现，因为页面的图像尺寸大小是按原先的图像尺寸大小定的，重新链接后由于尺寸的变化使其长宽的比例与先前的不一致，从而产生畸变。

拷贝文件到输出中心之前，检查排版文件图像链接情况，不仅是看图像是否链接上，而且还要看图像所在位置是否在同一文件夹中。因为图像有可能存在别的路径中，拷贝时容易遗忘。最好的做法是存储图像时把一个页面的图像存放在一个文件夹或同一路径。

② 检查图像修改后是否更新链接。有时较大图像的文件修改后，应用软件PageMaker会在重新开启时更新。但对较小的图像，可能并没有自动更新链接。这样应用软件PageMaker不知道你所更改的信息，发排时仍然是修改前的图像信息。因此在PageMaker中要注意更新修改的小图像，如灰度图像。检查链接信息时，看到没有更新的文件应更新。

③ 应在图像编辑程序而非页面拼版程序中按比例缩放、旋转、剪裁图像，这样做能在RIP时节省相当大的处理时间。

④ 在图形程序中，尽量减少锚点个数以减小输出时出现问题。

⑤ 检查裁切记号和出血容许量的设置。出血一般是1/8in（约3mm），但依据打印机的不同可以变化，如图5-4所示，图铺展到承印材料边的产品都要做出血设置，出血的图要铺展到毛尺寸边。

4. 检查字体

带上所有的显示器和打印机的字库以及植入文件使用的字库。可以在图形程序中将文本转换成轮廓属性，然后将其引入到页面拼版程序中，并注意以下三点：

① 不要混淆PostScript和TrueType字库。postScript字库是印刷行业的标准，所以要坚持使用；而TrueType字库会导致很多问题。

② 避免使用以城市名字命名的字库，例如Newyork字库和Geneva字库。它们是Mac操作系统使用的字库，但不应该用于印刷的任何产品中。

③ 用真正的字体外观属性而非字体调色板功能将字体设置成粗体、斜体等。在显示器上看起来正确的字体，若打印机不支持，就会以Roman字体打印。不要将调色板中的粗体格式应用于已经是粗体格式的文字上，否则会导致不均匀的间距。

④ 只使用行业通用的字库设置粗体、斜体及其他字体格式。真斜体vs假斜体，真粗vs假粗体。

此外，根据需要检查陷印设置、图像特效设置、线条宽度和字体的笔画宽度是否在印刷设备复制的能力范围。

第二节 银盐感光材料（胶片）及其应用

在CTF工艺中，银盐感光胶片是制版的主要材料它是以卤化银作为主要成像物质的感光材料。卤化银感光材料对光很敏感，感光胶片见光后，卤化银即发生光化学反应，还原出银原子，形成不可见的银影像（即潜影），曝光的感光材料经过显影加工，得到可见影像，从而把图文信息记录在感光胶片上。

一、银盐感光胶片的构成

银盐感光胶片由乳剂层、支持体和辅助层三大部分构成。

1. 乳剂层

乳剂层是感光材料感光成像过程中发生变化，形成影像的涂层，乳剂层的主要成分有卤化银、照相明胶和添加剂。

（1）卤化银　卤化银是感光材料中的光敏性物质。卤化银包括氯化银、溴化银和碘化银，由硝酸银在明胶溶液介质中，分别与各种卤化物反应而生成。

在乳剂层中，卤化银以极细微的颗粒状态均匀地分散在明胶溶液。卤化银颗粒的大小、形态和分布情况，在很大程度上决定了感光材料的照相性能，卤化银颗粒直径越大，感光度越高，反差大，宽容度小；反之，反差小，宽容度大。

（2）照相明胶　卤化银不溶于水，卤化银必须在彼此不接触的分离情况下，才能产生清晰影像，故需要采用适当的分散剂。常用的分散剂是照相明胶，照相明胶是微黄色、无味的细颗粒，由各种氨基酸组成的高分子蛋白质在温水中溶解，且水溶液具有黏性。在明胶水溶液中，卤化银颗粒能均匀地分散，不会聚结而沉降，彼此处于不接触的分离状态。在乳剂层中，明胶还对卤化银颗粒起保护作用。

（3）添加剂　乳剂层中除卤化银和明胶这两种主要成分外，还需加入完善感光材料的照相性能与物理机械性能的感光材料添加剂。添加剂的种类很多，在不同的感光材料中分别使用，各自发挥着重要的作用。如加入化学增感剂可提高感光乳剂对光的敏感性；加入光谱增感剂可扩大感光乳剂的感光范围；加入坚膜剂可提高乳剂层的熔点，可降低乳剂层的吸水膨胀性，增加乳剂膜的机械强度；加入稳定剂可使感光剂的照相性能具有较好的稳定性；加入防灰雾剂可降低感光乳剂的暗反应，减少灰雾的产生；表面活性剂则用于降低乳剂的表面张力，利于其在片基上均匀涂布等。

2. 支持体

感光乳剂层具有很好的照相性能，但机械强度很差，必须依附于支持体，才能进行加工。感光胶片以片基为支持体。片基是由高分子化合物制成的薄膜，作为感光材料的支持体，必须具有良好的物理、化学和机械性能。感光胶片的片基可分为纤维素酯片基和聚酯片基两大类。其中纤维素酯片基类中常用的是三醋酸纤维素酯片基，聚酯片基类中常用的是聚对苯二甲酸乙二醇酯片基（即涤纶片基）和聚碳酸酯片基。

3. 辅助层

感光胶片除了乳剂层和支持体外，还需要涂布一些辅助层来完善感光胶片的物理化学性能，如底层、防卷曲层、防静电层、防光晕层、保护层等。根据对感光胶片的不同性能要求，可涂布不同的辅助层。

（1）底层　底层是指为了使乳剂层和支持体能很好地黏结在一起，防止显影加工过程中乳剂层脱膜，在支持体和乳剂层之间涂布一层厚度在 $1\sim2\mu m$ 的中间层。

感光胶片的底层按成膜物质的成分可分为明胶底层和树脂底层两类。明胶底层由照相明胶、水、有机溶剂组成。明胶是乳剂层和片基的黏合剂，有机溶剂能使片基表面膨胀和微溶，使黏合剂和片基很好地亲和，形成一层能与乳剂层相黏合的薄层。树脂底层由树脂和有机溶剂组成，其中树脂起黏合剂的作用，常用的树脂有苯丁树脂和醋丁树脂等。

（2）防卷曲层　片基涂布乳剂后，由于明胶和片基的胀缩率不同，胶片会向乳剂层的方向卷曲。为了防止卷曲现象的发生，在片基的另一面必须涂防卷曲层，使片基两面的应力平衡，消除卷曲。防卷曲涂层是选用适当的混合溶剂，使片基表面发生溶胀，在干燥过程中收缩产生向涂布溶剂方向的应力，使两面平衡。生产中常用的防卷曲溶剂是丙酮和甲醇的混合溶剂。防卷曲层不单独使用，而与防静电层、防光晕层合为一体。

（3）防静电层　由于片基是由高分子聚合物制成的高绝缘材料，很容易带静电，且不易自行导失。在片基生产过程以及感光胶片的涂布、干燥、整理加工过程中会因摩擦而产生静电。静电聚积会产生放电，形成静电火花，使感光材料曝光，显影加工后，感光胶片上会出现树枝状或绒毛状的黑色痕迹，导致感光材料报废。此外，胶片上的静电还会吸引尘埃杂质，引起乳剂药膜的划伤及其他弊病。因此，必须在片基上涂布防静电层来防止静电的产生和积聚。防静电层主要采用导电性物质，如硝酸钾、高聚物盐类。防静电剂能增强片基表面的导电性，产生的静电会在极短的时间里导失，避免静电的积聚。将防静电剂与防卷曲层或防光晕层合并，一起涂在片基的背面或者加在保护膜或乳剂中，也可以直接加在片基里。

（4）防光晕层　当感光胶片曝光时，较强的光线能穿过乳剂层到达片基，在乳剂层与片基，片基与空气的界面上产生光线的反射和折射，被反射和折射的光线，有一部分重新回到乳剂层，使不该曝光的卤化银颗粒曝光，而产生光晕现象。光晕使拍摄的影像周围形成深浅不同的光圈，会引起胶片的解像力和清晰度降低，影响画面的质量。涂布防光晕的目的是吸收掉产生光晕的有害光线，保证画面影像的清晰。防光晕层必须能吸收一定光谱范围的光线，对乳剂层不起作用，能在显影加工过程中去除。防光晕层通常由吸光物质和黏合剂组成。吸光物质有胶体银、防光晕染料、炭黑三种。黏合剂有明胶和树脂两种。其中，明胶主要用于醋酸纤维素酯片基的防光晕层，树脂主要用于聚酯片基的防光晕层。

（5）保护层　保护层是指在乳剂层的最上面涂布一层厚度为 $1\sim2\mu m$ 的透明薄膜，目的是防止乳剂层污损，防止乳剂层直接受摩擦而产生灰雾。在彩色感光材料的保护层中，还含有紫外线吸收剂，防止彩色画面因紫外线的照射而褪色。

二、银盐感光材料的成像过程

银盐感光材料成像的主要过程为：曝光→显影→定影→水洗→干燥。

1. 曝光

曝光就是利用感光胶片中卤化银的感光性能，对感光胶片进行曝光，而形成潜像的过程。曝光后的感光胶片上形成的潜像是不可见的影像，显影时它作为显影中心而转变成可见的影像。

2. 显影

显影是将曝光的卤化银感光胶片浸于有选择性的显影液中，使见光部分的不可见影像变成可见影像的过程。显影的过程实际上是氧化还原反应的过程，可以用式（5-1）表示：

$$nRd \longrightarrow nOx + me^- \tag{5-1}$$

$$mAg^+ + me^- \longrightarrow mAg$$

式中　Ag^+——卤化银晶体中的银离子，即氧化剂；

　　　Rd——显影剂，即还原剂；

　　　Ox——显影剂的氧化产物；

　　　e^-——电子；

　　　n、m——系数。

式（5-1）说明，显影作用是一种氧化还原反应，即显影剂因电离放出电子而氧化，感光层卤化银中的银离子得到电子被还原。因此，显影就是把银离子还原为银原子的过程，其与曝光引起的光化作用相似，但需要靠显影剂完成。显影剂必须是一种具备某些特定条件的还原剂。

显影包括化学显影和物理显影两种方式。其中，化学显影是常见的一种显影方法，也是传统制版工艺的常规显影方法。它是利用乳剂中卤化银晶体内的银离子在显影时被显影剂还原而使潜影不断扩大，形成银影。物理显影实质上也是一个银离子被还原的化学反应过程，只是被还原的银离子不是来自卤化银晶体，而是在显影液中加入的可溶性银盐，显影时由显影液中的银盐提供银离子。

3. 定影

感光胶片经曝光显影后，未受光部分仍具有感光性能，若在光线长时间照射下仍会感光变黑，致使底片上的图像受到破坏，因此必须进行定影。在定影过程中，未感光不溶于水的卤化银变成可溶性络盐从感光片上除去，而图像部分的金属银几乎不溶解，达到了图像稳定不变的目的。

由于卤化银晶体在水中的溶解度很小，感光材料上未见光卤化银不能单靠水来全部溶解。因此，在定影液中加入某些能与银离子生成较稳定的、可溶性的络离子，使生成物中的银离子降低的物质，就能使卤化银不断溶解，达到定影的目的，即

$$AgX + 2Na_2S_2O_3 \longrightarrow NaBr + Na_3[Ag(S_2O_3)_2] \tag{5-2}$$

4. 水洗干燥

胶片定影完成后，乳剂层中会残留硫代硫酸钠或硫代硫酸银钠。由于硫代硫酸钠会分解析出硫，使图像部位出现硫或硫化银，即发黄，其反应为：

$$Na_2S_2O_3 + CO_2 + H_2O \longrightarrow H_2S_2O_3 + Na_2CO_3$$

$$H_2S_2O_3 \longrightarrow H_2SO_3 + S\downarrow$$

$$2Ag + S \longrightarrow Ag_2S$$

同时，图像部位也会出现褪色，其反应为：

$$H_2SO_3 + O \longrightarrow H_2SO_4$$

$$H_2SO_4 + Ag_2S \longrightarrow Ag_2SO_4 + H_2S$$

$$2Ag + H_2S \longrightarrow Ag_2S + H_2\uparrow$$

为使底片能长期保存，定影后的底片必须水洗。水洗时，感光层内的可溶性盐会向水中扩散，直至膜层内和溶液里盐的浓度相等，因此水洗必须采用流水方式。水洗后的胶片晾干后，就可得到具有稳定影像的制版底片。

三、感光胶片的成像特性（照相性能）

1. 特性曲线

感光胶片的特性曲线是一条能正确反映感光胶片基本成像特性的曲线，如图5-5所示，通常以密度D为纵坐标，曝光量的常用对数$\lg H$为横坐标绘制而成。

一条完整的特性曲线通常分成如图5-5所示的四个部分。

（1）AB部分　AB部分又称趾部或曝光不足部分，这段曲线几乎与横坐标平行，说明曝光量增加与底片的密度增加不成比例，曝光量增加较快，密度增加很少。

（2）BC部分　BC部分又称直线部分或曝光

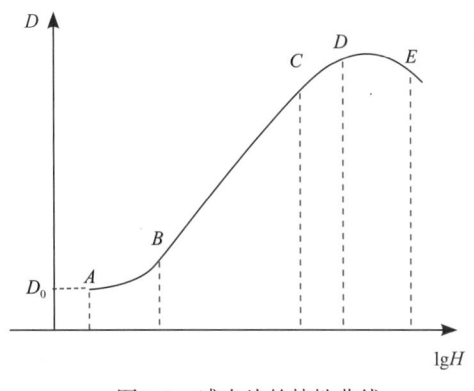

图5-5　感光片的特性曲线

正确部分，即密度随着曝光量的增加而线性地增加，能够正确反映被摄物体的影调。直线部分对测量感光胶片的感光性能意义很重要，是成像的主体部分。

（3）CD部分　CD部分密度随曝光量增加而增加，但不成正比，即曝光量增加多，密度增加少，且随着曝光量的增加，密度增加越来越少，直到D点。CD部分对表达物体细节的能力，随曝光量的增加逐渐减小。

（4）DE部分　DE部分也称为反转部，即密度出现反转现象，密度得到最大值后，随着曝光量的增加，密度不但不增加反而减少，使特性曲线向下弯曲。

2. 主要感光性能指标

根据特性曲线可以进一步获得感光胶片的感光度、反差系数、宽容度等主要感光性能指标。

（1）感光度　感光度是指感光材料对光的敏感程度，即在特定的曝光、显影条件下，感光材料对光响应能力的定量测定。在显影条件一定的情况下，要获得相同密度大小的影像，感光胶片的感光度和曝光量成反比，即感光胶片的感光度越高，所需曝光量越少，反之，感光度越低，曝光量越多。

（2）反差系数　反差系数是指特性曲线直线部分上任意两点的密度差与其所对应的曝光量对数差的比值。如果密度增量与曝光量对数的增量相等，即$r=1$，底片反差与原稿反差相等；当$r>1$时，底片的反差大于原图的反差；当$r<1$时，底片反差小于原图反差。反差是指影像上的最大密度和最小密度的差值。

（3）曝光宽容度　曝光宽容度也叫线性曝光量范围，是指感光胶片能按比例正确反映原稿影像阶调的能力，即特性曲线直线部分在横坐标上的投影。

（4）解像力、清晰度　解像力是指感光胶片能清晰分辨原稿细部的本领，也叫分辨率、分辨本领、分解力。通常以每毫米内能清晰记录可以分辨的平行线的最大线对数来计算，其单位为l/mm。

清晰度是指底片图形边缘密度变化整齐的程度，即图形边缘是否清晰整齐。

（5）颗粒度　人们在显微镜下或在放大相片上观察影像的颗粒状态时，主观意识上所产生的颗粒不均匀的感觉或印象称为颗粒性，而表示这种不均匀性的客观量度叫颗粒度。

影像颗粒性和颗粒度既取决于银颗粒的平均尺寸，又取决于颗粒的分布状态。显然，颗粒度大，则微小的影像信息就会淹没在颗粒中，从而降低影像的质量。

（6）感色性　感色性是指感光胶片对不同光谱的敏感程度。卤化银本身只对可见光中的蓝紫光敏感，要提高它对其他光谱的敏感度，需在感光乳剂中加入增感剂。根据所加入的增感剂的结构性能的不同，可以使本身只感受蓝紫光的卤化银的感受范围分别扩展到绿光区、红光区和红外区。感色性是感光材料的一项重要性能，成像时应根据感光材料的感色性能，选择适当的滤色片、光源等与之匹配。

（7）灰雾度　灰雾是指未经曝光的感光胶片经显影后产生一定的密度，在特性曲线上，灰雾密度位于起始点。灰雾必须小于一定密度范围（如0.05），灰雾过大（密度超过0.05）会影响图像的清晰度，如图5-6所示。因此，要特别注意防止灰雾的产生。灰雾大小决定于感光胶片的乳剂质量，感光度高的感光胶片，灰雾大。灰雾大小还与显影时间长短、显影液温度的高低、显影液pH的大小和抑制剂的多少等关系密切。通常，显影时间越长，显影液温度越高，显影液pH越大，抑制剂越少，则灰雾越大；反之，则小。感光胶片如果超过使用期限，其灰雾会随存放时间的延长而增加，如特性曲线上的D_0。

图5-6　灰雾密度对图像质量影响

四、感光胶片的类型

感光胶片按感色性差异和反差大小可以分为不同的类型。

1. 按感色性分

按感色性即感光胶片对不同光谱的敏感程度，可将感光胶片分为色盲片、正色片、全色片、红外片、彩色片等。

（1）色盲片（无色片）　这种胶片只能感受光谱中的蓝紫色光，而对其他色光的感受力则很低，所以称为色盲片。

（2）正色片（分色片）　感光乳剂中附加有机染料作增感剂，因此，除感受蓝紫光外，还对绿光和黄光敏感，但不感受红光，感光范围为390~600nm，所以叫正色片，又称分色片。

（3）全色片　感光乳剂中还加有能吸收红光的增感染料，因此，其感色范围扩展到全部可见光的范围，但对绿光稍欠敏感，所以叫全色片。

（4）红外片　感光乳剂中加入增感染料，把乳剂的感光范围扩展到700nm以外，对红外线也能感光，故叫红外片。

（5）彩色片　其感光乳剂层分为无色、分色和全色三层，各层乳剂中又分别含有黄、品红、青三种成色剂。通过彩色显影液显影后，得到的底片是多色的，或经过反转处理后得到底片的色彩和明暗与实物明暗相同。

2. 按反差系数的高低分

感光胶片按反差系数可分为特硬片、硬性片、中性片和软性片。

（1）特硬片　反差系数在3.0以上的感光片叫特硬片，能得到反差强烈的、分解力很高的黑白线条图片。

（2）硬性片　反差系数在1.5～2.0之间的感光片称为硬性片，能得到较大的反差和分解力、宽容度小的底片。

（3）中性片　反差系数在1.0～1.4之间的感光片称为中性片，用这种感光片拍摄的底片影调柔和丰富。

（4）软性片　反差系数小于1.0的感光片称为软性片，用其拍摄的图片反差小，层次比中性片更为丰富柔和。

如图5-7所示感光系数对图像质量的影响。

现在印刷上用的激光照排片都是反差在10以上的特硬片。

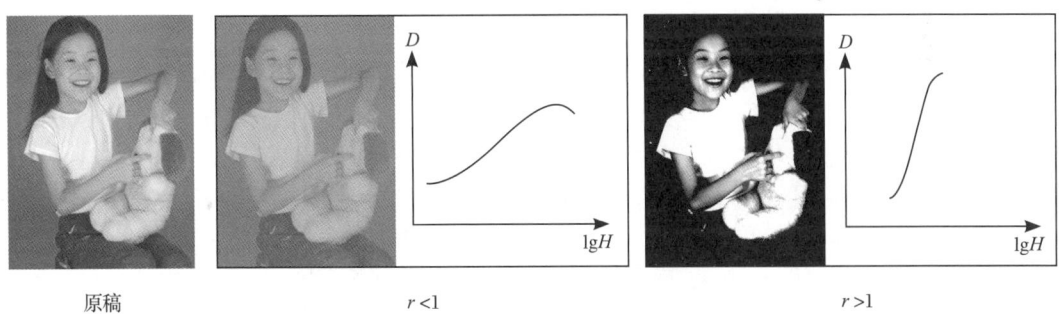

原稿　　　　　　　　　$r<1$　　　　　　　　　　$r>1$

图5-7　所示感光系数对图像质量的影响

第三节　加网技术

一、加网的重要作用

自从印刷术发明以后，人们一直希望能在印刷品上表现出浓淡色调变化的图像。但早期由于条件的限制，不可能以着墨层的厚薄来反映图像层次的变化，印刷经历了漫长的无网时代。在这漫长的历史中，人们提高印刷效果的欲望始终没有改变，经过长期的探索，在19世纪末，人们终于发明了具有划时代历史意义的技术——加网技术。

加网技术的发明是人类印刷史上的一个重要里程碑。1852年英国物理学家塔布特（W.H. Fox.Talbot）以类似于纱布的东西作为网屏，成功地将连续调图像分解为由大小不同而各点密度均匀的网点组成的半色调图像，通过大小不同的网点表现出不同层次深浅的图像。此项发明在英国获得了专利，从此以后，印刷技术日新月异。随着时代的发展，技术的进步，加网技术从传统的玻璃网屏加网、接触网屏加网、电子网屏加网，发展到如今的数字加网，特别是加网技术的数字化标志着印刷新时代的到来。

加网技术也称半色调技术（halftoning），它是利用像素图案来模拟连续色调的过程。众所周知，人眼的分辨率在明视距离内、两点之间的距离小于0.01mm时两点即视为一点。人们充分利用这一规律，大胆巧妙地发明了加网技术，将连续调图像分解为半色调图像进行印刷，终于生产出符合审美规律和要求的印刷产品。可以说，加网技术的发展是印刷发展进程中的一次历史性飞跃。

无网印刷是以整色块为基本单位，即有图像的地方，也就有色块。而有网印刷组成图像的最小单位是网点。在网屏的线数一定时，网点的大小是随原稿图像的层次变化的。网点大表示图像颜色深，网点小表示图像颜色浅。网点在印刷中起着极其重要的作用，具体表现在如下几点。

① 网点是印刷中的最小传递油墨的单元，网点的大小起着调节油墨量大小的作用。

② 网点在印刷的色彩组合中起着组织颜色及层次和图像轮廓的作用。在四色印刷中，画面上的每一种色彩都是由青、品红、黄和黑四色网点以不同比例配合而成。如果没有网点，仅用一种色相的油墨，在一次印刷中就仅能表示浓淡，至多也只有线条粗细上的变化，这样是不能复制丰富多彩的多阶调原稿的。

如果没有网点，就不可能将原稿上连续性的色调传递到印版上去。如将没有网点的连续底片晒成印版，则中间密度部位透光不强，感光膜上得不到产生硬化反应的光量，不能形成感脂单位。由此获得的印版，就只有黑白之分而无中间层次。有了加网技术，则可将半色调底片晒成印版，底片中网点部位都不透光，透明部位全透光，能使印版上感光膜固化，从而形成吸附油墨和排斥油墨两个部分，依赖网点面积大小的不同，就能表现原稿不同的层次和色调。可见，人们通过网点覆盖率的变化和组合，使印刷品颜色在色相、明度和饱和度上产生了变化，从而呈现出千变万化的颜色。到目前为止，加网技术仍是再现原稿色彩、层次、阶调的最有效办法，是用压力方式进行批量、高速印刷（有压印刷）的必然产物，是现代印刷的基础。

二、网点与加网

1. 网点的概念

网点是构成印刷图像的基础，是表现连续调图像层次与颜色变化的基本单元，它起着传递版面阶调的作用。网点的状态（大小和形状）和行为特征将影响到最终的印刷品能否正确地还原原稿的阶调和色彩变化。

国标GB/T 9851.2—2008《印刷技术术语第2部分：印前术语》的解释为：网点（dot）——构成印刷图像的基本元素。通过其面积和/或空间频率的变化再现图像的阶调和颜色。可见，对原稿加网的结果是使连续调图像某一小区域的平均亮度转化为一个网点，而大小不同的网点构成了网目调的图像。因此，加网过程完成了原稿的离散化。

2. 网点的形状

网点可以有不同的形状。网点形状是指单个网点的几何形状，即网点的边缘形态或50%网点所呈现的几何形态。不同形状的网点除了具有各自的表现特征外，在图像复制过程中还有不同的变化规律，会产生不同的复制效果，并影响对复制结果的质量要求。在传统的调幅加网技术中，网点形状是由相应的网屏结构决定，形状有正方形、钻石形（菱形）、圆形、椭圆形、双点式等；在现代数字加网技术中，可选用的网点更多，图5-8所示为常见网点形状。

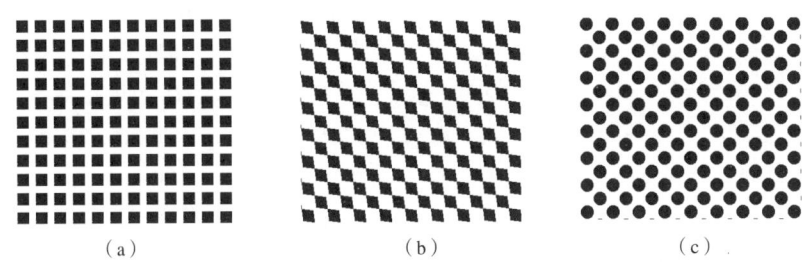

图5-8 常见网点形状
（a）正方形 （b）钻石形（菱形） （c）圆形

（1）正方形网点　当选用正方形网点复制图像时，则在50%网点处黑色与白色刚好相间成棋盘状，很容易根据网点间距判别正方形网点的相对面积百分率，它对于原稿层次的传递较为敏感。

网点形状的最终形成与制版和印刷工艺密切相关。正方形网点在50%网点面积百分率处才能真正显示出它的形状，当大于50%或小于50%时，由于网点形成过程中受到光学的和化学的影响，在其角点处会发生变形，结果是方中带圆甚至成为圆形。在印刷时，由于油墨受到压力作用和油墨黏度等因素的影响会引起网点面积的扩张。与其他形状的网点相比较，正方形网点在50%的面积率处扩张系数是最高的。产生这一现象的原因是正方形网点的面积率达到50%后，网点与网点的四角相连，印刷时搭接部分容易引起油墨的堵塞和粘连，从而导致网点急剧增大。

（2）钻石形网点　钻石形网点又称菱形网点。通常，菱形网点的两根对角线是不相等的。因此，除高光区域的小网点呈独立状态、暗调处菱形的四个角均连接外，画面中大部分中间调层次的网点都是长轴间互相连接，短轴处不相连，形状很像一根根链条，故又称为链形网点。用菱形网点表现的画面阶调特别柔和，反映的层次也很丰富，对人物和风景画面特别合适。

当网点面积率大约为25%时发生链形网点长轴的交接（称为第一次交接）；接下来是短轴的交接，大约发生在75%网点面积率处。由于网点增大是不可避免的，因此菱形网点会在25%和75%两处产生阶调跳跃。但是，由于菱形网点的交接仅在两个顶角发生，这样产生的阶调跳跃要比正方形网点四个角均相连时缓和得多。由此可见，用菱形网点复制图像时印刷阶调曲线较为平缓，在30%～70%的中间调范围内表现得特别好。因此，菱形网点适合于以中间调为主的原稿。

（3）椭圆形网点　这种网点与对角线不等的菱形网点类似，区别是四个角不是尖的，而是圆的，因此不会像对角线不等的菱形网点那样在25%网点面积率处交接。此外，在75%网点面积率处也没有明显的阶调跳跃现象。

（4）圆形网点　在同面积的网点中，圆形网点的周长是最短的。当采用圆形网点时，画面中的高光和中间调处网点均互不相连，仅在暗调处网点才互相接触，因此画面中间调以下的网点增大值很小，可以较好地保留中间调层次。

相对其他形状的网点而言，圆形网点的扩张系数较小。在正常情况下，圆形网点在70%面积率处四周相连。一旦圆形网点与圆形网点相连后，其扩张系数将会很高，从而导致印刷时因暗调区域网点油墨量过大而容易在周边堆积，最终使图像暗调部分失去了应有的层次。

综上所述，圆形网点因表现暗调层次的能力较差，在使用上受到一定的限制。通常情况下，印刷厂往往避免使用圆形网点，特别是采用胶版纸印刷时。但是，如果要复制的原稿画面中亮调部分较多，暗调部分较少时，采用圆形网点来表现高、中调区域层次还是相当有利的。

（5）双点式网点　这样的网点类型通常用于称为多分辨率加网（multiple-resolution screening）的场合，由两种不同特性和点形的网屏叠加在一起而成。不同大小网点的组成方式为：两个大网点中间嵌入一个小网点，或四个小网点中间嵌入一个大网点。多分辨率加网方式力图在最小网点尺寸、动态范围和加网规格间权衡。当网点较小时拉开它们的距离，而在中间调区域则使网点距离拉近。

双点式网点又称为卫星式网点或子母网点，特点是画面暗调处小网点虽然已经合并但大网点仍能变化，中间调用大小网点表现层次，因此画面的暗调和中间调均很丰富；在高光处小网点已消失，但大网点还存在，虽然网点数量少了，不过网点结实、光洁、完整，对高光的表现均匀、柔和。

（6）特殊形状网点　从技术的角度考虑，改变和选择不同的网点形状是印刷适性的需要。但为了满足艺术品复制、广告宣传和特殊情趣的需要，有时也使用特殊形状的网点（或称艺术网纹），借以增加画面的艺术气氛，获得特定的艺术情趣，产生常规网点无法产生的特殊复制效果。常用的艺术网纹有同心圆网纹、水平波浪形网纹、水平线形网纹、垂直线条形网纹、交叉十字纱布形网纹、砂目形网纹和墙砖形网纹等。不同的网点形状对印刷过程中产生的网点增大会有不同的影响。通过实验得到的结论是，最佳的网点形状应该是有规律的链条状结构，在高光和暗调部位为圆形网点，而在中间调部位为椭圆形网点。

3. 网线角度和角度差

（1）网线角度　网线角度又称加网角度。国标GB 9851.1—2008《印刷技术术语第1部分：基本术语》的解释为：网目角度scree angle：不同色版网目轴与基准轴之间最小的夹角。国内的基准轴一般指水平线，但国外的基准轴一般指垂直线，国外的网目角度是指网目线（排列较密的方向的网点中心连线）和垂直线的夹色，如在Photoshop中设定的网角。

网线角度是表示网点排列方向的位置，是网点中心连线与水平线的夹角，一般按逆时针方向测得的角度就是该加网结构的网线角度。网点的排列结构由相交90°的纵横两列方向组成，因此30°的网线角度与120°、210°、300°是一样的。为了简便，仅在第一象限表示网线角度，即从0°到90°表示网线角度，其中0°和90°表示同一种网点排列方向。

在第一象限表示网线角度有一个例外，这就是菱形网点（链形网点）与椭圆形网点。由于菱形网点与椭圆形网点在纵向和横向的网点形状不同，这样的网点排列时在一个方向由长轴对角线连接，另一个方向则由短轴对角线相连接（如图5-9所示），相差90°的网点排列并不一致，只有相差180°的排列方向才能算是完全一致的。因此，菱形和椭圆形网点的排列方向要在180°内表示，网点角度一般以长轴对角线与水平线夹角来定义。

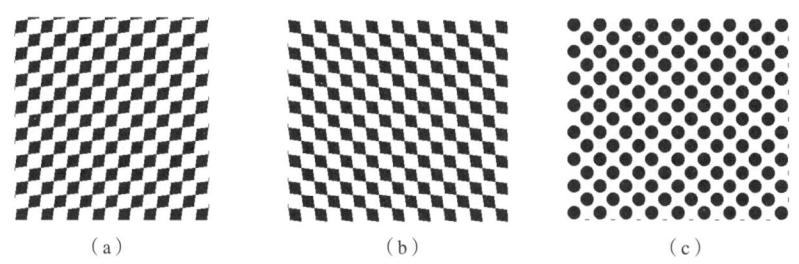

图5-9　网点角度比较

（a）45°链形　　（b）135°链形　　（c）45°和135°圆形

（2）网线角度对视觉效果的影响　当网线角度为0°时人眼能看清每个网点排成的行；当网线角度为15°时可能会看得更清晰；当网线角度为45°时，大脑引起的混乱使人眼对行的印象变得模糊，点还能看得见，但排列线看不出来，这就是为什么黑白图像的网点总是设在45°的原因。通常认为45°的网线角度对视觉最舒服，表现稳定而不呆板，是最佳的网线角度；15°和75°次之；0°（90°）的视觉效果最差，这就是为什么在四色印刷中要把黄色安排在0°的原因。另外采用45°网角印单色还有一个原因是，45°网角的图像比15°和75°网点的图像四边更整齐，如图5-10所示。

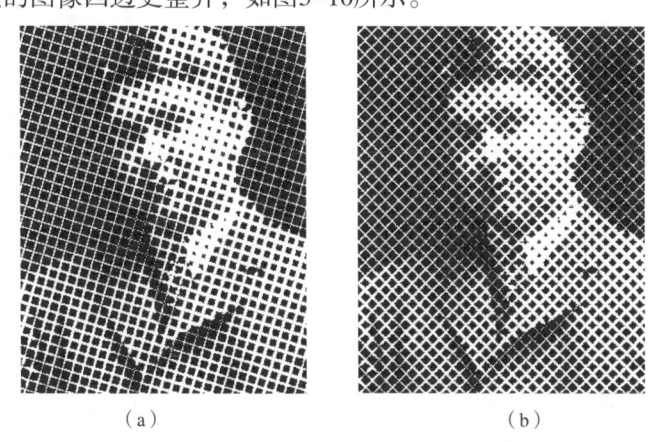

图5-10　单色网点角度对图像边缘的影响

（a）15°加网角　　（b）75°加网角

四色分色技术在传统手工加网方式的生产过程中积累了丰富的经验，总结出称为"常规网线角度"的最佳组合，其中三个主色版青、品红和黑互差30°，即黑版用45°，青版用15°，品红版用75°，但这不是一成不变的，需根据原稿特点组合安排，黄版通常都设置为0°。

（3）网线角度差　前面已经介绍过，45°的网线角度是最理想的角度，那么为什么在四色印刷中要对各色版采用不同的角度呢？对每一色版均采用45°岂不更好？从现有印刷条件看，即从印刷材料的性能、印刷机的精度、印刷工艺的控制手段等各方面看，无法实现所谓的"同角度印刷"。

网线角度按上面介绍的三个主色相差30°排列，而将黄版安排在0°的主要原因是：当两种或两种以上不同角度的网点套印在一起时会产生因遮光和透光作用引起的莫尔条纹（Moire），俗称龟纹。龟纹对人眼观看印刷品造成干扰，是要避免的。理论计算和实验证明，当两套印版的网线角度差为30°时，龟纹对人的眼睛干扰较小，如图5-11所示，由于角度差对龟纹有影响，因此四色印刷时的三种强色应该各自相隔30°，黄版较浅，相对其他三个色对人眼刺激较弱，把它设置成与相邻网角相差15°。

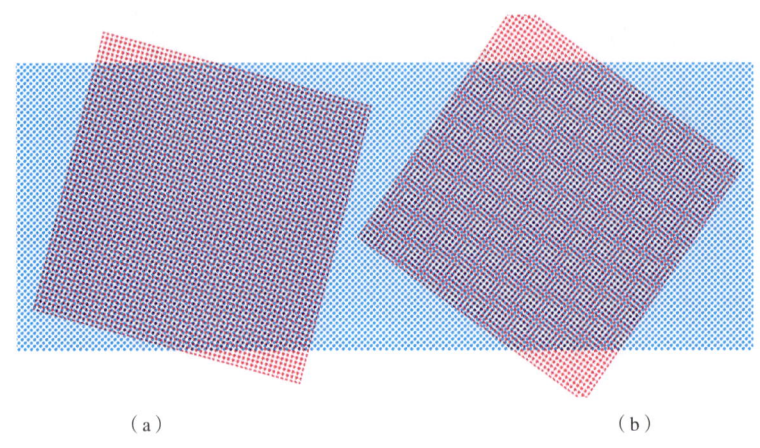

（a） （b）

图5-11 角度差对龟纹的影响
（a）网角相差30° （b）网角相差15°

4. 加网线数及其选择

（1）加网线数 加网线数又称网目线数或网点频率（screen frequency），它以单位长度内网点的个数度量，与物理中频率的概念类似。常用加网线数计量单位为线/英寸（l/i）或线/厘米（l/cm）。在进行彩色复制时如何选择加网线数主要由视距来决定，因为在不同的距离下观看同一印刷品时，其层次在人眼中的反应是不同的。一般的规律是视距近时网点要细，视距远时网线可粗些。

（2）加网线数与视距 将连续调图像转换为网目调图像后，能够获得连续的视觉效果的前提条件是网目调图像中相邻的网点之间距离小于视觉能分辨的最小距离。因此连续调图像加网时，必须使相邻网点之间的距离和网目层次级数量符合人眼的视觉要求，保证视觉上网目层次的连续，否则就无法忠实再现连续调的原稿图像。

根据人眼视觉成像的原理可知，当空间的某个物体在人眼的视网膜上所成影像小于一定极限时（落在一个锥体细胞范围内），人眼将无法分辨出这个物体的存在，如图5-12所示，若观察物体在视网膜上形成倒像，物体间距离为 A、B 两点对眼球所成的视角为 α，观察距离为 D，则视角 α 的大小取决于物体间距离 A、B 和观察距离 D，从三角函数可知，当角度 α 很小时，$\tan \alpha \approx \alpha$，则 $\alpha = AB/D$（$\tan \alpha/2 = AB/2D$）。

根据视觉空间混合原理，当人眼对空间的两个点之间的张角小于一定的极限时，人眼就分辨不出这两个点的独立存在。若 A、B 两点的影像 A'、B' 都落在同一个锥体细胞上时，这两点的影像就融合为一点，无法分辨。只有 A、B 两点的影像落在相邻的两个锥体细胞上，A、B 两点才能被分辨为独立的影像，此时 A、B 两点间的距离就是视觉可分辨的最小距离。锥体细胞的直径约为 $2\mu m$，两个锥体细胞之间距离约为 $5\mu m$，人眼球从晶体到视网膜中央凹区的距离一般为17mm。当 A、B 两点成像尺寸小于 $5\mu m$ 时，就无法分辨，因此，人眼可分辨的最小视角为：

$α=0.005/17$ rad，约合1'[（0.005/17）×（180/∏）×60]，而在一定观察距离D时，可分辨的两网点间的最小距离为：

$AB=α·D=$（0.005/17）D

图5-13描述了由网目调图像中获得连续调效果的最小加网线数N与观察距离D之间的关系为：

$N=1/2a$

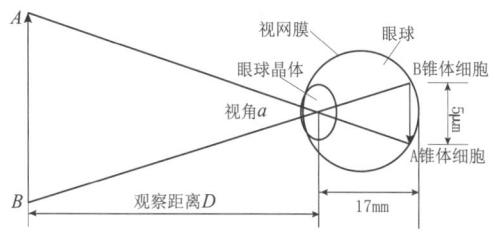

图5-12 人眼最小可分辨距离

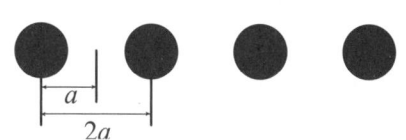

图5-13 网目线数与观察距离的关系

从上述可知，加网线数与网目调印刷复制品的观察距离相关，观察距离越近，加网线数越高；观察距离越远，则加网线数越低。考虑到正常视距为250mm，在明视距离下，人眼的最小分辨距离是$D=250×2.91×10^{-4}=0.073$（mm），相当于68l/cm，若观察距离为2000mm时广告画，则加网线数选择9l/cm即可。

（3）加网线数对印刷品质量的影响　用不同加网线数表现同一幅图像时，会有不同的效果。通常，加网线数越大，网点就越小，能够表现的图像层次就越丰富。图5-14所示为在同一幅图像上采用不同加网线数加网后的效果。从理论上讲，网线越细，印刷品能表现的层次和细节就越多。但按我国目前操作人员所掌握的专业知识、操作技能和大多数印刷厂的设备及工艺水平，当加网线数超过200l/in时就很难印了。如果选用了较高的加网线数，应该同时选用好的铜版纸、颗粒细的油墨和高分辨率的PS版。

（a）

（b）

图5-14 网线数对图像质量的影响

（a）加网线数大　（b）加网线数小

（4）决定加网线数的主要因素　在决定加网线数时需要考虑的主要因素如下。

① 视距。按视距选择加网线数主要考虑的是观察距离，使得复制出的图像在预定的距离内观看时颜色和层次有连续变化的感觉，能"骗"得过人的眼睛。在不同的印刷品中，加网线数较高的印刷品适合于近距离观看，例如样本、画册等是供人们仔细阅读的，需选用较高的加网线数；但对大幅海报和宣传画等印刷品就不必选用高的加网线数，因为这些印刷品通常是在远距离范围内观察的，用高加网线数印刷反而会缺少应有的层次。平印印刷品的常用加网线数为133l/in和150l/in；精细的印刷品通常采用175l/in，甚至高达200l/in；对大幅海报、宣传画和报纸印刷，可选用较低的加网线数，例如60～80l/in。

② 纸张质量。过细的加网线数在较粗糙的纸张上印刷时会发生下列情况：一是在图像的高调区域由于网点过于细小，在纸张上印不出来，使得画面失去高调层次；二是粗糙纸张的吸墨量要高于表面光洁的纸张，这样会在图像的暗调区域使网点过早合并，从而导致暗调层次的损失。由此看来，加网线数的选择还关系到印刷时使用的纸张。只有质量较高的纸张才值得采用较高的加网线数；若纸张质量较差，那么选择太高的加网线数是没有意义的。若产品的精细程度不高，则以适当粗些的加网线数印刷反而能获得满意的效果。

③ 产品的精细程度。对印刷品要求较高，即产品精细程度较高且幅面较小，纸张质量又高时，宜选择较高的加网线数印刷。

三、调幅加网技术

调幅加网技术，又称AM（amplitude modulated screening）技术，是一种传统的加网技术。调幅加网是在印刷时通过改变印刷品网点面积的大小来实现半色调图像的印刷，网点大的地方颜色深，网点小的地方颜色浅。这种方法的特点一是版面图像都是由大大小小的网点组成的；二是各网点彼此间的中心距都一样。

数字制版技术是使用激光照排机或直接制版机的激光点在菲林或印版上记录网点的，是一种典型的二值记录方式。为了在激光照排机或直接制版机等二值设备上获得规定大小的网点，需要将网点空间进一步划分，以方便记录设备工作。

1. 网目调单元

（1）记录栅格　从数字图像转换为网目调图像通常采用像激光照排机或直接制版机这样的输出设备把网点逐个记录在胶片或印版上，一个网点由有限个激光点曝光组成。显然，输出设备的激光光束对胶片或印版只能通过曝光和不曝光两种形式工作，像素与组成网点的激光光束曝光点是"一对多"的映射关系。照排机和直接制版机以逐行扫描的方式工作，其作用是使用计算机记录在页面上的元素栅格化（光栅化），故人们把照排机和直接制版机称为光栅（扫描）输出设备。

从微观上看，数字化方法产生的网目调网点图像由成千上万个更小的点组成，它们由照排机或直接制版机发出的激光束投射到胶片或印版上曝光成像。为了在二值设备上获得规定大小的网点，需要将一个网目调单元（形成网点的基本单元）划分为更细小的单位，即记录设备以固定的坐标将记录平面划分为细小的网格，这个网格称为记录栅格（recorder grid）。

对照排机或直接制版机这样的记录设备，记录栅格的每一个单元可大可小，它由设备的输出分辨率和加网线数共同决定。由于同一台记录设备的分辨率通常仅有有限的几档，因此对同一输出设备而言，网目调的灰度等级小方格数量的变化也是有限的。

(2) 设备像素　图像输出设备在记录网点时按一定的规则把记录平面划分为一个个小方格，这样划分后形成的小方块集合称为记录栅格，记录栅格中的某一个小方块被称为设备像素(device pixel)，显然，也就是后面所说的曝光单元和墨点(或墨滴)，每一个这样的小方块的大小是相同的。

（3）网目调单元　假定一个正方形网点边长为A，现在将它沿水平和垂直方向均细分为10格，则该网点由100个设备像素组成，这100个设备像素组成了一个网目调单元，又称为网点单元，如图5-15所示。因此，网目调单元是一个用于包含网点的区域，只有100%面积率的网点才会与网目调单元一样大。

当输出设备在该网目调单元的一个小方格上曝光时，则该网点的网点百分比（面积覆盖率）为1%，如图5-15所示的网点百分比为12%。如果激光束一个也没有在网目调单元中曝光，其网点百分比为0%；若激光束在网目调单元的每一个小方格上均曝光，则该网点为一个100%的网点。

网目调单元中小方格的多少决定了网点轮廓形状接近理想形状的程度。对一个同样尺寸的网点，如果沿纵向和横向划分的格子越多，则该网点的轮廓就越接近理想形状，即该网点的轮廓形状越精细。例如，图5-16给出了同样尺寸的两个网目调单元，图（b）的网目调单元由16×16个设备像素组成，图（a）的网目调单元由8×8个设备像素组成。现在要形成图5-16网目调单元的精细程度决定了网点轮廓形状的精细程度一个圆形网点，右图形成的圆形网点轮廓更接近于圆，而左图形成的圆形网点轮廓较为粗糙。

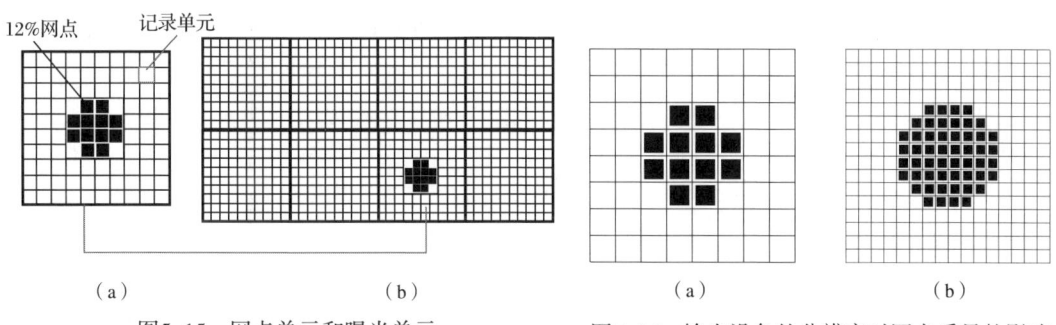

图5-15　网点单元和曝光单元
　　（a）网点单元　（b）曝光单元

图5-16　输出设备的分辨率对网点质量的影响
　　（a）8像素×8像素　（b）16像素×16像素

2. 设备记录分辨率、加网线数和灰度级数

设备记录分辨率指设备的输出分辨率，即输出设备可以在单位长度上记录的点数。通常用每英寸多少点（dpi）表示，它表示了记录设备的精度。理论上，输出设备的分辨率的倒数等于加网图像的最小网点直径。对于同一加网线数来说，记录分辨率越高，网点越细，网点的轮廓越细腻和光滑。同时，网点能反映的灰度级数也越多，图像的层次也就越丰富。

在知道设备记录分辨率、加网线数的情况下：

网点单元的记录栅格数=（设备记录分辨率／加网线数）^{2}

灰度级数=（记录设备分辨率／加网线数）^{2}+1

例如，照排机的记录分辨率为2400dpi，加网线数为150l/in，则网点单元的网格数为256个，能表现的灰度级数为257级，其中有一级为白色。表5-1是几种设备记录分辨率、加网线数和灰度级数的相互关系。由于人眼能分辨的灰度级数为100级左右，因此要满足人眼的视觉要求，在加网线数满足输出精度的条件下，要求输出设备有足够的记录分辨率，以产生100级以上的灰度。

表5-1　　调幅网点的设备记录分辨率、加网线数和灰度级数的相互关系

加网线数l/cm	1524dpi	2540dpi	5080dpi
60	101	279	1112
80	57	157	626
100	37	101	401
120	26	70	279
300	5	12	45

3. 影响网点面积率的因素

网点大小是相对而言的，它通常用网点面积率（百分比）表示。对数字加网技术而言，网点百分比是构成网点的网目调单元点阵中曝光的光点数占网目调单元小方块总数的百分比。

（1）像素的灰度值是决定网点面积率的惟一因素　网点的大小（网点面积率）不受网点形状、加网线数和加网角度的控制，只受分色图像灰度值的调制，即像素的灰度值越高，输出时生成的网点面积率越小；像素的灰度值越低，输出时生成网点面积率越大。

（2）网点面积率与网点形状无关　数字加网技术中网点面积率实际上是曝光记录栅格在全部网目调单元设备像素中所占的百分比，与网点形状无关。如果不考虑网点形状本身对复制效果的影响，对于不同形状的网点，当它们的面积率相同时，对图像的复制效果是相同的。比如，一个50%的正方形网点可以复制127这一灰度等级，而一个50%的圆形网点同样能复制127这一灰度等级，它们没有本质上的区别。

（3）网点面积率与加网线数无关　从加网线数的定义看，它表示加网时将要在单位长度内产生的网点个数。因此，加网线数将决定网目调单元的大小，但与网点面积率没有关系。因为网点面积率是一个相对量，加网线数的不同将导致网点绝对尺寸的变化，从而得到不同精度的印刷品。

（4）网点面积率与加网角度无关　加网角度仅决定网点沿什么方向排列，它与网点面积率无关。一个30%的网点当它沿45°方向加网与沿15°方向加网时将保持同样的油墨量，可以认为在这两种情况下它们将复制出相同的灰度等级。但是，因为加网角度的不同将造成不同的视觉效果。

4. 数字调幅加网的基本算法

数字加网从网点大小、网点形状、加网线数、加网角度等网点的基本参数出发，要解决以下基本问题。

（1）避免龟纹　调幅网点的加网角度为0°、15°、45°、75°，可以使C、M、Y、K四个色版因干涉而出现的龟纹表现最小，从而使图像光滑、细腻。数字加网也要避免龟纹问题，为此，就有不同的加网算法。

（2）再现图像的阶调层次　现今常用的加网算法有有理正切加网、无理正切加网、超细胞结构加网等。

① 有理正切加网。有理正切加网同角度每一网点单元是相同的，因此只要知道一个网点单元就能准确地获得其他网点。其特点是：每一个网点单元的角点必须准确地与输出设备的记录栅格的角点重合；同角度、同样大小的网点输出的大小相同、形状相同；加网角度的正切为有理数。为了满足上述条件，实际加网时不能准确获得15°、75°等角度，而是用18.4°、71.6°替代，图5-17的实线就是有理正切加网的0°、45°、18.4°的网点单元（71.6°的情况和18.4°的网点类似，实际是-18.4°）。图中虚线是0°的网点单元旋转15°和45°后的情况。

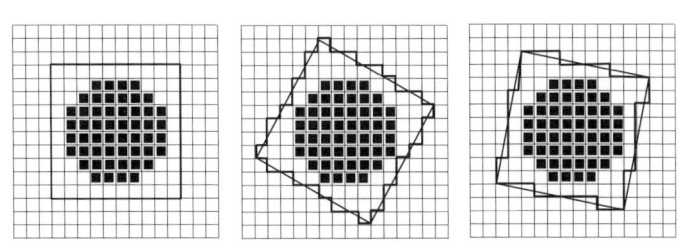

图5-17　从左至右分别为0°、45°、18.4°网点

为了满足上述条件，不同角度的有理加网的网点大小其实是有微小差别的，因此实际的加网线数也有微小的差别。例如，设定加网线数为50l/cm，实际输出的线数为：0°为50l/cm；18.4°为52.7l/cm；45°为47.1l/cm；71.6°为52.7l/cm。有理加网的优点是计算量小、运算快；缺点是设定的加网角度与实际的输出角度有差别，设定的加网角度为15°和75°，实际输出为18.4°和71.6°。

② 无理正切加网。如图5-18所示15°的网点，当网点单元旋转任意角度后，就很可能和输出设备的记录栅格的角点不重合。这时的加网角度的正切值就是无理数。无理正切加网就是保证在加网角度的正切值是无理数的情况下，通过改变网点的形状或大小，使网点单元与输出设备的记录栅格的角点重合的加网方法。

无理正切加网在加网时要强制对准角点，就要改变网点的大小，并且会因网点位置不同，改变方法也不一样。因此无理正切加网的运算量较大，但是无理正切加网可以获得准确的网点角度。图5-18是无理正切加网、有理正切加网、照相制版加网的比较。

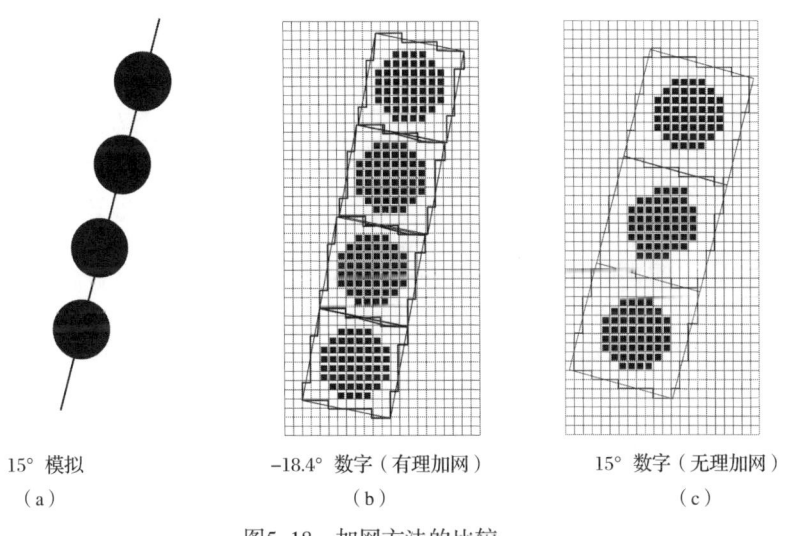

15°模拟　　　　　-18.4°数字（有理加网）　　　　15°数字（无理加网）
（a）　　　　　　　　　（b）　　　　　　　　　　（c）

图5-18　加网方法的比较
（a）照相制版加网　（b）有理正切加网　（c）无理正切加网

（3）超细胞加网（super cell）　当采用有理正切加网技术时，为了得到准确的加网参数，使用的网点单元的记录栅格数越多越好，这就是超细胞加网的由来。为了获得准确的加网角度和强制网点单元与设备记录栅格重合，超细胞加网的网点单元是有少许差别的，从图5-19就可以看出，在超细胞中，每一个网点单元的网格数是不一样的，但每个大的超细胞是完全一致的。

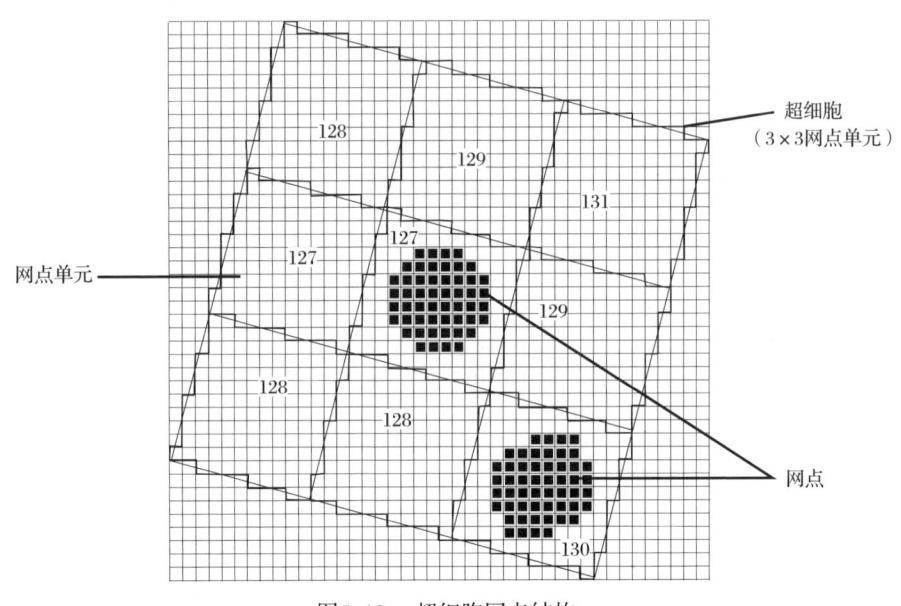

图5-19　超细胞网点结构

四、龟纹产生机理与控制

彩色复制过程中龟纹、玫瑰斑和阶调跳跃等问题是必须面对的，关键是如何将这样的影响减少到最小。

1. 龟纹产生的原因

目前使用的加网方法，对图像层次的调整是通过改变网点的大小来实现的。从物理学中可知，当两个或多个具有相同频率的网屏相互重叠时，会因网屏间的遮光和透光作用产生出相当于差频的浓淡变化。这种浓淡变化随加网的角度差而变，形成所谓的龟纹。龟纹的出现干扰了人眼阅读印刷品，需要尽量避免。

两个或多个具有相同频率的网屏相互叠加时会产生莫尔条纹。当莫尔条纹十分醒目时，对正常的图案产生干扰时，就称作龟纹，如图5-20所示。印刷品龟纹产生的原因大体为下面几种。

（1）图像内所包含的往返重复内容的空间频率和网点的空间频率间相互作用产生莫尔条纹。例如，如果原稿中含有相同周期的背景（纺织品、远景下的草地等），由于不同色版间的遮光和透光作用而产生条纹或斑块。

（2）不同角度的网点图案（网目）相互叠合时产生龟纹。

（3）扫描类似于加网过的图像（例如印刷品）时，因扫描线与原稿中的有规律排列网点图案相互作用而产生龟纹。

图5-20　撞网与正常情况的比较

(a) 产生撞网　(b) 正常情况

2. 龟纹的防止

由上面的分析可知，当叠加周期性的图案时一定会出现龟纹，但只要按龟纹的周期取最小值（空间频率为最大值）或使龟纹周期大到超过纸张宽度来设定加网条件，则可防止龟纹的出现，至少可降低龟纹对印刷品的影响。

（1）数字加网图像龟纹的防止　早期的有理正切加网只能产生±18.4°的加网角度来代替15°和75°加网，但随着数字加网技术本身的发展以及计算机运算速度的提高，出现了超细胞结构加网技术，这样可以使加网角度精确地逼近±15°。现在，用超细胞结构加网已变得十分普及，每一家生产RIP的厂商在对彩色图像加网时都可采用这一算法，因此用现代超细胞结构加网技术可将龟纹控制在最小的范围内。

（2）扫印刷品原稿时要去网

3. 阶调跳跃问题

（1）常规网点的不足　除了容易出现龟纹外，常规网点的另一个不足是在网点开始搭接前后出现的阶调跳跃，其原因是印刷（压印）过程中油墨颗粒被挤压时发生的网点增大。图5-21分别说明了正方形网点、菱形网点和圆形网点在图像复制时阶调跳跃的情况，不同形状的网点出现阶调跳跃处的网点百分比也不同。

（2）网点周长的影响　为使网点排列更紧凑，更有效地表现原稿的阶调和层次特点，对具有相同面积的网点应该尽可能使它的周长为最小。比如，同样是50%的网点，因形状的不同，产生的网点增大值也不同。显然，在同面积的网点中，圆形网点的周长最小，网点增大值也最小。

由于油墨的互相黏结，印刷时通常有网点增大的趋势。如果所采用的网点形状其凹角和裂口越多，则网点的周长就越长，油墨可铺展的地方（面积）也越多。印刷时的网点增大就会越严重，复制出的颜色会变得越深（暗）。考虑到图像复制时的阶调跳跃现象是与印刷时的网点增大有关的（网点增大越严重，阶调跳跃现象将越明显），因此在分析阶调跳跃问题时不能不考虑网点周长的影响。

（3）降低阶调跳跃的理想网点形状　在设计网目调网点时必须考虑的一个问题是网点开始彼此接触（在50%网点百分比处）时将发生什么现象。如果这一问题没有处理好，则可以估计到将产生阶调跳跃现象，并因此而使复制出的颜色发生偏移。

分析图5-21可知，在彩色复制时为了尽量降低阶调跳跃，理想的网点形状组合应该为：在高光部位采用圆形网点，在中间调区域使用菱形网点或椭圆形网点，而在暗调部位则宜使用阴图型圆网点。因此，在桌面制版操作时，为了获得满意的阶调复制效果，应该根据软件是否提供网点型选择的功能，按上述原则在不同的部位采用不同的网点形状，力求将网点增大控制到最小。

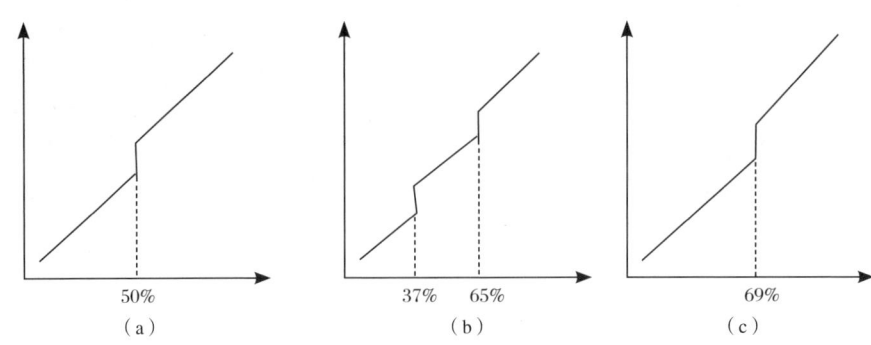

图5-21　不同网点的阶调跳跃特点
(a) 正方形网点　(b) 菱形网点　(c) 圆形网点

五、网点增大及补偿性校正

1. 网点增大的概念和性质

网点增大是一个重要的印刷适性，其含义是指当油墨印在纸张上时，网目调网点的大小和形状可能会发生改变。这是由纸张的吸墨性和印刷机的速度引起的，其结果是图像整体变暗，从微观上讲也就是网点增大了。网点增大的程度通常使用"网点增大率"和"网点增大"两种概念来表示。其中，网点增大率=（增大后的网点大小－原始网点大小）×100%，这种定义比较科学严谨。而"网点增大"概念是直接使用50%网点被增大后的绝对增大量来定义，这种直接反映网点增大量的方法简单直观，工艺性较好，因此在诸如Photoshop的分色参数设定界面上就是使用"网点增大"（dot gain）的概念来定义的。由于在实际工作中以上两个概念被经常混淆，因此在设计和输出的过程中要和印刷厂的输出中心取得统一。表5-2表示不同大小的网点的增大率分布，表5-3中所示是不同印刷方式下在中间调处的网点增大及其得到50%网点（增大后）所需原始网点的大小。从表5-3中看出，如果在印刷时预期网点增大为10，则41%的中间调网点大约产生50%的网点；对于15%的网点增大，需要36%的网点以得到印刷时的中间调，这些数值对不同的印刷环境会有所不同。

表5-2　　　　　　　　　不同大小的网点的增大率分布

网点值/%	5	10	20	30	40	50	60	70	80	90	95
增大率/%	1	3	8	16	27	35	26	18	9	4	1

表5–3　不同印刷方式下中间调网点增大和50%网点（增大后）所需的原始网点大小

印刷方法	网点增大/%	原始网点大小/%
卷筒纸印刷机／铜版纸	15～25	36～30
单张纸印刷机／铜版纸	10～15	41～36
单张纸印刷机／胶版纸	18～25	35～30
新闻纸印刷	30～40	28～25

2. 印刷网点增大及补偿措施

网点增大的直接效果就是使得印刷和打印的图像变得层次较暗和颜色较深，特别是中间调最为明显，因此网点增大的补偿就变得十分重要。印刷和打印过程中产生的网点增大与使用的油墨、纸张、印刷机及其他印刷工艺条件有关。在图像处理软件中，这一类网点增大的补偿措施应该在颜色设置对话框中指定。

（1）印刷网点增大及补偿措施

① 标准网点增大值和网点增大曲线。对应于不同的油墨和纸张组合，Photoshop内置了一套标准的网点增大参数。

a. 油墨和纸张组合。Photoshop在进行数字分色时，若采用SWOP（coated）作为分色的默认设置，指的是在铜版纸上用符合卷筒纸胶印出版物规范（specifications for web offset publication）的油墨印刷，在大多数情况下用这一方法可得到很好的分色效果。Photoshop虽然把油墨和纸张组合简称为油墨颜色（Ink Colors），实际上指的是油墨种类，而且还包含了印刷时将要使用的纸张。每一种油墨、纸张组合有不同的默认中间调网点增大值，这些数值是经过长期使用后统计出来的经验数字。印刷业使用的纸张大体上可以分成三类，即Coated（涂料纸，又称铜版纸）、Uncoated（非涂料纸，又称胶版纸）和Newsprint（新闻纸）。这三类纸张表面的平滑度、光泽度、吸墨性、抗水性和油墨转移特性等均不相同，印刷时所能再现的阶调特性、着墨量和油墨转移量也不同。

在大多数情况下，印刷所使用的油墨特征在同类型的不同打印机（印刷机）之间不会有太大的差别，但网点增大值可能有较大的差别。因此，对于同类型的不同打印机，需要修改的主要是按实际使用情况得到的网点增大值，而不是改变油墨种类。对于要在数字印刷机上使用的图像，分色时可能遇到同样的问题。

b. 不同输出设备的网点增大。不同类型的输出设备有不同的网点增大规律，即使是同种设备也可能产生不同的网点增大。例如，黑白激光打印机的网点增大值要大大高于胶印机，其中间调的网点增大值通常在35%左右，喷墨打印机的网点增大则要低一些。因此，对网点增大的控制不仅对在印刷机上印刷有意义，对输出到打印机上也是很重要的。虽然一般的打印机不属于PostScript打印机，它们不能识别分色设置参数，但设法控制其网点增大值对获得正确的图像输出却是十分重要的。对非PostScript激光打印机或其他打印机的网点增大控制不能通过分色设置措施实现，但可以用某些颜色调整命令加以调节。

c. 不同油墨纸张组合的中间调网点增大值。油墨颜色（Ink Colors）清单中的每一种油墨纸张组合均有一套特定的中间调网点增大参数，这套参数是Adobe公司对不同油墨纸张组合下各个色版中间调网点增大值的估计，它来源于众多印刷公司对每一类油墨纸张组合的实际使用经验。对于用户来说，这些参数起到了指导作用，使得在大多数情况下可以得到良好的分色结果。表5-4列出了Photoshop内置的全部油墨纸张组合各色版的中间调网点增大估计值。

表5-4　　　　　不同油墨纸张组合各色版中间调网点增大默认值

编号	油墨和纸张组合名称	各色版的中间调网点增大估计值/%			
		青版	黄版	品红版	黑版
1	AD-LITHO（新闻纸）	33	30	30	30
2	Dainippon Ink	12	8	8	8
3	欧洲标准油墨（铜版纸）	13	9	9	9
4	欧洲标准油墨（新闻纸）	33	30	30	30
5	欧洲标准油墨（胶版纸）	19	15	15	15
6	SWOP（铜版纸）	24	20	20	20
7	SWOP（新闻纸）	33	30	30	30
8	SWOP（胶版纸）	29	25	25	25
9	东洋油墨（卷筒铜版胶印）	16	12	12	12
10	东洋油墨（铜版纸）	12	8	8	8
11	东洋油墨（无光铜版纸）	12	8	8	8
12	东洋油墨（胶版纸）	19	15	15	15

d. 标准网点增大曲线。Photoshop对油墨颜色（Ink Colors）清单中列出的油墨和纸张组合内置有一套默认的网点增大值，即每一种油墨纸张组合均有一个对各色版中间调网点增大的估计值，软件使用这一数值建立各色版的网点增大曲线，并对整幅图像进行网点增大调整，这样的网点增大曲线称为标准网点增大曲线，它们是由软件提供的（如图5-22所示）。

② 由中间调网点增大值自动建立网点增大曲线。如果用户认为自己的印刷工艺虽然采用了Photoshop油墨颜色清单中的油墨纸张组合，但中间调网点增大不同，则可以在网点增大（Dot Gain）对话框中输入实际的中间调网点增大值，软件将用户输入的中间调网点增大值作为标准值自动建立网点增大曲线。

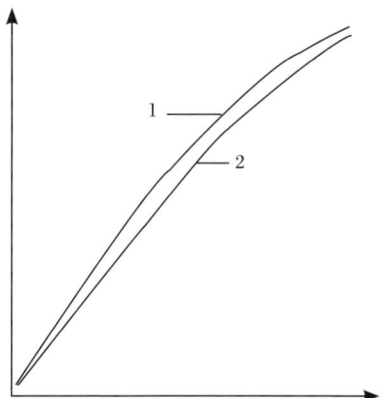

图5-22　中间调网点增大为20%时，各色版网点增大曲线
1—青版网点增大曲线
2—黄、品红、黑版网点增大曲线

③ 自定义网点增大曲线。若用户对软件建立的网点增大曲线不满意，则可以自定义网点增大曲线，即从网点增大清单中选择曲线（Curves），指定多达13个点各自的网点增大值，其他位置的网点增大值仍然由软件自动计算生成。

（2）输出设备的网点增大补偿　狭义地看，制版阶段的网点增大补偿只要解决照排机光学系统非线性引起的网点增大即可；但广义地看，应该对所有桌面系统输出设备的网点增大采取相应的补偿措施。

① 像素值与网点面积率的关系。当采用8位的位深度来描述图像中每一主色通道的一个像素时，每一像素点的数值为0～255。一个灰度值为0的像素在转换成网点后，其网点面积率应该为100%；同样，灰度值为127的像素则应该被转换成面积率为50%的网点；灰度为255的像素转换后的网点面积率为0%。可见，像素值越大，则转换得到的网点面积率越小。

② 输出设备非线性效应对网点尺寸的影响。图5-23所示的是像素值与网点面积率间的理想关系。但是，由于输出设备硬件的非线性效应（例如照排机的光学非线性）和网点形状的几何非线性效应，这种理想关系通常是不能满足的，即实际输出时得到的网点可能比期望的网点大，也可能比预期的网点小。

对于像照排机这样的记录设备，输出时得到的网点通常要大于理想值，这就是照排输出时的网点增大现象。一个灰度值为127的像素，输出时在大多数情况下是不会得到50%的网点的，很可能是一个面积率大于它的网点，比如58%。这样，该照排机对中间调的网点增大值为8%。为了获得更好地输出效果，大多数输出中心要定期对照排机进行标定，称为照排机的线性化，其名称来源于照排机用传递函数补偿后，像素的灰度值将与输出得到的网点尺寸保持线性关系。图5-24所示为图像网点化时像素的灰度值与网点面积率的实际关系。图中虚线是像素值转换为网点的理想关系，但实际关系总是一条偏离对角线的曲线，当它向对角线右下方偏离时，说明输出设备在对图像进行加网时将产生网点缩小现象；当曲线向左上方偏离对角线时，意味着输出设备得到的结果是网点增大。

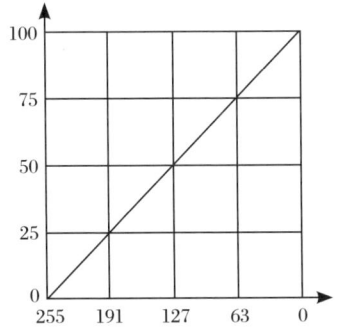 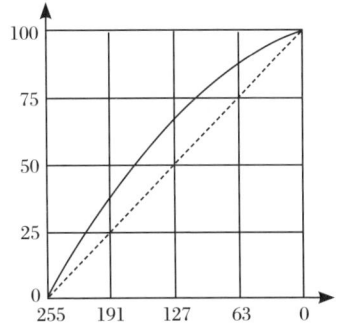

图5-23 像素灰度值与网点值理想关系曲线　　图5-24 像素灰度值与网点值的实际关系

③ 传递函数的作用。数字图像用照排机这样的设备输出为网目调图像时，网点的面积变化总会与理想值偏离，这与照排机种类、冲洗软片所用化学药品的功效和配方、软片的类型和批量等有关。当然，对制版后的印刷而言，网点增大还涉及所使用的印刷机、油墨和纸张以及印刷工艺等因素。对与印刷工艺相关的网点增大因素应该在设置分色参数时解决；对照排输出时的网点增大，如果打算采用前端加网，则可以用页面设置对话框中的传递（Transfer）项来调整。进入传递函数（Transfer Function）对话框后可以自定义传递函数，这一函数用来标定和调整加网工艺，确保得到与原图像一致的密度。

打印机也有类似于照排机的现象。对于打印机的网点增大，补偿网点增大的措施除根据打印机标定数据定义传递函数（适用于PostScript打印机）外，还可以用颜色和层次校正命令调整（适用于非PostScript打印机）或设置正确的分色参数（适用于PostScript打印机）。

（3）用传递函数补偿网点增大　若使用的图像输出设备标定不当，则在把图像转移到软片上时，可能会发生网点的增大或缩小，这可以用PostScript技术的传递函数（Transfer Function）给予补偿。此外，若打算对图像不同阶调区域的网点增大进行精确控制时，也可以使用传递函数。

① 传递函数与网点增大曲线的区别。传递函数很容易与分色参数设置对话框内的网点增大（Dot Gain）曲线混淆。分色参数设置时的网点增大曲线是为了补偿印刷后工艺条件产生的网点增大；而传递函数则是为了补偿输出分色软片时产生的网点增大，即前者适用于印刷过程，而后者则用于制版阶段。

② 传递函数的应用范围。在Photoshop中定义传递函数适用于下述两种情况。

a. 前端加网。预先在软件中设置好加网参数，并根据输出设备标定数据定义传递函数，核准传递函数对话框中的覆盖打印机默认函数（Override Printer's Default Functions）项，把图像存储为EPS格式，并核准对话框中的包含传递函数（Include Transfer Function）项。这意味着，图像在照排机上输出时，将采用在Photoshop中定义的传递函数，而不采用照排机本身的传递函数。

Adobe公司竭力建议用户使用照排机制造商提供的标定软件或第三方的照排机标定设备（例如Kodak公司的PrecisionColor）对照排机进行标定，即采用后端加网的方法输出图像，因为由照排机制造商或供应商提供的标定软件更符合设备的实际情况。

b. 用PostScript打印机直接输出图像。当采用PostScript打印机在Photoshop软件中直接输出图像时，同样可以根据打印机的标定数据定义传递函数，且需要核准传递函数（Transfer Function）对话框中的"覆盖打印机默认函数"项。对于用非PostScript打印机或后端加网输出图像的场合，定义传递函数是没有意义的。

③ 传递函数的定义与调整。传递函数允许用户沿图像主色通道的灰度变化方向定义13个数值，建立自定义的传递函数曲线。从图5-25可以看到，Photoshop允许对每一色版定义传递函数曲线。当然，这实际上是照排机的网点增大曲线。

在输入传递函数值时，需记住所用图像最终输出设备（印刷机）的密度范围。在一台高精度的照排机上可以生成一个很小的高光网点，但是，对于印刷机而言，一个很小的高光网点可能太小以致不能保持住油墨；而且这样小的网点也许在晒版时就损失掉了。同理，如果超过一定的密度水平，则在印刷时暗调网点也许填充成了实地，从而损失暗调区域的细节。

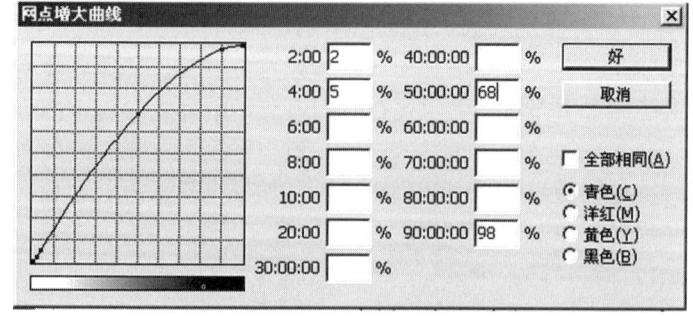

图5-25　网点扩大曲线设置对话框

六、调频加网与混合加网技术

CTP技术的出现,使数字加网技术直接运用到了印版上。CTP技术用数字技术代替了传统印版制作的模拟技术,从而减少了图像转移次数和人为因素对版面质量造成的影响。由于印版上的网点是一次成像的网点,因此印版上的图像精确、清晰,高光部位的小网点不易丢失,暗调部位的网点不易出现并级,印版质量大大提高。CTP技术的快速发展促进了数字加网技术的更新,目前应用于CTP工艺的数字加网技术已不再是传统调幅网点一统天下的局面,调频网点、混合网点也备受厂家的关注。

1. 调频加网技术

调频加网(FM:frequency modulated screening)技术是利用计算机技术,在硬件和软件的配合下形成。调频网点在空间随机分布,没有规律可循,网点的直径一般介于 10~30μm之间,每个网点的大小相同,依靠改变网点的密集程度,也就是依靠改变网点在空间分布的频率,来调节印刷时纸张上的墨量,如图5-26(b)所示。

 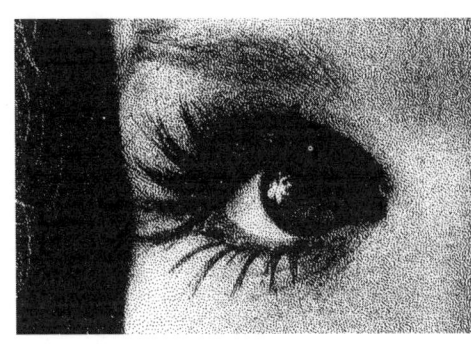

(a) (b)

图5-26 调幅网与调频网对照图
(a)调幅加网 (b)调频加网

随着调频网点的发展,产生了彩色印刷技术方面的一个新课题,这就是被称为高保真彩色(hi-fi color)的一项新技术。高保真彩色采用随机网点,使用超过四色的分色技术,在色彩再现范围、印刷密度、清晰度和层次等方面与常规加网技术相比都有更大的扩展和改善。

(1)调幅网点与调频网点的区别 调频加网技术产生的网点与调幅加网技术产生的网点相比有不少区别,这些区别形成了这两种网点的不同行为特征。

① 调幅网点是以改变网点面积大小的方法来表现原稿的颜色和层次的变化。原稿中,色调深的部位用面积大的网点来表达,而色调浅的区域则用面积小的网点来描述。加网方式经历了从照相加网、电子加网、数字加网的发展过程,但无论采用哪种加网技术,产生的网点与传统的网屏加网产生的网点具有相同的行为特征:即网点的空间频率以及单位面积上网点数量是恒定不变的,网点面积的改变本质上是网点强度信号(振幅)的改变。因此,常规加网技术用调制网点幅度的方法表现图像的阶调和层次变化,这是我们把它称为调幅网点的主要理由。

② 调频网点的主要特征是网点面积固定不变,通过改变网点在二维空间中的分布密

度（网点出现在区域中的密集程度）来表现原稿色调。

调频网点在二维空间中的分布是随机的，即对于同样的原稿阶调，网点在一个区域中的出现的频率通常是不一样的。由于网点在区域中的随机分布特性，不能用网点的大小（幅度）这个物理量来描述，应该改用频率来描述，它表示了网点的频率特征。

③ 调频网点有两种基本类型：一种是每个网点大小（面积）一定，仅网点的空间分布随机变化，称为一级调频网点（first order FM dot）；另一种是网点面积和空间分布频率均在变化，被称为二级调频网点（second order FM dot）。

（2）调频加网的原理　调频加网与传统的调幅加网截然不同。调幅加网的网点是以网格中心元素为基础，随着像素值的增大，以一定形状向外扩展。相邻两网点的中心距离不变，网点的排列遵循一定的规律，网点形状是人为设计的。像素值的大小，控制着网点面积的大小。在调频加网中，是以一些微粒点子作为独立的像素单位，它们随机的分布在一个特定的单位区域，其面积根据计算方法的不同而有差别。

调频加网采用的"网点"是一个极小的单位，它们具有固定的尺寸，相对独立分布在每个单位区域中，以不同数量点的微粒、以不规则的方式，表现原稿每种色彩的颜色值。

采用数字加网系统实现调幅加网时，将输入图像像素的灰度值与网点模型中的加网阈值相比较，如果大则激光束曝光，产生曝光点，否则不曝光。加网阈值在单元网格内规则排列，自网格中心到网格边缘，加网阈值由小到大逐渐增大，从而保证随着像素灰度值的由小到大，形成的网点由网格中心向四周扩张，直到布满整个网格。而调频网点的关键是打破了网点模型存储器中的阈值分布规律，使由输入图像像素灰度值决定的若干个着墨点在单位网格中随机且均匀地散开，即建立在单位网格范围内分配点元素的随机数序列。不过为了避免同一灰度值网点分布状况雷同，在调频加网中一般不做成固定的网点模型存储器，即使像素灰度值相同，点元素个数相同，但分布的顺序可以不同，从而实现随机加网。

（3）调频网点的优点　与调幅网点相比，调频网点有如下几大优点。

① 表现层次细腻、逼真。例如画面的高光层次，用调幅网点表现，极高光处只能是无网点（绝网），次高光处便布满了细网点，层次如阶梯，看上去分得很清楚；而调频网点是用小网点的疏密来表现，能把画面的高光层次表现得更协调、自然。其色彩再现范围、印刷密度、图像清晰度均优于传统网点的产品。

调频加网技术，由于网点既是表达图像颜色的"元素"，也是表现图像细微层次的最基本单元。因此，在输出设备分辨率相同的条件下，调频网点比调幅网点具有更高的细微层次表达能力。即可以用较低记录分辨率的直接制版机输出较高精度的印版。

② 克服了画面龟纹现象的出现。龟纹是困扰彩色制版业几十年的大敌。龟纹的产生，影响画面的美观，一旦印品中有龟纹，就是废品。而调频网点在二维空间中是随机分布的，不存在加网角度的问题，几个颜色的网点叠印在一起不会产生龟纹，即不满足莫尔条纹产生的条件。画面看上去平服，即使是复制印刷品或原稿是纺织品，也不会产生龟纹。

调频网点不仅避免了在印刷品上出现龟纹，也避免了多色网点油墨堆在一起呈现灰色而影响彩色图像的复制效果。

③ 克服了中间调生硬现象。调幅网点45%~60%的网点在印刷时扩大较多，所以在画面的中间调很容易出现层次并级，致使中间调层次生硬。例如大幅的人像画面、脖颈处的红版网点一般都在40%以上，印刷时掌握不好，会使这些网点扩大至60%以上，出现"血

脖子"的难看画面。而调频网点则比较好地解决了中间调生硬的问题。

④ 调频网点与高保真技术结合，能使彩色复制达到逼真效果。调频网点在二维空间中的分布是不规则的，不存在加网角度问题。对印刷工艺而言，其积极意义是可以在印刷时采用超过四色的油墨。目前，高保真彩色印刷通常采用七种油墨复制图像，这样可大大减小印刷品与原稿颜色的差距，提高颜色复制能力。调频网点的色彩再现范围广，能产生常规四色印刷无法实现的特殊印刷效果，扩展了印刷技术能表现的色域范围，许多四色印刷不能复制的颜色可通过调频网点复制。

另外，由于调频网点作不规则分布，可避免网点相互重叠，油墨也可以尽量直接印在承印物上，故可使用较大的墨量，也可起到增加色彩饱和度的作用。

⑤ 生产效率高。采用调幅加网技术时，为了满足在45°加网方向有足够的像素，扫描时需要提高分辨率（通常是加网线数的2倍）。这样，图像存储量将增加为用加网线数扫描的4倍。如果用调频网点加网，则只要采用加网线数扫描就够了。大量工业实验也证明，采用1:1规则完成扫描，可达到与常规加网技术相同的复制效果。但其图像存储量减小，图像处理和排版的速度得到了提高，输出需要的时间减少，从而提高印前作业的生成能力和效率。

⑥ 对设备要求低。低分辨率的照排机采用调频技术也可获得高质量的图像，而调幅技术则必须要求高分辨率的照排机。例如，1200dpi的照排机输出的调频图像，其质量明显优于2400dpi的照排机输出的175目调幅图像。

在调频加网技术中，唯一的关键参数是网点的大小，这与传统加网的印刷参数相比少多了，它不存在网点角度、网线数、网点形状的问题。调频网点的大小仅与曝光装置的记录精度有关。从理论上讲，一台1200dpi照排记录光点的大小是边长为$1/1200$in（1in=0.0254m）的正方形点，但实际上用激光曝光在感光胶片上的光点是面积比这个正方形略小的圆形，约为21μm，即相当于60l/cm的1.2%的圆点或1.5%的方点。

（4）调频加网技术存在的问题　虽然调频加网具有较多的优点，但由于调频网点直径太小，印刷时网点增大现象较严重，使许多印刷机不能正确地再现图像层次。另外，调频加网的网点属于不规则排列，因此会在局部产生线条和跳棋状结构，加重了网点的增大，并在局部产生油墨堆积。这些都是导致调频加网技术没有在实际生产中广泛应用的主要原因。

① 调频加网工艺。调频网点的产生借助于电脑软件来完成。因此，调频网点发生器与其他数字加网的网点发生器（电子网点软件）一样，可以存储在RIP内。

a. 调频加网的实现。完成排版后的页面输出时，可以从存储在RIP内的网点类型中选择调频网点加网。因此，一般的桌面系统均可使用调频网点。但不同生产厂商开发和设计的调频网点通常是不相同的，需要根据设备配置选用。例如，AGFA公司的水晶网点既没有角度，也无点形差异，只有调频密度的选择，即2400dpi和3600dpi两种。选择2400dpi时调频网点的直径为$(1/2400) \times 25.4 \times 1000 \times 2 = 21$（μm），即由四个激光光点组成一个调频网点，它相当于常规140lpi加网时1%的网点；3600dpi调频网点的直径为$(1/3600) \times 25.4 \times 1000 \times 2 = 14$（μm），也是用四个激光光点组成一个调频网点，相当于采用调幅加网方法200lpi的1%网点。

商业印刷可采用20μm的网点，报纸印刷适合用36μm的网点。

b. 软片输出。由于调频网点极小，网点软件的开发者建议采用直接输出的胶片晒版。之所以不赞成拷贝，是因为调频网点在拷贝中比传统网点容易损失。若需要拷贝，应采用阳拷阳的胶片拷贝，以不超过两次为佳。

② 调频网点技术的普及。目前，调频加网技术的普及尚存在一定困难，主要原因如下：

a. 调频网点对晒版和印刷等后工序的材料和设备要求很高，按我国现有的材料和生产工艺还不能生产出满足调频加网技术的产品。目前高档彩色印刷通常采用175lpi或200lpi的调幅网点印制，可成功转移的网点面积率范围在2%~98%，这实际上已经是现有材料（印版、橡皮布、油墨和纸张等）用常规复制工艺能够达到的极限。调频网点图像通常由相当于200lpi调幅网点的2%或更小的网点组成，因此用现有材料和工艺实现调频网点的转移和复制是相当困难的。

b. 所有工序都需根据调频网点的特点，按数据化管理，为调频网点制定出新的工艺规范，并采用新的测量方法评定印刷品质量。例如，用放大镜来观察传统调幅网点大小的经验做法将会淘汰。

c. 成本因素。采用调频加网技术后，为适应新的生产工艺，需投入相当的资金用于购置新设备和测量仪器等。此外，也需要购买更好的纸张和油墨。

③ 采用调频加网技术可能发生的问题。在数学上，借助于现代电子计算机的高速运算能力，实现调频网点产生的算法可以有多种，但调频加网的工业应用，不仅是一个数学问题，而且还是与印前和印刷诸工艺有关的技术问题，以及随之而来的印刷材料和印刷设备问题。这些问题制约了调频加网技术的工业应用。

a. 打样。目前通用的打样技术，有些尚不适用于调频网点。

b. 晒版。由于调频网点过小，这样就带来了与晒版再现有关的一系列困难。典型的调频网点直径在15~25μm之间，通过计算可知，20μm相当于100lpi印刷品中1%大小或在200lpi印刷品中相当于2%大小的常规网点。若在晒版中小点未能晒实，对常规网点而言可能只损失了高调区的小部分层次；但在调频加网情况下，则会失去包括中间调在内的大部分图像。

c. 网点增大规律。印刷过程中产生的网点增大是物理学边缘效应的一种，网点增大值与单位面积中的网点周长成正比。对于同样面积的网点，调频网点的周长总和要比调幅网点大。因此，调频网点的网点增大值要高于调幅网点。与常规网点相比，调频网点增大值在20%~40%之间，这比常规网点增大值高20%左右，这一问题可在分色时予以补偿。

d. 复印困难。采用调频网点印刷出来的印刷品，虽然能接近连续调原稿的效果，但由于图像部分的墨点太小，给复印及传真等图像复制方法带来了相当的困难。

e. 无成型工艺。目前，西方采用调频网点的印刷厂仍处于工艺调整和摸索期。有关印刷材料的供应商（例如胶片、套药和PS版等）亦处于产品调整和新产品开发阶段。成套工艺的生产，包括解决耐印的材料等，还需要一段时间。尽管还存在一系列工艺问题，但从初步的工业实验效果和用户反映来看，大规模地将调频加网技术应用于印刷业不再是遥远的事。

调频网点的主要市场目标是对质量要求很高的客户及那些接受新技术、并期望有特殊印刷效果的厂商。除了打样不够准确和对晒版工序要求较为苛刻外，采用调频网点后印刷反而比较容易，而且套印精度对色彩和清晰度的影响较小，在错位达1/16in时，仍能保持灰平衡不变。

（5）调频网点的印刷适性

① 印刷机要求。高质量活件中调频网点的两种典型尺寸是14μm和21μm，印刷机必

须能正确传递这些网点，以精确复制所有阶调。如果印刷机能正确传递250lpi网屏的1%网点，它将能进行最高分辨率的随机方式印刷。

② 印刷机套准。因为消除了玫瑰斑和龟纹，调频网点套印不准时不会在中间调出现彩虹或色偏。但套印不准的调频网点图像仍然能看出来，套色印刷仍然需要隐藏可能会出现的轻微承印物偏移，尤其是在旧的或未校准过的印刷机上。

③ 印刷准备。由于在水墨平衡相互作用中微点的未知行为，印刷准备时间通常比常规印刷准备时间长。

④ 油墨消耗。和调幅网点相比，调频网点油墨消耗少。调频网点最大的优点之一是具有转移更多油墨而网点扩大没有显著增加的能力。使用调频网点时，并不需要为了提高印刷质量而转移更多的油墨；一些印刷厂报道他们能使用较少的油墨得到比常规加网密度高的印刷品。

⑤ 油墨密度。调幅网点可能印刷C、M、Y、K的密度分别为1.30、1.35、1.00和1.80，而调频网点可能印出的密度分别接近1.60、1.65、1.25和2.20，且能保持图像锐度和对比度。调频网较小的网点尺寸限制了纸张上油墨的厚度。因此当提高油墨密度时，不太可能铺展或扩大（必须使用过初始的补偿曲线）。相反，印版上较大的网点在橡皮布上转移较厚的油墨层，当转移到纸上时便会有严重的扩大，这种扩大可根据传统网点扩大曲线和用于油墨密度的标准（例如SWOP）补偿。

2. 混合加网技术

混合加网（hybrid screening）技术是借鉴调幅和调频两种网点特性的CTP加网技术，既体现了调频网点的优势，又具有调幅网点的稳定性和可操作性。通常采用调幅加网技术制作300l/in以上的精细印品时，直接制版机的精度都要达到4000dpi，这样会使输出效率降低，并且对印刷管理、套准提出了很高的要求。而混合加网的一大特点就是在沿用原有输出分辨率（如2400dpi）的条件下，就能实现超过300l/in的画面精度且不影响输出速度，也不需要传统的高线数加网工艺所需要的苛刻条件。印刷适性与传统的调幅网点相同，即在现有的印刷条件下就能真正实现1%~99%网点再现。

爱克发公司的Sublima加网技术是CTP技术中实际应用较成功的一种混合加网技术。Sublima加网技术合理运用了调幅、调频加网技术，可以用高线数调幅网点表达图像中间调的层次，用调频网点表达高光和暗调的层次。以印刷能够表现的最小网点为分界点，分界点以上运用调幅网点，分界点以下保持网点大小不变，改变网点数量来表现层次，分界点网点的大小，根据加网线数不同而有所变化，如表5-5所示。

表5-5　　　　　　　　　　加网线数与过渡点大小的关系

加网线数/（l/in）	210	240	280	340
过渡点网点百分比/%	3	4	5.5	8

Sublima加网技术采用爱克发的专利XM超频运算法，当调幅网点向调频网点过渡时，调频的随机网点延续了调幅网点的角度，完全消除了过渡痕迹，让两种频率的网点巧妙地融合，如图5-27所示。此外，Sublima加网技术在进行RIP时，对其计算方法进行了优化，所以输出效率没有受到很大的影响。

Sublima加网技术在不改变现有印刷条件、不增加成本的前提下实现了高网线印刷。印品图像非常细腻，在340l／in下网点与网点组成的玫瑰斑几乎无法用肉眼辨别，看上去像照片一样，显著提高了印刷品的质量。Sublima加网技术的主要优点如下。

（1）无需改变印刷条件　Sublima加网技术以印刷机最小可印刷网点（175l／in2%的网点）为设计基础，340l／in的网点在8%、2%和1%的大小是相同的，通过减少网点分布的密度来表达层次，同样的方法运用于92%～99%的网点。340l／in的Sublima，最小网点大于175l／in2%的调幅网点，如果印刷机可以复制175l／in2%的调幅网点，则完全可以复制340l／in1%～99%的Sublima网点，如图5-27所示。

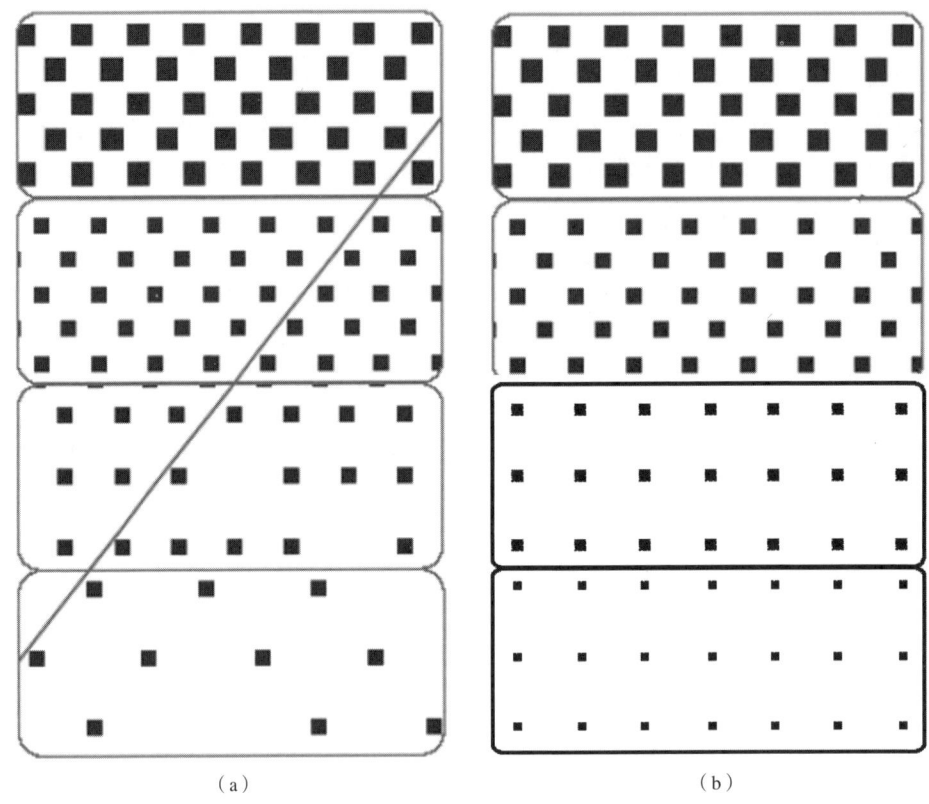

图5-27　Sublima加网与调幅加网比较
（a）Sublima加网　（b）普通的调幅加网

（2）不增加印刷成本　运用现有的印刷设备和工艺，就能印出高网线印品，显著提高印品质量而不增加成本。Sublima加网线数最高可达340l/in。

（3）不降低输出效率　输出各网线数的Sublima网点时，如210l/in、240l/in、280l/in、340l/in等，直接制版机只要采用2400dpi的输出分辨率即可，输出效率不会随着加网线数的增加而降低。

（4）图像层次表现细腻，尤其是在平网区域，不会像调频网点那样有粗糙感

除爱克发公司的Sublima加网技术外，网屏公司的视必达加网技术也是混合加网技术的一种。视必达加网与调幅加网、调频加网的不同如图5-28所示。视必达加网能够根据画面中色彩、层次的变化适时地选用"类调频网点"，它在网点百分比1%～10%的高光区域

及90%～99%的暗调区域，像调频网点一样，使用大小相同的细网点，并以这些网点的疏密程度来表现图像的层次变化，但最小网点的尺寸比通常使用得要大些，从而弥补了调频网点难于印刷的不足。在10%～90%的中间调部分，又会像调幅网点一样改变网点大小，但所有网点的位置都具有随机性，这意味着加网角度不存在了。这一技术使得视必达加网可以在常规的2400dpi、175l／in的生产条件下实现相当于300l／in以上的超精细加网的质量，同时也避免了玫瑰斑和龟纹对印品质量的影响。

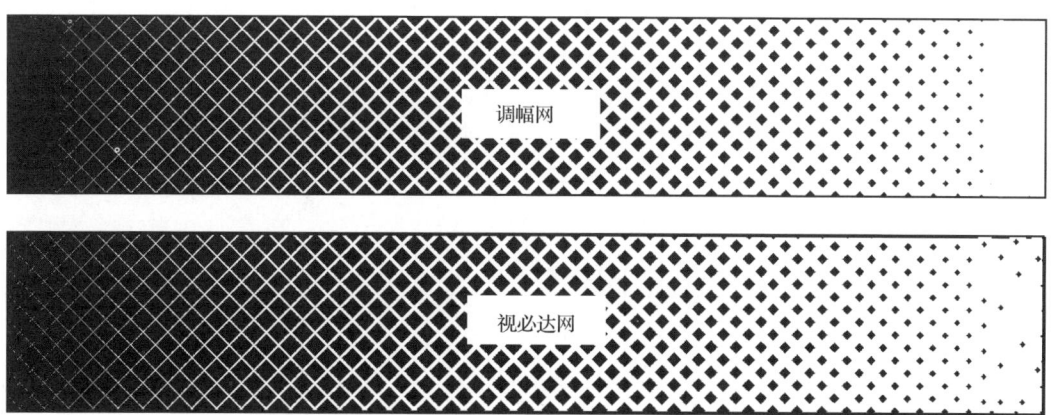

图5-28　调幅网与视必达网印刷效果比较

第四节　打　　印

一、打样

打样的目的是生产出满足质量要求的样张，为校审人员和制版、印刷工序提供依据和标准。样张是印刷品的墨色规矩样，具有直观反映图像复制再现特性和预测检验印刷质量的功能，是用于检验印前质量和签样的基本要素和依据，是印前公司与客户之间、印前与印刷工序之间交换意见，确认质量标准的媒体和依据。

1. 打样的作用

（1）为客户提供标准的审批样张。样张是一个专业制版公司的成品，客户签样则标志着整个制版环节的完成。

（2）为印刷提供基本的控制数据和标准的彩色样张。

（3）错误检查。检查设计、制作、出片、晒版等过程中可能出现的错误，找出已存在或可能在印刷中出现的错误，以便对出现的错误进行校正，降低生产的风险和成本。

2. 打样的分类

按照用途的不同可以分为校版打样、合同打样；按照实现方式不同可分为传统打样和数字打样。

二、传统打样与数字打样

1. 传统打样（模拟打样）

传统打样又称为机械打样，是指在平印制版工艺中，先将平印制版作业中制作好的页面图文信息在照排机上输出胶片，再通过晒版机晒制PS版，最后在打样车间通过打样机按照印刷的色序、纸张与油墨印制各种分色或彩色样张的过程。

传统打样中打样机的工作原理与印刷的原理相同，是利用油水互不相溶的特性，通过水墨平衡和网点再现彩色图文信息。传统打样机采用圆压平的压印方式和湿压干的油墨叠印方式，有单色打样机和双色打样机两类。

传统打样工艺的配置较复杂，需要配有温湿度控制的房间、拼版台、晒版机、单色或双色打样机、印刷用反射密度计等设备，还需要具有一定印刷知识和打样经验的工作人员。

传统打样的幅面多为对开，与印刷机相比，传统打样机具备速度慢、压力小；传墨串墨辊少、储墨系数低、墨色变化快；油墨从滚筒橡皮布转移到纸张的时间长；给墨量的大小靠手工操作；从上墨到印刷品颜色改变之间的时间间隔短；压力调节简单；给水量控制比较灵活；对颜色的控制比较容易等特点。打样稿比印刷品墨色厚实、色彩饱和度高。

2. 数字打样

（1）软打样（屏幕打样）　软打样是指在显示屏上显示图像的效果，以预测印刷时图像的色彩和内容。软打样通过色彩管理技术使显示屏的显示色域与印刷工艺一致，主要用于报纸和远程的印刷样张中，其主要设备是显示设备。

（2）数字打样　数字打样有版式打样和色彩打样Color proof（针对色彩效果）两步。

在屏幕上检查无错后就可以进行版式打样，版式打样用于对内容、套准、色彩突变和专色位置进行检测以及检查折手。版式打样检查无误后就可以进行色彩打样，自检无误后可以给客户签样。

数字打样系统由数字打样输出设备和数字打样控制软件两个部分组成，采用数字色彩管理与色彩控制技术来将印刷色域同数字打样的色域保持一致。其中数字打样输出设备是指任何能够以数字方式输出的彩色打印机，如彩色喷墨打印机、彩色热升华打印机、彩色热蜡打印机等，目前国内最常用且能够满足出版印刷要求的打印速度、幅面和质量的多为大幅面彩色喷墨打印机，如HP5000／120、EPSON7600／9600、ROLAND、EN-CAD、NOVAJET等。数字打样控制软件是数字打样系统的核心与关键，直接决定了数字打样的发展进程，包括RIP、色彩管理软件、拼大版软件等，主要完成页面的拼合、油墨色域与打印墨水色域的匹配、不同印刷方式与工艺的数据保存、各种设备间数据的交换等工作。

数字打样以印刷品颜色的呈色范围和与印刷内容相同的RIP数据为基础，采用色域范围较大的彩色打印匹配色域空间较小的印刷方式来再现印刷色彩，能够满足平、凹、凸、柔、网等各种印刷方式的要求，并能根据用户的实际印刷状况来制作样张，解决打样与后续实际印刷工艺不能匹配的问题。数字打样采用数字控制，设备体积小、价钱低廉，对打样人员知识及经验的要求比传统打样工艺低，易于普及和推广。

数字打样的质量控制采用控制标准样张（如IT8）和密度计（分光光度仪）的数据测量方式，重点控制高达928个色彩区域的还原，远远优于传统打样重点控制的1%、2%、

15%、50%、75%、98%、99%、实地密度还原等。降低了对人员素质与经验的要求，提高了控制数据的准确性。

3. 数字打样与传统打样的比较

数字打样集成出版印刷领域最新的理论与技术，与传统打样相比具有以下优点：

① 设备投资少，占地面积少，节省人力资源，降低成本费用，速度快。

② 质量稳定、重复性强，采用ROOM（RIP once out many—一次RIP，多次输出），打样过程完全由计算机控制，人为干预的因素很少，降低了对工艺、设备及环境的要求，输出样张的质量稳定，重复性高。

③ 适应性广，能够模拟各种生产效果，满足了市场多元化输出的要求。

④ 作为印刷流程数字化的重要组成部分，能够很好地与CTP（计算机直接制版）及数字印刷机等数字设备结合，符合未来印刷市场高速、高效、高质量的发展要求。

三、数字打印设备

1. 激光打印机

激光打印机是平印制版系统的校样输出设备之一，应用十分广泛。它主要用于输出单色校样，供校对文字以及图像的大小、位置等。激光打印机是将激光扫描技术与电子照排技术结合起来的产物，20世纪90年代激光打印机开始成为打印机领域的主流产品，其成像原理如图5-29所示。

① 充电。在扫描滚筒表面附近安置一根直径为0.1mm的钨丝作为充电电极，在其上加有5~7kV的静电正电压，在此高压作用下，钨丝与滚筒表面之间的空气被电离，电离后的空气中带有大量的正电荷就会均匀聚集在扫描滚筒的表面。

② 曝光。当载有版面点阵信息的扫描光束扫过滚筒表面时，见光区域因滚筒表面的半导体材料电阻急剧下降，电荷经地线而消失，而暗区电荷依然存在，从而使滚筒表面形成静电潜像。

③ 显影。显影是利用静电潜像对显影墨粉的吸附作用而形成墨粉图像，于是在感光鼓表面形成可见的图文。

④ 转印。转印是利用转印电极的静电作用力，将墨粉图像吸附到转印电极连续传动的记录材料上。

⑤ 定影。每一微小的墨粉颗粒都含有热熔性树脂，被吸附在记录材料表面的墨粉经过加热器时，树脂被熔化，墨粉就会被黏附在记录材料上，成为永久性图形字符。

⑥ 记录材料的输出和感光鼓的清洁。将记录材料从激光打印机中输出。用消电灯照射扫描滚筒，使其表面的残余电荷全部消去，再用清扫器清除滚筒表面的残余墨粉，使扫描滚筒表面恢复到初始状态，为进入下一次打印循环做好准备。

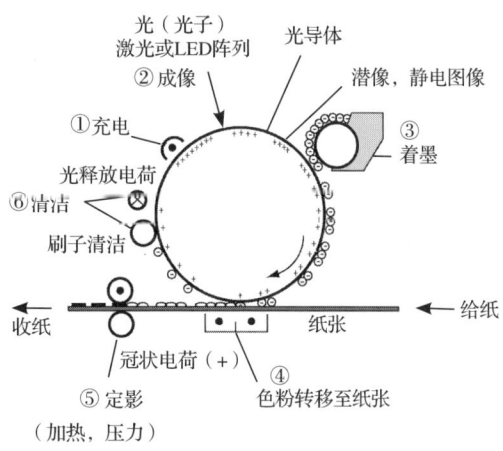

图5-29　激光印字机工作原理示意图

不同的厂家生产的激光打印机的各个部件可能不一样，但其基本原理和步骤大致相同。

2. 喷墨打印机

喷墨打印机是通过控制喷嘴喷出的细微墨滴在承印材料上的沉积产生密度而形成图像的图文输出设备。喷墨打印机最突出的优点易实现彩色化，在硬拷贝彩色输出设备中发展很快，广泛应用于彩色绘图、彩色图像打印等方面。

喷墨打印机的打印不通过中介物而直接将墨滴喷射在记录材料上，是一种新的打印方式。从喷墨打印技术的工作原理上来分喷墨打印机可以分为连续喷墨方式与按需喷墨方式两种。按需喷墨方式的驱动主要采用压电式喷墨技术和热泡式喷墨技术。

喷墨打印机主要由控制部分、驱动电路及喷墨机构三部分组成：

（1）控制部分　控制部分是控制喷墨机构按计算机产生命令动作的部分，也是控制电气驱动电路动作的部分。

（2）驱动电路　用于控制喷墨机构动作，包括喷墨头传动电机驱动电路、走纸电机驱动电路、高压偏转电压电路、墨水泵控制电路、墨水微粒带电荷的控制电路等，以及控制墨水循环、喷墨头、墨水微粒偏转系统等。

（3）喷墨头　喷嘴喷出的墨滴可以是连续式和按需式两种。

① 连续式。喷嘴连续式喷出墨滴，在墨滴运动过程中按墨滴的性质（比如充电与否）控制其运动的方向，使形成图文的墨滴落到纸上，不形成图文的墨滴落到墨滴收集器中，回收使用。这种方式墨滴喷射速度高，容易实现高速打印，但是需要墨水泵和墨水回收装置，机械结构比较复杂，设备规模比较大，其原理如图5-30所示。

② 按需式。喷嘴对墨滴喷射与否进行控制，即有图文的通过控制部分喷墨，非图文部分的就不喷墨。压电式喷墨的原理如图5-31所示。

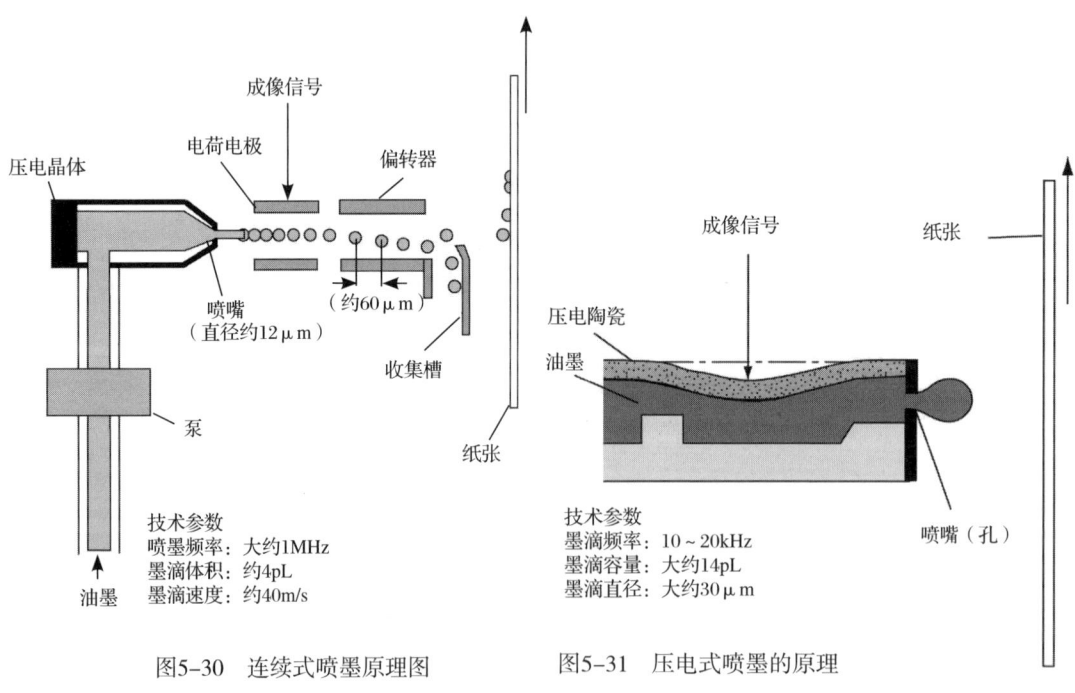

图5-30　连续式喷墨原理图　　图5-31　压电式喷墨的原理

四、输出校版样张

输出黑白校样最常用的方法是激光打印机。桌面系统使用的打印机一般为PostScript打印机，打印机外挂PostScript打印字库，因此制作时使用的字体要与打印字库一致，这样才能保证正确打印版面中的字体。

下面以典型的软件——PageMaker6.5C为例说明打印输出的过程。这个软件是使用最普遍的软件，其他软件的打印过程可参照这里的讨论，其原理基本相仿。

（1）在苹果菜单中选择选配器（Chooser），调出选配器对话框，在对话框中选择LaserWriter16/600或更高版本的驱动，如图5-32所示。在对话框右边会显示出打印机的型号，用鼠标选择后，退出选配器对话框。

（2）在PageMaker6.5C的文件菜单中选择链接命令，检查所有的文件是否链接正确。如果在链接文件名前有问号、减号等标记，说明文件可能丢失或修改过而没有重新链接，这样有可能打印不出所要的图像，或者打印出来的图像是修改以前的效果，因此应该进行更新或用简介按钮查找图像文件。若TIFF图像中包含没有删除的多余通道，会在图像模式后边出现一个减号，这时应回到Photoshop进行检查，删除多余通道，检查文件链接情况。

（3）在PageMaker6.5C的文件菜单中选择打印（print）命令，进入如图5-33所示的打印对话框。对话框的上方显示打印机名称和PostScript打印机描述文件名，这两项直接关系到打印的正确与否，因此首先应进行核对。

图5-32 调用选配器

图5-33 PageMaker6.5C打印对话框

默认的打印份数是一份，如果希望打印多份，可在份数（Copies）栏输入需要的打印份数，如图5-34所示。

对话框的中间是打印范围，默认的打印范围是全部页面（All）。如果文件中包含多个页面，而且只想打印其中的一部分，则应在打印范围栏（Range）中输入打印页码，如图5-35所示。打印页码有多种表示方法，下面是几种合法的页码表示方法：

1，3，6等，每个页码之间用逗号隔开，表示打印第1、3、6几页；

1，3—5，表示打印第1页和第3～5页；

1，4—，表示打印第1页和从第4页到结束的所有页；

在一个数字之前或之后键入一个连字符将打印到该页为止并含该页的所有页面或者是从该页向后并含该页的所有页面。在两个数字间键入一个连字符是告诉PageMaker打印在此范围内的所有页面。用户必须按升序键入由连字符分隔的数字（2-4，而非4-2）。使用逗号来分隔用户指定的个别页面或页面范围。用逗号分隔的页面号无需按某一顺序键入。例如，用户可以键入-5，19，10-11先打印页面1到5，此后是页面19，最后打印页面10和11。用户可以在该编辑框中键入多达64个字符。

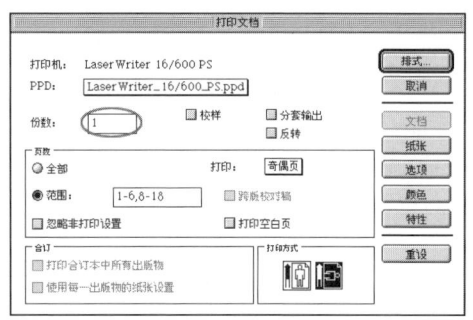
图5-34 设置打印份数

图5-35 设置打印页码

如果只想打印单数或双数页码，则选择奇数页（Odd）或偶数页（Even），如图5-36所示，这在双面打印时经常使用，默认值是打印奇偶页（Both）。

如图5-37所示，在打印对话框的右下边有两个图标，一个是直立人像，另一个是横卧人像，这两个图标表示文件的打印方向。直立图标表示文件按原来方向打印，横卧图标表示文件旋转90°打印。例如，使用LaserWriter16/600打印机打印，该打印机是A4打印幅面，如果所制作的版面是一个210mm×285mm的竖直版面，可直接按原来版面方向打印，但所制作版面如果是285mm×210mm的横宽版面，则打印时必须旋转90°。

图5-36 设置奇偶页打印

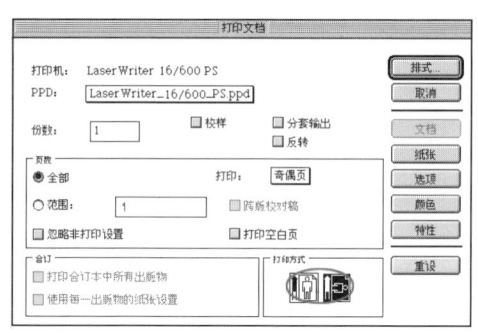
图5-37 版面打印方向设置

有些RIP在发排时具有自动旋转页面的功能，可以根据纸张和胶片的宽度自动使版面以最佳的方式摆放在纸面里，做到最节约胶片。但大部分的RIP不具有这种功能，必须手工设置，如果设置不对就会造成胶片的浪费，甚至使输出版面超出页面范围，造成废品，因此应特别注意。

（4）用鼠标点击纸张（Paper）按钮，进入如图5-38所示的纸张设定对话框 点击纸张尺寸（size）栏，从纸张清单中选择合适的纸张尺

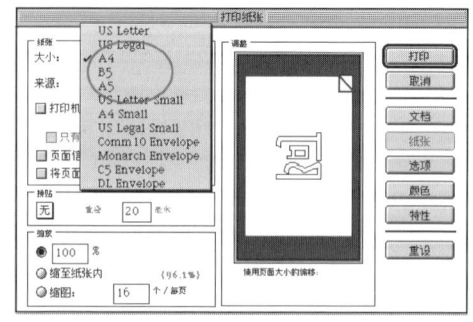
图5-38 纸张设置对话框

寸。纸张清单中所列的纸张尺寸与所选用的打印机描述文件有关，不同的打印机具有不同的纸张选择。若没有合适的纸张尺寸，可以选择自定义纸张尺寸。

对于激光打印机的纸张选择较简单，只有A3（对于A3幅面打印机）和A4以下的纸张幅面。要想打印大于打印纸幅面的版面，只能缩小打印或拆页打印。如果缩小打印，则选择缩小到打印范围（Filon Paper）选项，这样计算机会自动计算缩小比例，使版面以最大的比例缩到打印范围内，如图5-39所示。

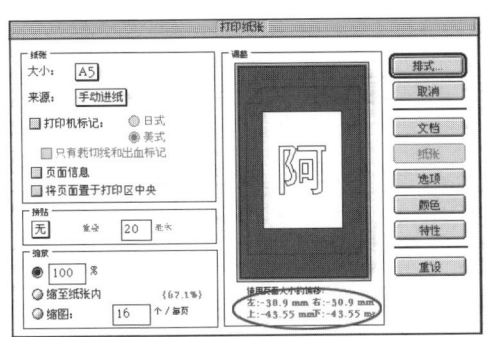 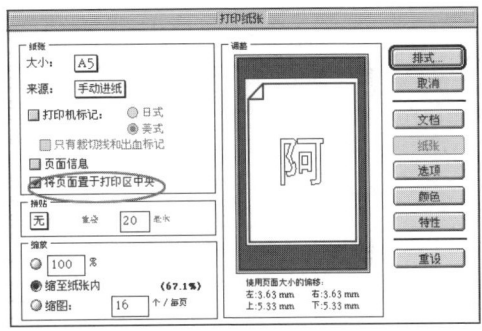

图5-39　打印比例设置

如果不想缩小打印，可以选择拆页打印（Tile），也就是把一个大的版面分印在几张纸上。如图5-40所示，选择拆页打印时可以选择自动拆页（Auto）、手工拆页（Manual）和设定两相邻页在分界部分的重叠尺寸（Overlap）。如果选择自动拆页，计算机会自动计算拆页的方法和拆分的页数，但往往自动计算的结果并不是最佳的结果。若选择手工拆分，则必须用鼠标划出拆分打印的范围，但经常会出现手工拆页失灵的问题。

若输出分色胶片，打印比例必须选择为100%，而且为了套印和裁切的需要，还必须选择打印机标记和页面信息选项。当选择打印机标记（Printer Marks）时，可以打印出裁切线、套准线、密度和彩色控制条，选择页面信息（Page Information）可以打印出日期、分色名和文件名，这些附加项是输出彩色分色片时必须加入的，但在打印激光校样时可有可无，打印比例也可以变化。页面置于打印区中央选项可以使页面打印在所选纸张范围的中央，四周的空白边缘相等。选择这些选项后，可以在对话框右边的页面预示图中看到打印机标记和页面信息打印的情况，如图5-41所示。

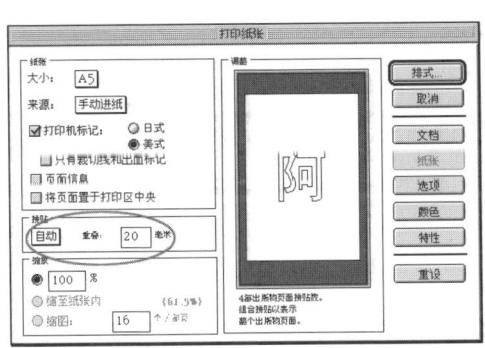 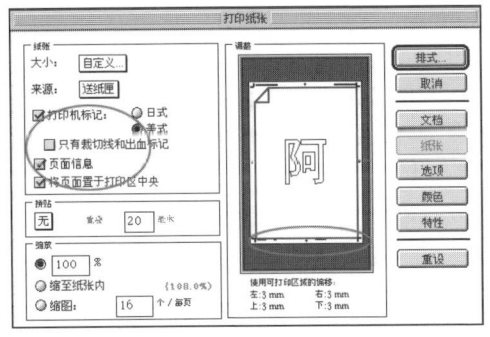

图5-40　选择拆页打印　　　　图5-41　选择输出打印机标记和页面信息选项

如果选择了打印机标记和页面信息选项，则打印机标记和页面信息也会占用一部分打印面积，所选择的打印纸张必须比版面净尺寸在长、宽两个方向各增加约25mm，因此，一个16开的版面，如果不选用打印机标记和页面信息可以用A4纸打印，而选用了这些附加项就不再能打下，必须选择缩小打印。

若不清楚选择打印机标记和页面信息选项后应该加放的页面尺寸，可以先选择打印机标记和页面信息选项，然后再从纸张选择菜单中选自定义纸张，则软件会自动为你计算出加放后的页面尺寸，并在右边显示出页面在纸张中摆放的结果和裁切线、套准线的位置。这是更方便和更保险的方法，建议尽量采用。

（5）点击选项（Option）按钮，进入打印选项设置对话框　在打印选项对话框里常用的设置有：图像质量的设置、下载中英文字体选项和直接送打印机打印还是打印成PostScript文件（Print to PostScript File）选项。

当打印黑白校样时，图像质量可以设置为正常（Normal）、优化的（Optimized）、低分辨率TIFF图像甚至忽略TIFF图像。选择正常和优化的选项时，打印出的TIFF图像具有正常的质量；选择低分辨率TIFF图像选项可以加快打印速度，但打印出的图像质量稍差；若选择忽略TIFF图像选项则不打印TIFF图像，仅在TIFF图像的位置上打印一个带有"×"的方框，仅用来打印校对文字和版式的校稿。

一般情况下，数据编码选项应选择发送二进制图像数据，这样可加快打印速度。但有些RIP可能不支持这种编码方式，如果打印时出现错误，则可以选择ASCII编码选项。

若选择打印成PostScript文件，则会在磁盘上形成一个PostScript文件，而不是直接送到打印机输出。这时会看到原来的"打印"按钮变成了"存储"按钮，如图5-42所示。点击存储为……（save As...）按钮就会出现存盘对话框，可以选择保存文件的位置。这样产生的PostScript文件中包含了所有的页面信息，包括TIFF图像、EPS图像或图形，甚至包括了字体的轮廓信息（如果选择了下载字体选项），因此这种PostScript文件非常适合送到输出中心去输出。但使用激光打印机打印时，一般都不选择打印成PostScript文件选项。

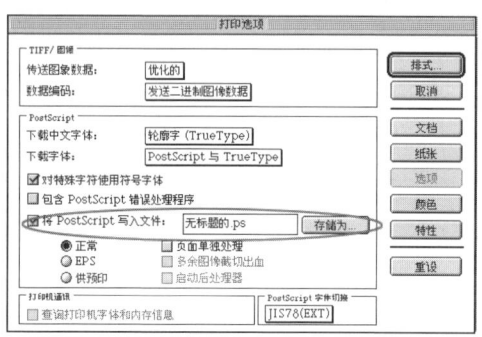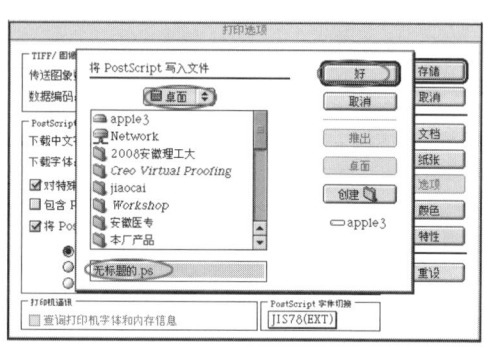

图5-42　打印成PostScript文件

一般情况下，排版时都要使用RIP中已安装的字体，这样在打印输出时可以选择不下载字体的选项，可以加快打印速度。但当版面中使用的字体在打印机或RIP中没有或者缺少某一款字体时，则必须在此选择下载字体选项，如图5-43所示。下载字体选项可以把版面中的TrueType字体的轮廓下载打印，而不需要在打印机中安装相应的PostScript字体，这是用PageMaker组版软件打印TrueType字体的唯一方法。

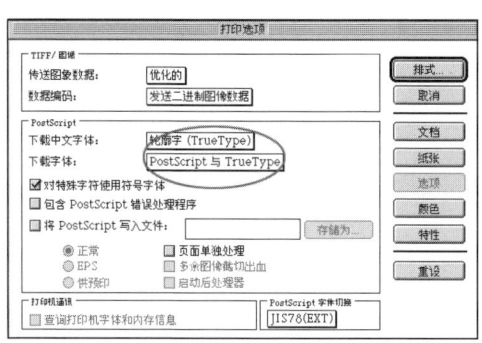 

图5-43　下载中英文字体选项

PageMaker6.5C排版软件允许将中英文字体分别下载，因此使用起来非常灵活。但是选择了下载字体后打印的速度会有所降低，因为在打印过程中需要把TrueType字体转换成字体轮廓。通常可以选择不下载中文字体，而只下载英文字体，即第一项选择"无"，第二项选择PostScript和TrueType。

（6）点击颜色（color）按钮，进入如图5-44所示的颜色设置对话框。对于激光打印机，通常是按复合颜色（composite）方式打印，即把彩色按明度转换成黑白灰度图像打印。如果想用激光打印机打印分色片的效果，可选择分色打印（Separation）选项，此时会按版面的各色版颜色打印出四张黑白分色纸样。

如图5-45所示，如有必要，还可以设置加网线数和加网角度，但用激光打印机输出时，更常使用的是打印机设定（Printer Default）。但如果用激光照排机输出分色胶片，则必须按照印刷条件选择和设定加网线数与加网角度。

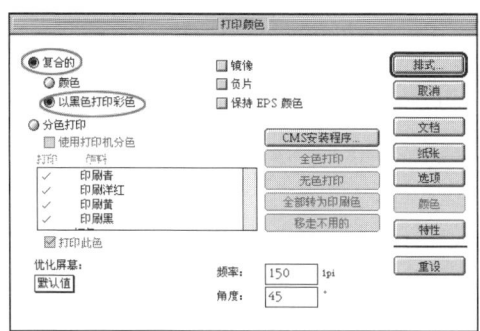 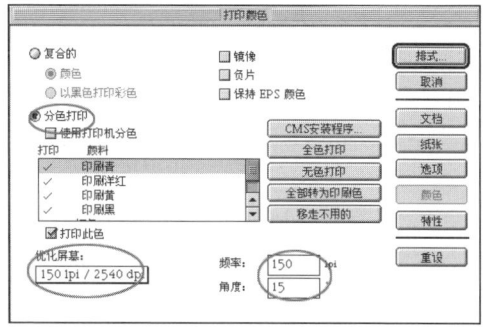

图5-44　颜色设置对话框　　　　　图5-45　设置分色打印和加网线数

在这个对话框中还可以控制镜像（Mirror）打印和阴图（Negative）打印，默认设置是打印阳图和不镜像。打印黑白校样时，一般使用默认设置，镜像和阴图打印的效果如图5-46所示。应注意的是，打印时是否选择镜像是由打印机的设置决定的，通常镜像和阴图输出是配合使用的两个选项。

输出彩色样与输出黑白校样原理是一样的，这里不再叙述。值得一提的是校版打样设备可以是彩

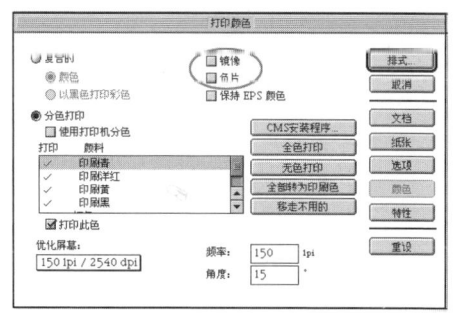

图5-46　镜像和阴图打印选项

色的也可以是黑白的，可以是非PostScript打印机，输出时可以不经过色彩管理。但合同样张所用的打印设备必须支持色彩管理。

五、远程打样

随着网络化、数字化时代的到来，远程打样已经成为很多大的印刷企业的投资项目或者投资目标。目前印前领域的工作方式已经发生了变化，客户对周转时间、降低成本和改进通信等方面的要求越来越高，建立远程打样系统对提高客户满意度、节约成本都有很好的作用。

在以往的印刷生产中，往往是印刷厂接收文件后，完成数码打样，然后将样张寄给客户，由客户确认，如果需要修改都要经过几个甚至几十个来回，近距离的客户还好一点，若是远距离的客户就会很耽误时间，影响生产进度。

远程式打样涉及数据的传输和打样实施两个部分，同时远程按照实施的方法不同还可以分为硬打样和软打样。

1. 数据传输

远程打样系统顺利实施的核心是数据通信。利用网络实现电子数据在客户与企业之间的高速可靠的传递是其他一切业务的基础。实现远程打样必须实现数据在跨平台环境下的可靠传输以及数据在最基本的网络连接环境下的高速传输。目前主要有三种数据传输方式。

（1）ISDN　ISDN俗称"一线通"，它的全称是综合业务数字网（Integrated Service Digital Networking）。ISDN是以综合数字电话网（IDN）为基础发展而成的，其通信方式仍是拨号连通。它在普通电话线的两端加上ISDN专用接口设备从而实现电话线信号传输的数字化。

ISDN具有如下特点：

① 能提供综合的通信业务，实现一线多用，即可以边上网边打电话、边上网边发传真、边打电话边发传真、两部计算机同时上网和两部电话同时通话。

② 能实现高速的数据传输，选择一个信道接入速率达64kb/s，选择两个信道接入速率可达128kb/s。

③ 能保证较高的传输质量，由于采用端到端的数字传输，接收端图像失真很小，数据传输的比特误码特性比电话线路至少改善了约10倍。

④ 使用ISDN，用户终端灵活方便。只需一个入网接口，用户在此接口上可以连接多个不同种类的终端而且有多个终端可以同时通信。统一的接口使通信设备像家用电器一样可以方便地在不同的地点之间搬动。

ISDN给那些不定时、需要传输中等容量文件的印刷商提供了一种简捷、实惠的解决方案。最典型的方式是把硬件和软件安装在一台计算机工作站之上，这样它就变成了"文件传输工作站"。它是小型公司进行文件传输和远程打样的大众化选择，因为ISDN的交换技术和拨号上网技术已经成熟，这意味着通信费用是按实际占用线路的时间来计算，可以像打普通电话一样拨号连接其他任何一个ISDN用户。

（2）高速T-1线路　使用T-1通信线路可获取更快的传输率，因为它结合了24个64K的电路交换，故总传输率可达到1.544Mb/s。同时，通信方式的数据连接是点对点的单端点租赁线路（即T-1电路被两个用户永久占用），因此无法拨号连接其他站点的用户。

T-1通信线路适用于客户相对距离较近（私人T-1线路依距离定价）而文件信息较大的情况。这种传输方式以及上述的ISDN都要求打样终端有固定的IP地址（如果是动态IP地址需要根据每次的IP地址，进行相应的改变设置），打样数据将根据IP地址寻找对方主机，同时根据对应的端口号将数据提交给数字打样远程数据接受端。有些数字打样系统可以实现一个打样中心支持多个远程打样工作平台。

（3）Internet FTP　FTP（File Transfer Protocol）是TCP/IP协议组中的协议之一，是Internet文件传送的基础。它由一系列规格说明文档组成，目标是提高文件的共享性，提供非直接使用远程计算机，使存储介质对用户透明和可靠高效地传送数据。简单地说，FTP就是完成两台计算机之间的拷贝。从远程计算机拷贝文件至自己的计算机上称之为"下载（download）"文件。若将文件从自己计算机中拷贝至远程计算机上，则称之为"上传（upload）"文件。在TCP/IP协议中，FTP标准命令TCP端口号为21，Port方式数据端口为20。FTP协议的任务是从一台计算机将文件传送到另一台计算机，它与这两台计算机所处的位置、联结的方式、甚至是否使用相同的操作系统无关。假设两台计算机通过FTP协议对话并且能访问Internet就可以用FTP命令来传输文件。每种操作系统使用上有某一些细微差别，但是协议基本的命令结构是相同的。

对技术颇为敏感的印刷和印前厂商已经建立了InternetFTP（File Transfer protocol文件传输协议）站点，这些站点经常是建立在印刷厂的Internet服务器上，印刷厂及打样终端都与网络服务器交换数据。客户把自己的文件上传到印刷厂的FTP服务器上，印刷厂完成了印前制作文件并在自己的彩色打样机上输出，完成远程打样。这种方式的特点是打样系统并不直接连接而是通过服务器中转，对接入网的方式要求不高也不需要固定的IP地址。

2. 远程硬打样

对于远程打样系统，由于其目的在于实现远程客户端打样系统模拟本地数字打样效果以及最终印刷输出效果，因此该系统的色彩管理牵涉到远程双方两个数字打样系统。它要求两个输出端的呈像特性一致，建议使用同样的打样设备、墨水和打印纸张。

（1）所需的设备　一般需要打样机、色彩管理软件、远程打样软件包、色彩测量仪器等。而且在本地和远端各需要一套，最好选择一样的设备和软件，例如：

本地：Epson stylus PRO 9800喷墨数字打样机
　　　Best color XL5.0色彩管理软件
　　　Best Remoteproof软件工具包
　　　Printopen软件
　　　ES-1000分光光度计
　　　X-Rite DTP41分光光度计

远端：Epson stylus PRO 9800喷墨数字打样机
　　　Best color XL5.0色彩管理软件
　　　Best Remoteproof软件工具包
　　　ES-1000分光光度计

（2）实施步骤

① 分别对远程打样两个输出端的打样设备进行基本线性校正，将打样状态调整到同

一基准。

② 本地打样系统模拟的是最终印刷品的色彩以及质量效果，因此需要制作反映印刷工艺特性的ICC Profile和反映数字打样机纸张、墨水特性的ICC Profile。然后将这两个特性文件通过色彩管理模块进行色域转换，使打印机输出样张可以准确反映印刷样张的色彩特性。

③ 客户端打样系统模拟的是本地印刷以及打样的效果，因此需要嵌入本地数字打样色彩管理系统的色彩特性以及加网特性等，并将本地的数据压缩传输到服务器或远程终端。系统将根据接受到的本地色彩管理数据进行处理，从而获得与本地一致的色彩样张。

3. 远程软打样

把经过色彩管理的显示器，通过网络在不同的地点，显示同一个印刷界面并可以对页面进行编辑、修改、批注或签样的技术。还可以在印刷机台上安装液晶显示器进行印刷追色。

屏幕软打样是数字打样的重要补充和发展，与硬打样相比远程软打样主要依靠网络进行数据传递，可以在线与客户互动把发稿、打样、校样、改版、定稿的过程集成在一起，省略了送样过程，大大缩短了工作流程和打样周期，降低了成本，提高了效率，方便了印刷生产和基于互联网的业务信息交流。这是开拓海外市场不可缺少的环节，既缩短了时间减少了工作步骤，又改善了服务，增强了客户的忠诚度和满意度。

远程软打样的主要优势有：色彩模拟的准确性高，可提供更多的颜色信息，灵活、方便、快捷；生产成本低不需要耗材；生产速度快，省略了传递时间，而且可以实现多个终端在同一时间内完成软打样；适合数据化、网络化工作流程，网络传递可以携带更多的数据信息，容易与计算机信息系统集成，并方便地与流程其他部分协同工作。

实践证明，远程软打样的优越性是明显的，应用形式是广泛的，是未来打样技术发展的必然趋势，是打样方式的主流技术，有着广阔的应用前景。

第五节 输出胶片（CTF）

胶片输出（Computer to Film），就是软件中的图文信息经RIP（Raster Image Processor，光栅图像处理器）解释后，通过激光照排机记录在银盐感光胶片上，再经冲洗加工形成晒版原版的过程。软片输出系统有激光照排机、冲片机、RIP等。

一、激光照排机的分类及特点

激光照排机又称图文记录机，它是在胶片或其他感光材料上输出高精度、高分辨率图像和文字的输出设备。激光照排机以激光为光源，根据印前处理系统传送来的版面点阵信息生成黑白位图，在感光材料上曝光，从而输出所需的单色或四色分色软片，供制版印刷用。

激光照排机的工作过程一般同RIP和版冲片机紧密结合，RIP将前端处理好的版面信息以激光照排机相应的输出分辨率转换成加网信息，传送到激光照排机，并驱动其记录装置在软片上曝光，曝光结束后送到自动冲片机进行显影、定影、水洗和干燥等一系列后处理。按激光照排机记录机构设计方式的不同，激光照排机一般可分为绞盘式、外滚筒式、内滚筒式。

1. 绞盘式

绞盘式激光照排机在曝光时感光材料由几个摩擦传动辊带动，从记录头扫描光束下方通过，记录下光栅图像。由于在胶片传动的同时，激光将图文信息记录在胶片上，因此胶片的走动速度和曝光速度必须是严格一致的，绞盘式照排机的激光光源固定不动，曝光光线的偏转靠棱镜转动来实现。常见的绞盘式激光照排机机型有ECRM系列、Panther系列、SCREEN系列、Agfa公司的Accuset系列等。

绞盘式激光照排机由供片系统、光学扫描系统、收片系统、控制面板等部分组成。绞盘式激光照排机的结构和操作都很简单，价格也较便宜，可以使用连续的胶片，记录长度无限制等。其缺点是记录精度和套准精度略低，一般只限于四开或四开以下幅面照排机。

绞盘式激光照排机精度不太高的主要原因有两个：其一，胶片走片不均匀或打滑所致，尤其是当照排机使用一定时间后，送片辊老化或太脏，更容易造成套准精度下降；其二，结构本身造成的。胶片记录在一个方向上是靠胶片移动，另一个方向靠棱镜转动偏转光，棱镜转动1周记录本行或几行。如果激光光斑是圆形的，激光与胶片中间相垂直；而在胶片两边，激光不再与胶片垂直，光斑形状就会变形，变成椭圆形，从而影响记录精度。因此，激光光束的偏转角越大，激光到胶片中间和两边的距离就越大，光斑形变就越厉害。为了解决这个问题就需要加大棱镜到胶片之间的距离，减小偏转角，并限制记录幅面，因此绞盘式照排机幅面不能太大，如图5-47所示。

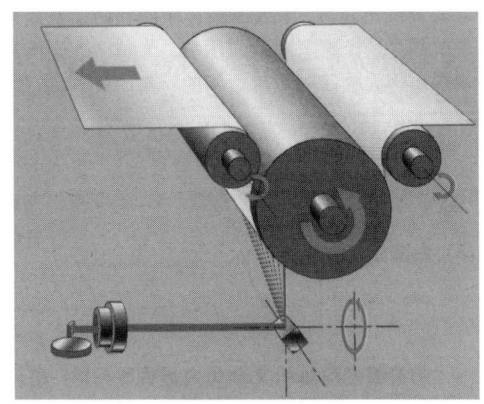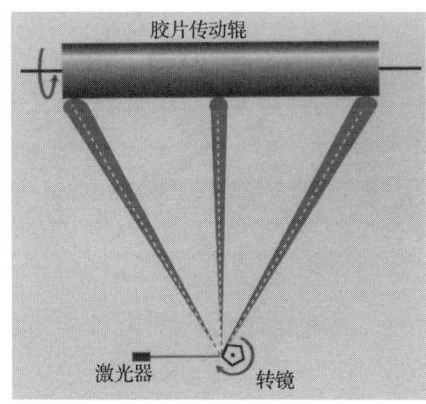

图5-47　绞盘式激光照排机成像原理图

2. 外滚筒式

外滚筒式激光照排机的工作方式与传统电分机输出端的工作方式类似。曝光时，记录胶片卷绕在滚筒外表，随滚筒旋转而旋转从而实现输出记录过程。外滚筒式激光照排机的优点是记录精度和套准精度都较高，结构简单，工作稳定，记录幅面大，如图5-48所示。

外滚筒式激光照排机的缺点是操作不方便，自动化程度低，通常需要手工上片和卸片，并且手工上下片时需在暗室操作，大幅面激光照排机的记录滚筒大，需要抽气系统和胶片固定装置，而且记录滚筒越大，转动时的惯性也越大，转速就要受到限制，记录的速度较低，必须靠增加激光光束数量来提高记录速度。

3. 内滚筒式

内滚筒式激光照排机又称为内鼓式激光照排机，在曝光时感光材料卷绕在静止滚筒内壁静止不动，靠记录头在滚筒的中心轴上边旋转边做轴向运动，从而在感光材料上记录成像。由于滚筒和胶片不动而由激光光束扫描记录，因此没有走片不匀造成的误差。激光光束位于滚筒的圆心轴上，激光器可以绕圆心转动，每转1周记录1行，同时激光器沿轴向移动1行。由于激光束是做圆周形扫描，所以其记录光束到胶片任一点的距离都一样，因此光斑没有变形，同时又可以避免因胶片传动不稳定所造成的记录精度降低的问题，使其具有非常高的重复精度。另一方面，由于滚筒不动，靠棱镜的转动来偏转光束，棱镜很轻，转动惯性很小，因此转速可以达到很高，使得记录速度也很快，如图5-49所示。

内滚筒式激光照排机由供片系统、收片系统、光学成像系统、控制面板等几部分组成。内滚筒式激光照排机也使用连续供片方式，因此操作方便，但它记录的长度被限制在滚筒圆周的范围内，不能像绞盘式照排机那样记录无限长的版面。

内滚筒式激光照排机是照排机结构中最好的一种，几乎所有高档照排机都采用这种结构，这种结构具有记录精度高、幅面大、自动化程度高、操作简便、速度快等特点。内滚筒式激光照排机常见的机型有Agfa公司的Avantura系列，Linotype-Hell公司的Linotronic630，Seitex公司的Dolev PS等。

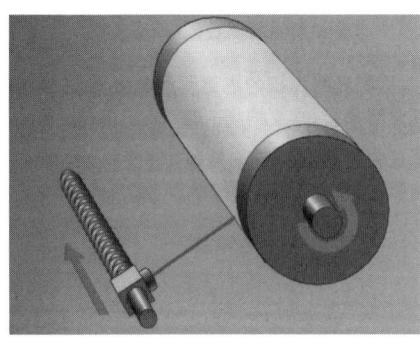 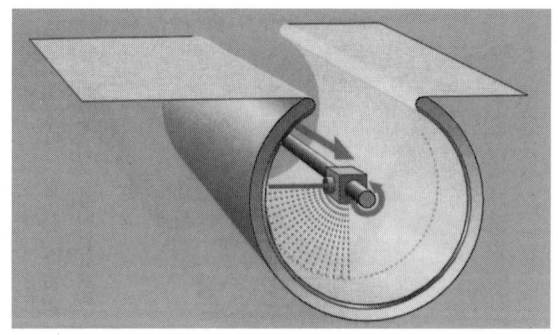

图5-48　外滚筒式激光照排机成像原理图　　图5-49　内滚筒式激光照排机成像原理图

二、激光照排机的主要性能参数

激光照排机的主要性能参数为：输出分辨率、重复精度、输出幅面、记录速度和激光波长等，其中输出分辨力和重复精度是衡量激光照排机性能的两个最重要的指标，也是划分激光照排机档次的标准。

1. 输出分辨率

（1）分辨率、记录单元（设备像素或叫曝光单元）

① 照排机分辨率。单位长度内含有的设备像素（曝光单元）数。

② 记录单元（设备像素）。照排机实施曝光时的独立的点，它是不能被分割的，是曝光的最小单元，且只有两种状态，曝光或不曝光，如图5-50所示。

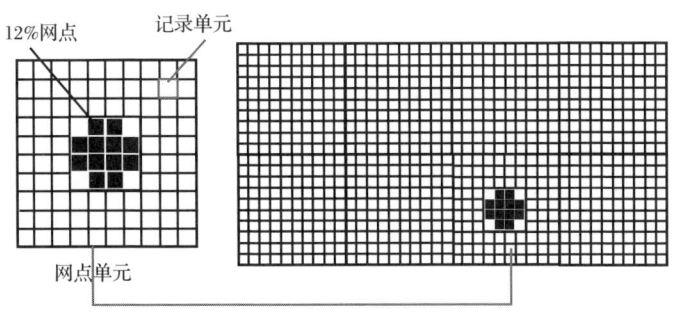

图5-50　网点单元、网点和曝光单元相对位置图

例1. 照排机的分辨率为1000d/cm，网线数为40l/cm，求一个网点单元的边上分布多少个曝光单元？曝光单元的边长为多少μm？

网点单元的边上分布曝光单元=r_B/r_R=1000/40=25（个），

曝光单元的边长=1×10000/r_B=10000/1000=10（μm）

习题：

① 照排机的分辨率为2400dpi，网线数为60l/cm，求每个网点单元的边长上有多少个曝光单元？

② 照排机的分辨率为2400dpi，网点单元边上有16个曝光单元，求网线数为多少？

（2）灰度级数　为了在激光照排机或直接制版机等二值设备上获得规定大小的网点，需要将网点空间进一步划分，以方便设备记录。具体的方法是：将网点划分为小的记录单元，如图5-51所示。假定一个正方形网点的边长为L，先将其沿水平方向和垂直方向各分为10格，则该网点由10×10个小方格组成，这100个小方格就是记录单元，它们所构成的总体就是一个半色调单元，又称网点单元。当设备的激光束在该网点单元的4个方格上曝光时就形成了4%的网点，如图5-51所示。数一下网点单元中有几个小方格被曝光了就能知道该网点的百分比。如果激光在网点单元的每个网格上都有曝光，那么该网点就是100%了。对同样尺寸的网点，如果网点单元所划分的网格越多，所形成的网点形状越精细、越光滑，而网点单元所能划分的网格的多少，就取决于设备的输出分辨率。

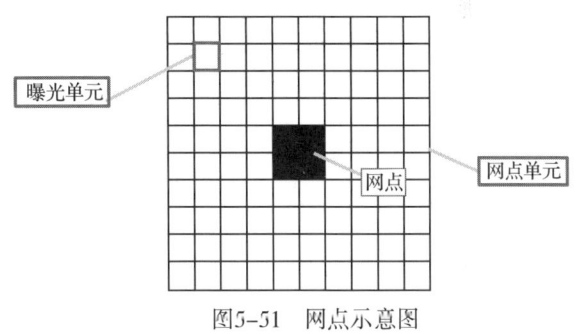

图5-51　网点示意图

一个网点允许有多少种颜色变化，取决于照排机的分辨率和网线数。

例2. 照排机分辨率1000d/cm，网线数为70l/cm，求网点允许的灰度级数。

N_T=$(r_B/r_R)^2$+1=$(1000/70)^2$+1≈197（r_B/r_R要取整，曝光单元是不能分割的）

例3. 灰度级数为256，网线数为70lpi，求照排机的分辨率最小应为多少？

（256）$^{1/2}$=16　　　　16×70=1120（d/cm）

例4. 激光打印机的灰度级数为60，网线数为80lpi，求打印机的分辨率。

$(60)^{1/2} \approx 8$ $8 \times 80 = 640$（dpi）

例5. 照排机分辨率为1000dpi，网点灰度级数为256，求最大网线数为多少？

$(256)^{1/2} = 16$ $1000/16 = 62.5$（lpi）

例6. 打印机分辨率为600dpi，灰度级数为80，求网点线数。

$(80)^{1/2} \approx 9$ $600/9 \approx 66.7$

公式：$r_B = (n_T)^{1/2} r_R$ $r_R = r_B / (n_T)^{1/2}$

> **习题：**
>
> ① 若灰度级数为256，求网线数最大能得到多少lpi，a照排机的分辨率为1600d/cm；b照排机的分辨率为1800dpi。
>
> ② 激光打印机的线频为100lpi，以80灰度级数打印，求激光打印机的分辨率至少应为多少dpi?
>
> ③ 喷墨打印机的分辨率为720dpi，灰度级数为120，求最大可得到的网线数为多少lpi?
>
> ④ 照排机的分辨率为3600dpi，记录的网线数为100l/cm，a求曝光单元的边长；b一个网点单元的边上分布的曝光单元数是多少？c求接近100l/cm的精确网线数；d求网点能够表现的灰度级数；e求照排机能够得到的最高网线数。

高的分辨率能产生精细色调，使印品产生层次更为丰富的细网半色调，但要增加RIP和激光照排机的工作量，从而降低系统的输出能力。对于普通的彩色印刷而言，一般以满足可表现的最大灰度级为256级为目标，因为人眼可分辨的灰度级数大约为这个级数的一半，更高的级数对人眼的视觉感受影响不大。

为了满足用户协调分辨力高低引起的输出质量和生产力之间的矛盾，一般激光照排机上的输出分辨率为有限的几档供用户选择。如Agfa Avantura系列的照排机的输出分辨率为1200dpi、1800dpi、2400dpi和3600dpi四档。而且Linotronic-630型激光照排机的输出分辨率为1219dpi、2438dpi和3251dpi三档。

2. 重复精度

重复精度指版面上某个点在两次输出时是否能精确处在同一位置上的能力，它表明了各分色版上图像位置的准确程度。重复精度对于彩色印刷而言是一个非常重要的参数，对于彩色印刷四张分色片四次输出，其相互套准的精度在很大程度上与激光照排机的重复精度有关，如果激光照排机的重复精度较低，则胶片在先后多次输出以至一次同时输出四色片时，其印刷出来的印刷品各种颜色之间会出现错位，色彩之间出现漏白，小号字体出现重影等现象。激光照排机的重复精度受纵横两个方向的扫描精度的影响，最好的是外滚筒式激光照排机，可达±2μm。由于内滚筒式的感光材料是不运动的，其重复精度比较好，可达±5μm。而绞盘式的激光照排机的重复精度最差，一般为15～20μm，而且随着使用时间的加长重复精度也会逐渐降低。为了改善绞盘式激光照排机由于走片不匀以及胶片张力等因素所造成的精度下降，有些绞盘式激光照排机（如ECRM的knock Out 4550型激光照排机）采用了惰环式胶片缓冲的供片和收片装置，避免了由于胶片张力不匀造成的走片不匀。由于胶片在传动的过程中经过松弛的缓冲，不直接从供片盒拉动胶片，也不直接将胶片送到收片盒，减小了胶片在传动过程中的拉伸，使胶片的张力始终保持一致，改善了走片的均匀性。

3. 激光波长

激光照排机的激光器波长决定了所使用胶片型号及胶片价格。激光照排机常用激光器有波长为633nm的氦氖激光器；波长为650nm或670nm的红光半导体激光器；波长为780nm的红外半导体激光器。目前，采用氦氖激光器和红光半导体激光器较多，都使用感红光型感光材料，价格比感红外型感光材料便宜10%～15%，感光速度比感红外型感光材料要快。

4. 最大输出幅面

激光照排机最大输出幅面有正八开、大八开、正四开、大四开、对开、大对开和全开幅面。激光照排机在最大输出记录幅面内可以换用几种不同幅面的胶片，以适应不同的幅面要求，达到节约胶片的目的。激光照排机的输出分辨率和重复精度与其幅面关系很大，幅面越大，对精度要求越高，制造加工难度越大，价格也高。

滚筒式激光照排机都可达到很大输出幅面，其原因是滚筒式激光照排机的激光器与胶片间距相同。而绞盘式激光照排机最大输出宽度有限，从技术上讲不超过510mm，若幅面过大，则激光扫描偏角越大，激光束距离胶片中间和两端的距离差越大，非线性失真越大，误差也越大。

5. 输出速度

激光照排机的输出速度是指以1200dpi输出分辨率记录时的出片速度。尽管新型激光照排机走片速度很快，但还受到RIP速度的限制，即输出一个版面所用时间等于网络传输数据时间、RIP解释版面时间和激光照排机记录时间之和。因此，激光照排机的输出速度只影响记录时间部分。

三、激光照排机的定标

激光照排机安装完成后，为了保证激光照排机的良好工作状态和各项功能的正常发挥，需对激光照排机进行定标操作。在目前的印前图像处理系统上，图像处理部分可让用户以0.1%的精度指定网点百分比，而在激光照排机输出的软片上的网点值与软件上指定的值相差有时可达到20%，因此激光照排机的定标工作是印前质量控制中不可忽视的一个环节。激光照排机的定标包括调节激光照排机的激光束光强和软片线性化工作两项。

对激光束光强进行调整有以下两个原因：① 激光强度与感光片的适配，由于不同感光材料的感光性能不同，因此调整激光束光强才能在不同软片上产生最大密度值；② 随着激光照排机中激光管使用时间的增加，激光器输出的光强会越来越小，经常调整激光管光强是对激光器老化做补偿的一个措施。

激光束光强值调整正确可使输出胶片的反差优良、边缘清晰度好。激光束光强过低，输出的反差不足，非图像区域就会产生灰雾；而激光束光强过高，则增大光线在感光材料上乳剂层中的漫射现象，使分辨力有所降低，结果使字体细部模糊或丢失。

软片线性化是指使软片上生成的网点大小与软件中指定的网点大小之间保持数值一致，即使二者的相互关系曲线为一条直线，因此软片线性化就是调整其相互关系的过程。但由于软片上网点大小受很多因素的影响，如感光乳剂层的感光度、显影时间（与自动冲片机软片传输速度有关）、显影温度以及显影液的浓度（与自动冲片机中显影液的补充速率有关）等，实际上二者极难完全保持一致。

实际测试时，用户根据定标软件按不同激光强度输出一系列图样，定标软件一般需提供提示菜单让用户指定开始值、终止值和增量，输出的图样必须包括：

① 黑色实地色块，其面积应足够供透射密度计测量（透射密度计的光孔直径一般为3~5mm），用于检查并设定激光强度。

② 不同百分比的网点检测曝光量和分辨力，采用1%~100%（增量为5%或10%）的不同网点值的色块检查网点的线性化。

③ 6~25pt的大小不同的字体，用于检查文字的生成情况，字体选择有衬线和无衬线。

④ 采用多种检查分辨力的检测样块（如辐射线和平行线）。

输出图样后在实地色块上找出最大密度值。在最初校正时，激光强度的增量值可设得比较大，在输出图样后，找出效果较好的区间，在该区间内以较小的增量值再输出一系列图样，从中再挑出最适宜的光强设定值。这时要兼顾输出的小号字体的衬线是否清晰，笔画宽度是否正确。同时检测高光网点暗调检测区，如果1%~3%的网点不显现说明曝光不足，95%~99%网点糊满则说明曝光过度。

线性化测试图样通常采用1%~100%的网点梯尺，级差为1%~10%。输出线性化测试图样之后，用透射密度计测量胶片上各色块的网点百分比，将所测色块的网点百分比值输入到标定程序中，菜单中包括色块应有网点百分比和实际测量的网点百分比。输入完毕后，由标定程序将数据加以转换，并将控制数据加载到光栅图像处理器上。重复输出测试样张，直至网点百分比的偏差量控制在±2%以内。

四、输出胶片的工艺过程

1. 基本概念

（1）栅格图像处理器（RIP）　RIP是英文Raster Image Processor的字头缩写，意为栅格图像处理器。它是将计算机排好的图文页面输出到不同介质（如黑白或彩色激光打印稿、分色印刷软片、灯箱片等）时一个必不可少的中间处理环节。通俗地讲，它好比是一个电子"翻译"，接收从计算机传送来的数据，通常是以标准PostScript语言描述的页面图文信息，将其"翻译"成输出设备所需要的光栅数据（通常的打印机、照排机都称为光栅设备），然后再控制设备进行输出。

RIP有两大类，即硬件RIP和软件RIP，硬件RIP可能是一块放置于输出设备内的插卡，或一个专用的RIP机箱。近年来，随着计算机技术的飞速发展，计算机的运算速度成倍提高，软件RIP已成为RIP产品的主流形式。它的最大优点是使用方便、灵活，各种作业参数可随时设置和更改，并能通过选择设备驱动程序而方便地连接不同的输出设备。此外，价格和升级费用也相对较低。这些优点使软件RIP产品近年来在市场上迅速普及，并被广大用户普遍接受。

（2）PPD文件　PPD的全称为PostScript Printer Description，即PostScript打印机描述文件。它的作用是描述字体、纸张尺寸、分辨率特征及PostScript打印机的特征。

PPD文件由PS打印机驱动程序确定如何对文件进行打印。如果不使用正确的PPD文件进行打印，则可能会出现文件不能正确打印，获取PPD的方法有：

① 从生产商提供的软盘或是光盘上寻找PPD文件。如果没有，或是文件有问题，请与打印机生产商或代理商联系；

② 如果打印机生产商有相应网站或其他在线服务，到网站上下载；

③从RIP中获得；

④可以从Adobe主页下载PPD文件。

安装PPD文件：要安装或使用PPD文件，必须安装PS打印机驱动程序。如果使用的是MAC机，则在安装PS打印机时，驱动程序会指示您如何生成PPD文件，然后根据打印机的属性项选中相应目录下的PPD文件就可以了。对于PC机最好把获取的PPD文件拷到应用软件安装文件夹指定的位置。

如PageMaker应放在C：/program file/Adobe/PM6.5C/RSRC/CHINESES/PPD4

Illustrator CS　　　C：/program file/Adobe/Illustrator CS/Utilities/Sample PPDS

InDesign　　　　　C：/program file/Adobe/

CorelDraw　　　　C：/program file/

2. 打印PS文件操作步骤

以下主要介绍方正世纪RIP参数的设置方法和输出四色分色加网印刷软片的方法。

（1）打印PS文件　把PSPNT RIP生成的PPD文件复制到PageMaker6.5C的安装目录。（一定要用当前设备的PPD文件。）

（2）启动PageMaker6.5C，选择"文件"菜单下的"打开"命令，选取要输出的文件"练习"打开，如图5-52所示。

（3）检查"链接"命令，查看图像的链接情况，若没有问题可以继续，如图5-53所示。

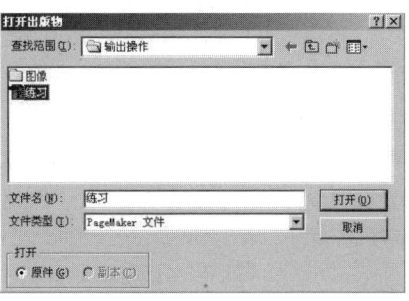

图5-52　PageMaker6.5C文件"打开"对话框

（4）选择"文件"菜单下的"打印"命令，在"打印文档"对话框中设置打印机为"AGFA Select set Avantra 44"（可以是安装的虚拟打印机），PPD选择刚拷贝进来的文件。

（5）用鼠标左键点击对话框上的"纸张"按钮，设置纸张为"自定义"，在弹出的窗口中，已经自动填上了跟这个文件中纸张大小相同的参数，单击"确定"按钮即可。

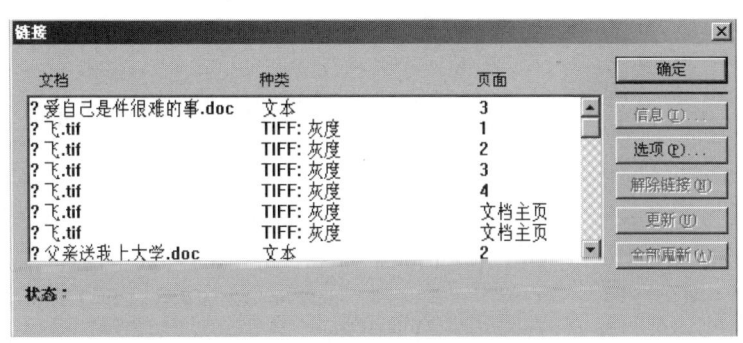

图5-53　检查"链接"对话框

（6）在打印纸张对话框中点按"选项"按钮，如图5-54所示，设置如下：

①TIFF图像。发送图像数据选择"优化"，数据编码选择"发送ASCII图像数据"。

②PostScript。下载中文字体选择"位图"。

③选中"将PostScript写入文件"复选框。默认文件名与PageMaker文件名一致，只是扩

展名为"·ps"如"练习·ps",如图5-54所示。

（7）点按"颜色"按钮，如图5-54所示，（a）选中分色打印，选中该选项，彩色的页面将被分色成CMYK信息，用于四色印刷；（b）设置网角；（c）设置分辨率，不过在RIP中是不使用前置的网点特性的。

（8）点按"保存"按钮，PageMaker就将文件虚拟打印成PS文件"练习·ps"。

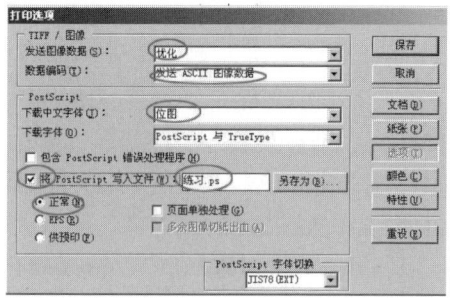

图5-54 "将PostScript写入文件"复选框

（9）可以通过Adobe Distiller7.0C将"练习·ps"转换成"练习·pdf"，然后在Adobe Acrobat7.0C中检查输出效果，如图5-55、图5-56所示。

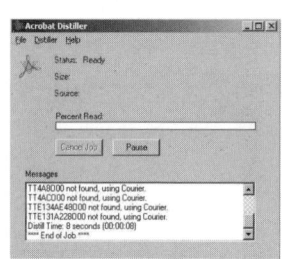 

图5-55 Distiller软件主界面　　图5-56 Distiller打开文档对话框

（10）检查无误后，将PS文件复制到RIP计算机上，准备出片，如图5-57所示。

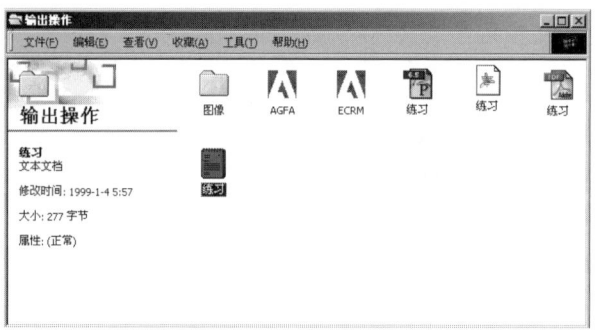

图5-57 将PS文件复制到RIP计算机上

3．输出胶片操作步骤

（1）打开电脑，点击"开始"＞"程序"＞"PSPNT3.0"菜单来启动PSPNT（PSPNT是一个软件RIP产品，是PostScript Processor New Technology的字头缩写，是北大方正技术研究院开发的RIP产品，又称为方正世纪RIP。在后面的叙述中，使用PSPNT作为RIP的简称），如图5-58所示。

（2）点按"光栅化"命令，出现"光栅化"对话框如图5-59所示。

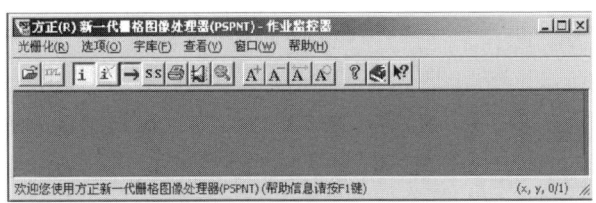 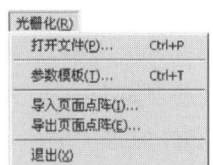

图5-58　PSPNT3.0的主界面　　　　图5-59　光栅化对话框

（3）点按"参数模板"命令，打开参数模板对话框，如图5-60所示。

（4）单击"添加"按钮，在弹出的"增加"对话框中输入参数模板的名称。为了使参数模板一目了然，取名一定要按工艺要求设置，如图5-61所示。

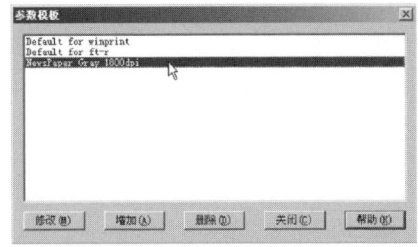 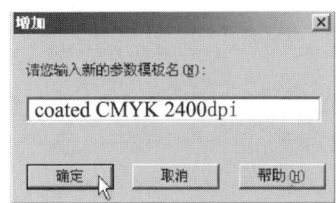

图5-60　参数模板对话框　　　　图5-61　"增加"参数模板对话框

（5）参数模板名设置好后，点击参数模板上的"修改"按钮，打开"修改"对话框，如图5-62所示。

（6）点击"设备设置"按钮，打开"设备设置"对话框，具体设置如图5-63所示。

① 彩色模式设定为"GRAY"，打印PS文件时打印的是分色版，所以这里的RIP解释就不需要设置分色，只需选择"GRAY"；如果打印PS文件时打印的是复合色，那么这里要选择"CMYK"。

② 输出分辨率设置为2400dpi。

③ 输出镜像（阳图片，反向图像）。

④ 其他选项为缺省，单击"确定"按钮，返回修改对话框。

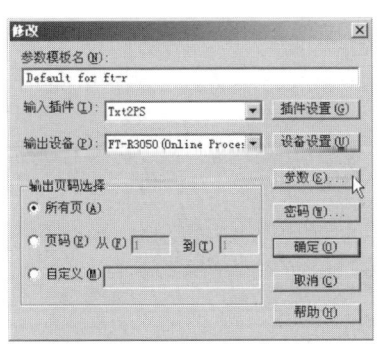 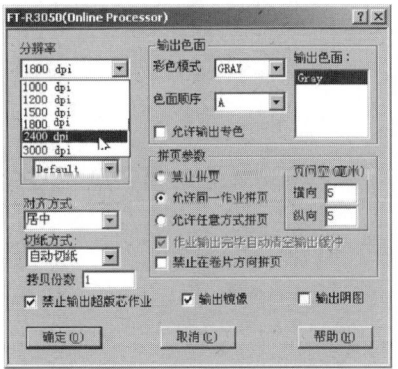

图5-62　"修改"对话框　　　　图5-63　"设备设置"对话框

（7）点击"修改"对话框中的"参数"按钮，打开如图5-64所示"选项"对话框，选择"挂网"设置正确的挂网参数,设置包括如下选项。

① 网点类型。网点形状主要有圆形、菱形、钻石形、方形等十几种。方正世纪RIP网点类型的缺省设置为圆形网点,该网点适于胶印,PSPNT3.0对圆形网点有较高的输出质量,对于以人物为主的挂历、画册等图像不要挂方形网点,因为方形网点在50%处容易产生突变而影响肤色的还原。在选择好网型和挂网目数及挂网角度之后,一定要选上"使用方正精确加网"和"用户定义挂网参数"里的"不允许",这样才能使设置的网点各参数(网形、网角、挂网目数)生效。

② 挂网目数。PSPNT提供了从65~300lpi共11种网目数值,可以从中选择,也可以自行输入。一般而言,挂网目数与设备的分辨率相关。表5-6列出了设备分辨率与挂网目数之间的对应关系。

表5-6　　　　　　　设备分辨率与挂网目数之间的对应关系

分辨率/dpi	建议挂网线数/lpi	分辨率dpi	建议挂网线数/lpi
0~300	65	1200~2032	133
300~600	87	2032~2400	150
600~1200	100	2400~3048	175

③ 网角。网角一般有四种选择:15°、45°、75°、90°。可以根据需要任意修改各个色版的网角值。

④ 挂网灰度层次数。用于设置灰度层次,取值在256~65536之间。如图5-64所示,在增加挂网灰度层次的同时,必须同时选上"产生更多网点层次",建议采用系统缺省值256。

(8)点击"RIP参数",打开对话框,设置正确参数。

(9)点击"标记设置",进入标记设置对话框,如图5-65所示。设置的选项有:

① 选中"装入对准标记"复选框,可在输出文件版面上添加对准标记。

② 根据需要设置标记类型和标记位置,不同的软件有不同的标记,但作用都是相同的,便于加工过程顺利进行。

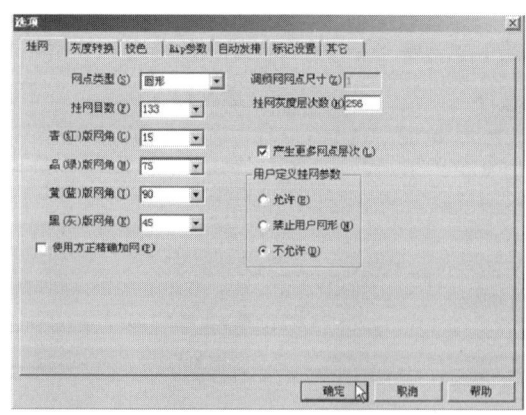

图5-64　挂网对话框

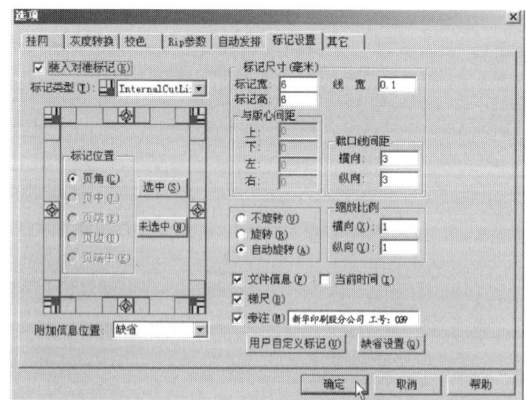

图5-65　标记设置对话框

方正那世纪RIP目前提供15种标记类型，如图5-66所示。

图5-66　标记类型

自左向右依次为：

Cross Mark（十字线）、Solid Circle（实心圆）、Internal Cutline（内部裁切线）、Extenal Cutline（外部裁切线）、Folding Line（折叠线）、BookSpine（书脊）、Anti-Cross（反十字线）、Rect Mark（矩形）、Square Mark（方形）、Circle Mark（圆）、L Cross（左十字线）、U Cross（上十字线）、Corner Mark（角标）、Hollow Circle（圆孔形）、T-Shape（T形线）。

一般在"标记类型"处选"Extenal Cutline"，它指的是版面四个角的标记，也就是我们平常讲的角线。标记位置点"页中"复选框，这里的标记位置是指对准标记的位置，如图5-67所示。

③ 旋转版面："不旋转"表示RIP时不旋转版面；"旋转"表示版面按顺时针旋转90°；"自动旋转"表示根据拼页时版面的情况自动决定是否旋转版面，目的是节约输出介质。这里选择"自动旋转"。

④ 输出说明信息：点中"梯尺"复选框，表示在版心外添加梯尺；点中"文件信息"复选框，表示在页面输出当前文件路径名；点中"当前时间"复选框，表示在输出信息中添加输出时间；在"旁注"文本框中可以输入你需要加入的说明文字。

（10）其他选项采用默认状态，点按"确定"按钮，返回到"修改"对话框，这时就新建了一个名为"coated CMYK 2400dpi"参数模板，如图5-68所示。

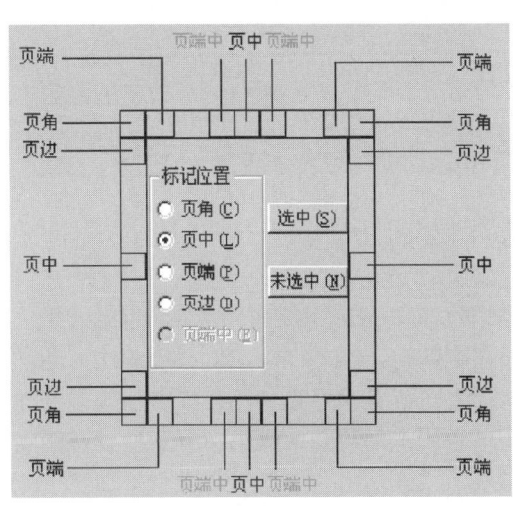

图5-67　标记位置对话框

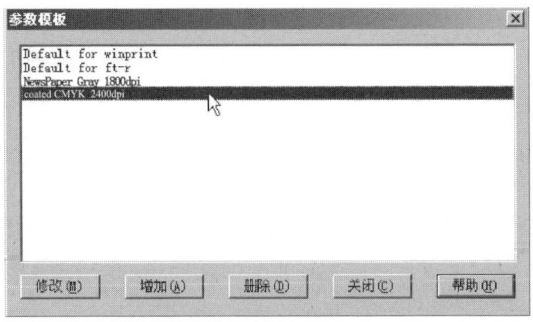

图5-68　参数模板存储对话框

（11）回到方正世纪RIP主界面，点击"光栅化"菜单，选择"打开文件"命令，在"打开"对话框中选中"练习·ps"文件，参数模板选择"coated CMYK 2400dpi"，如图5-69所示。

（12）点击"打开"按钮，进入RIP解释过程，如图5-70所示。

图5-69　打开文件对话框

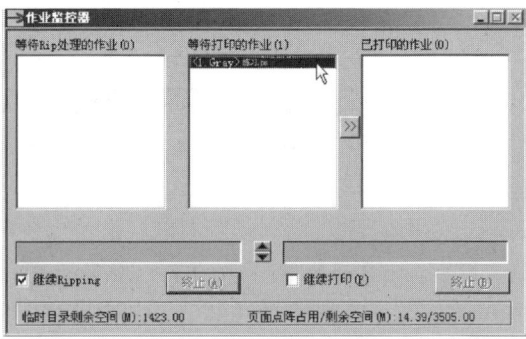

图5-70　作业监控器

（13）可以用鼠标右键单击解释后的文件查看生成的点阵信息，检查生成的点阵图，如图5-71所示。

也可以用鼠标左键双击解释后的文件，显示"关于此作业……"对话框，如图5-72所示。如果发现有错误，那么就必须修改错误，重新打PS文件，重新输出。

（14）配制显影液（水与显影液配置比例为4∶1）、定影液（水与定影液配置比例为4∶1）。

（15）显影、定影，得到四色分色胶片。

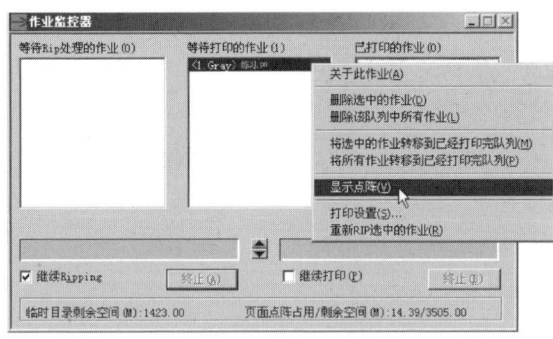

图5-71　检查RIP结果对话框

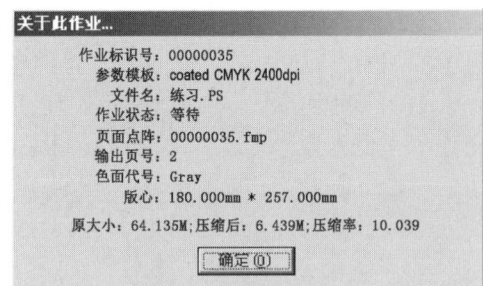

图5-72　检查报告对话框

第六节　计算机直接制版机

在平印制版印刷中，计算机直接制版机简称CTP（Computer to Plate），是20世纪90年代开始形成的新型制版技术。它源于1980年在凹版印刷的电子雕刻凹印滚筒，即利用高能激光在凹印滚筒上成像的技术。CTP是计算机技术、激光技术和感光、感热聚合物技术的综合产物。计算机直接制版技术具有制版速度快、节省胶片的特点，提高了制版速度、网点清晰度和印刷质量。

一、CTP直接制版系统与设备综述

1. CTP系统工艺流程及其优点

这里所谈到的CTP是指CTP系统，而不是简单的CTP制版机。实现任何一项新技术都是一个复杂的问题，一套CTP系统，不仅仅意味着要安装一台制版机，还包括许多使数字化工作流程得以运行的附加设备和软件系统。CTP技术包括版材、输出设备及相应的工

流程。下面是CTP与CTF各自的工作流程：

（1）CTP直接制版的流程　印前设计与处理软件的数字文件→CTP工作站→补漏白（Trapping）/色彩管理/OPI/电子拼版→数字打样→CTP版材→印刷（CIP3）

（2）传统CTF激光照排制版的流程　印前设计与处理软件的数字文件→计算机排版→电子拼版→照排机输出制版胶片→真空吸实晒打样PS版→机械打样→晒上机版→印刷

（3）CTP的优点　与传统印刷工艺相比，CTP制版工艺之所以迅速推广，有以下几个明显的优点：

① CTP制版快速、简捷，整个过程实现全程数字化流程，工艺步骤减少很多，比CTF系统的处理速度提高3～6倍。

② 由于CTP制版机采用的是全自动一体化解决方案，避免了激光照排中手工拼版、修版的失真现象，质量易于控制，没有网点扩大，网点精确锐利，印刷密度极高，实现了100%的转印，能够轻松完成精品印刷。

③ 省略了许多设备的投资和原材料的消耗，如激光照排机、冲片机、晒版机、显影机和收版机以及胶片、显影液，油墨打样用的PS版等。

④ 印刷机的效率充分发挥，如印版自动套准调整很少，CTP印版上墨很快，很容易达到水墨平衡，印刷准备时间大大减少，节省了过版纸、油墨，减少了浪费，印刷机使用效率大大提高。

⑤ 可以实现远距离传输数据与高速直接制版，大大地缩短了时间和空间的差距。

CTP系统的典型应用是作为高速高效远程的应用在报业上，由于当前报业市场的激烈竞争，出版报纸要求时间快、质量高，并随着彩报印刷的发展趋势，使CTP制版成为有效达到上述目标的最佳手段。另外，作为高质量印刷的一个典型例子，是基于调频网的彩色高端印品的制版与印刷，CTP制版能够较好地完成各个阶调的调频网的复制。

2. CTP系统及其结构、工作原理及基本参数

CTP直接制版机与照排机结构原理相仿，其制版设备均是用计算机直接控制，用激光扫描成像，再经过显影、定影生成直接可上机印刷的印版。计算机直接制版采用整体数字化工作流程，直接将文字、图像的大版数字页面描述转变为CTP印版，省去了胶片材料、半自动或全自动的晒版工序等。

CTP直接制版系统的成像原理是由激光器产生的单束原始激光，经多路光学纤维或复杂的高速旋转光学裂束系统分裂成多束（通常是200～500束）极细的激光束，每束光分别经声光调制器按RIP生成的光栅文件的计录单元的二值信息，对激光束加以开关调制，变成受控激光。再经聚焦后，几百束微激光直接射到印版表面进行曝光扫描，在印版上形成图像潜影。经显影后生成CTP印版，供胶印机直接印刷。每束微激光束的直径大小及光束的光强分布形状，决定了在印版上形成图像潜影的清晰度和分辨率。扫描精度则取决于系统的机械精度及电子控制部分，而激光束的数目则决定了扫描时间的长短。

（1）CTP系统基本类型

① 按曝光系统可分为：内鼓式、外鼓式、平板式三大类。在这三种类型中，使用的最多的是内鼓式和外鼓式；平板式主要用于报纸等的大幅面版材上。在这些形式中，外鼓式逐渐呈现主流趋势，如图5-73所示。

图5-73 外鼓式CTP直接制版机

② 按版材品种可分为：银盐版、热敏版（烧蚀式热敏版、非烧蚀式热敏版）、感光树脂版和聚酯版（非金属版基）等。

（2）CTP的性能参数

下面以海德堡CTP-全胜3244计算机直接制版机为例介绍CTP直接制版机的有关性能与参数方面：

① 直接制版机为外鼓式结构，采用热敏成像技术及独特的方形光点技术，以240束激光二极管为光源。

② 自动聚焦，鼓转速1500r/min。类似印刷滚筒结构，光路短，没有震动，热性能与机械性能稳定。

③ 分辨率。2400dpi、1600dpi、1200dpi。

④ 网点类型。调频网21μm、圆方网、圆网、方网、椭圆网等。

⑤ 曝光速度。对开版/4min（2400dpi）

⑥ 版材尺寸

　　对开：770mm×1030mm 0.3mm

　　四开：605mm×745mm 0.3mm

　　八开：400mm×510mm 0.15mm

⑦ 热敏印版。印版极其稳定，全日光操作无雾化，印版质量稳定保存时间长。

⑧ 网点更精确。光点类似于二值图。

⑨ 耐印力高。不烤版20万印，烘烤后可达到100万印。

⑩ 套准精确。印版的重复精度±5μm（同一台机器曝光的八块印版），绝对精度<20μm（不同机器曝光的印版），套准精度±15μm（图像和印版边缘）。

⑪ 方形激光点技术。网点边缘非常锐利，可以精确复制1%~99%的网点。印刷密度极高，$C-1.9D$、$M-2.0D$、$Y-1.5D$、$K-2.75D$。调频网输出非常容易，细腻层次完美展现。

二、基于CTP系统的质量检测

1. CTP输出系统的质量检查特点

基于胶片的PS版制版过程，其质量的主要控制目标是胶片的输出质量（包括输出密度与范围、线性度、均匀性、套准精度、表面质量、正确性等），并主要通过透射密度计对胶片进行检测和在照排输出的RIP系统上进行系统线性输出补偿校正处理，并由此达到对输出系统进行闭环质量控制的目的。当然PS版的质量还要受到晒版、显影和印版保护等其他胶片环节以外的次要开环因素的影响。

在先进的CTP直接制版输出的系统中，由于省去了胶片输出的过程，所以印版的质量控制就直接面对CTP的印版成品，而不是胶片之类的中间过渡媒介了，有如下特点：

（1）直接面对CTP印版的质量检查　传统的透射和反射密度计无法直接面对CTP印版进行测量，简单的办法就只能使用传统的PS版"看版"手段：使用放大镜粗略地观看印版网点的生成质量。这种方法的缺点是无法在数字化的CTP输出系统中，有效提供精确的基于测控条的系统线性控制所需要的精确参数。例如下面讨论的用于克里奥CTP系统的

Harmony线性控制与补偿系统就需要精确的直接针对CTP印版的密度测量仪器。

近年来随着数码技术的发展，出现了基于数码摄像的图像印版检测仪，图5-74所示就是一款这样的仪器（X-RiteDot）。其本质就是一个具有图像分析能力的"看版放大镜"，能够在自有光源的照明下，针对从检测区域所摄到的网点图像进行网点百分比的计算和实现网点放大显示等功能。

另外，Gretag Macbeth的便携式iCPlate Ⅱ也能解决直接制版（CTP）工艺中最难的问题之———快速而精确的印版质量控制。通过内置的摄像机，iCPlate Ⅱ能分析印版的网点百分比、网线数、网点形状、加网角度等，并显示在液晶屏上。完整的配置应包括测量仪、校正板和软件，如图5-75所示。

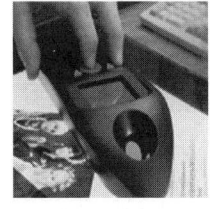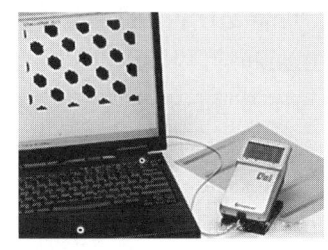

图5-74　X-RiteDot 的外型和操作　　　　图5-75　iCPlate Ⅱ印版测量仪

（2）CTP印版质量检查的主要内容

① 基于印版控制条的网点梯尺是否能达到2%～98%的网点再现，信号条上的微米级别的分辨率线条是否完整清晰。

② 针对CTP RIP输出系统的线性化与印版补偿设置的需要，检测网点梯尺上各个灰度级的网点百分比。如果印刷控制条的灰度级不够标准，则需要另外放置针对印版线性与补偿控制的灰梯尺。

③ 直接使用仪器的显微摄像和图像处理功能，直接放大显示印版上的所有区域的半色调细微结构，比用看版放大镜更加方便直观和清晰。

（3）X-RiteDot在测量CTP（或PS）版时的操作举例

操作姿势如图5-74右所示，版面网点百分比测量有以下操作步骤：

① 按中间键启动仪器。

② 设置测量类型如：阴图或阳图（-或+）、反射（　　）、网点百分比（%）、调频或调幅网点、测量光源（自动、C、M、Y或K）。

③ 将仪器定位于CTP（或PS）版测量点之上。确保印版放平，并且仪器接触良好。

④ 细心查看仪器窗口（上面开的椭圆观察孔），定位于印版所需检测区域。

⑤ 按中间键进行测量，网点百分比等测量数据会显示在仪器屏幕上。

⑥ 按下右键，测量区域的版面半色调显微放大图像就会显示出来。

2. CTP系统高端输出校准系统

（1）直接制版机的最佳曝光条件测试　影响CTP曝光量的主要因素有：focus（焦距）、zoom（光圈大小）、light（激光发光功率）、DrumSpeed（滚筒转速）。在明确输出要求的前提下，应找到各曝光参数的最佳组合，即在分辨率确定的前提下，选择与之对应焦距、光圈大小、激光发光功率、滚筒转速的最佳适配参数。在实际生产中，当更换新的版材时,一般情况下只需调节焦距和光圈大小以及两者的组合来实现版材和制版设备的适配。而对于新引进的CTP制版设备或设备使用(闲置)时间较长时,才需要进行light和滚筒转速测试以及两者的组合调试。测试步骤一般为设定初始值、步长及级数。如激光发光功率调试与设定步骤为(根据设备推荐值,确定激光发光功率测试范围,如30%~100%): ① 设置激光发光功率测试的初始值(initial value)=30%; ② 设置步距(increment)=5%; ③ 设置级数(count)=13; ④ 检查设置信息,信息无误则对印版进行曝光; ⑤ 稳定的冲洗条件下冲洗印版,察看印版上的测试条,选择最佳指标。

(2)CTP设备的线性化　RIP中的线性化校准是控制输出媒体上阶调准确复制的关键环节之一,能够使用户不用调节印刷(或其他输出)过程就能够完成对印刷质量的调节控制。CTP输出设备的线性化指的是色彩的校正工作,对于CTP设备而言,它的稳定性会随着使用时间的延长而有所下降。CTP的稳定性是指CTP的输出网点大小(网点大小可以认为和某种色彩的灰度值一致)和测量的网点大小是否一样,即输出50%网点测量后是否都是等于50%,若测量出来的不是50%,则表明这台CTP是非线性的。于是就需要对它做线性化(linearization),即给这台CTP加一条线性化曲线,使得这台CTP恢复到标准状态。线性化是在RIP的时候做的,比如一张图本来的灰度效果(与网点一致)是50%,但是由于某种硬件原因,印刷出来的图像经过测量网点变成了54%,就需要告诉RIP,使其把应该是50%网点的地方适当降低一点网点数量,比如47%,这样印刷出来的效果就会恰好或者更加接近真实的50%网点,当然不可能对每个密度的网点进行测量,通常情况下会选取一部分点,然后中间值会用某种插值算法得到。

需要注意的是线性化曲线和微调曲线有着不同的意义,线性化曲线中的点(x, y)表示本来是x的实际测出来的是y,所以在RIP时对x的地方应该向与y相反的方向处理,即若$x>y$,则应该增加x处的网点数,若$x<y$,则应该降低x处的网点数;而微调曲线恰恰相反,对于微调曲线中的点(x, y)表示实际测出来为x,但是想调整为y,这时RIP处理应该与y的方向一致。

① CTP设备线性化的意义。在印刷中,网点扩大始终是影响印品质量的一个重要因素。对于传统印刷,网点扩大是指印品上网点和胶片上网点面积的差值;而在使用CTP制版时,没有胶片,因此网点扩大是指印品上的网点面积和印版上的网点面积的差值。

在传统制版流程中,数据文件首先经过照排机输出胶片,然后晒版,最后进行印刷。网点从胶片到阳图型PS版,由于晒版时光线的斜射和网点边缘的不实,印版上的网点面积较胶片上的网点面积小;而CTP制版流程中没有胶片,印版上的网点面积和数据文件的网点面积一样大,即传统印版上的网点面积小于CTP印版上的网点面积。在同样的印刷条件下,CTP版印品上的网点就大于PS版印品上的网点面积,即采用CTP制版流程的网点扩大比传统PS制版的网点扩大要大。因而CTP版印品比PS版印品偏暗。由于人们长期使用PS版印刷,习惯了PS版印刷的产品,往往会将二者进行比较。要使二者印品相同或使CTP版印品质量更好,就必须对CTP制版机进行线性化校准。

② 线性化校色原理。要达到二者印品相同,就要使CTP制版机输出印版上的网点小于实际网点,即对CTP制版机进行线性化曲线补偿;或者要想使CTP印刷品达到一定的标准,按照这个标准对CTP制版机进行线性化曲线补偿。

如图5-76所示,假设$N(X)$是当前设备的复制曲线,$H(X)$是期望的复制曲线。当

输入值为 X 时，当前设备的复制值为 A 点的 $N(X)$ 值，而期望得到的值为 B 点的即 $H(X)$ 值，且有 $H(X)=N(X')$。也就是说当期望输出值为 B 点 $H(X)$ 值时，须将 X 值转化为 X' 带入到当前设备的复制曲线 $N(X)$ 中，才可得到期望的输出结果。这样就需求出 X 和 X' 的关系，该关系就是要求的补偿曲线。设曲线方程为 $C(X)$，则 $C(X)=X'$。当前设备的复制曲线 $N(X)$ 可通过实验得到，并拟合出其曲线方程；期望的复制曲线 $H(X)$ 可根据需要得到，并拟合出其曲线方程，从而可求得补偿曲线方程 $C(X)$。

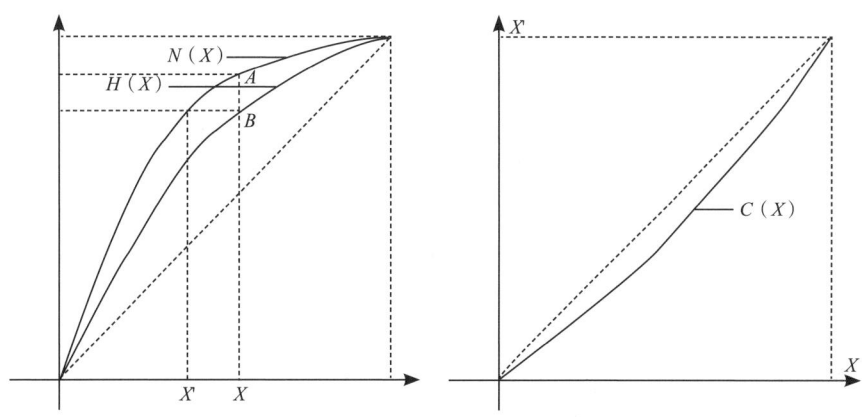

图5-76　CTP制版机线性化补偿曲线

③线性化校色步骤。线性化曲线补偿的步骤可分为以下几步。

a. 当前曲线。采用当前CTP制版机输出灰梯尺，并印刷得到印品，测量梯尺上每个色块的网点百分比，即为当前设备印品百分比，如 $y=N(X)$。

b. 目标曲线。是客户需要的理想的某个印刷品的实际阶调分布曲线，如 $y=H(X)$。

c. 根据二者得到线性化补偿曲线。线性化补偿曲线由专门的生成软件生成，如Harmony软件。

d. 输出CTP版时，调用线性化补偿曲线。这时输出印版小于数据文件中的网点百分比，最后印刷就可得到期望的网点百分比，图5-77是线性化曲线生成图例。

④CTP制版机的线性化步骤。CTP系统的线性化是指使梯尺测控条上0~100%的各级网点值与通过该CTP制版系统输出后的网点值一致化的操作，以对CTP直接制版过程中出现的网点损失进行有效补偿。有一点需要注意的是，CTP系统线性化是在制版机曝光条件和显影机显影条件正常化、规范化的条件下实施的。

CTP系统线性化的目的在于使CTP计算机直接制版系统处于最佳的工作状态，这一过程通过在加网软件中控制实现，称之为Calibration。这里使用的是我国应用最为广泛的Harlequin加网软件。CTP系统线性化过程如下：

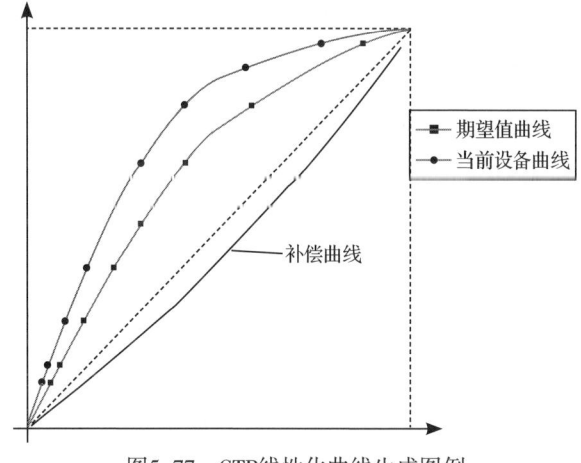

图5-77　CTP线性化曲线生成图例

a. 测控条的选取或设计，可以使用系统自带测控条，为了实现对高光和暗调部分更精确的控制，这里设计了27级梯尺测控条。

b. 在没有对CTP系统线性化条件下（no Calibration）对梯尺测控条在加网软件中加网。目前，加网是通过加网软件RIP（光栅图像处理器）来完成的，可将连续调的图像转换为有浓淡层次的网目调图像，用网点面积覆盖率来表示图像的阶调层次。

c. 将上一步加网后得到的梯尺以正常条件进行曝光制版。

d. 在正常条件进行显影。

e. 用x—rite Dot印版测试仪测出印版上1%～100%的27级网点梯尺的实际网点百分比。

f. 将第5步测量所得数据输入加网软件中CTP线性化操作窗口。输入完毕后单击"OK"，并将该线性化曲线保存并命名，以供下次使用。一条线性化曲线对应一种制版环境，即制版条件一旦发生变化，如制版机参数重新调整、显影液更换、版材更换等，需要重新进行线性化工作。因此，企业应定期对输出系统进行线性化操作。

g. 调用第6步保存的Calibration线性化曲线重新对测控条加网，其他条件不变，进行制版。

h. 测出第7步得到的印版上各级梯尺网点百分比并记录数据。若输出网点百分比满足线性化要求，线性化过程结束；否则，重复以上步骤，直至输出网点百分比满足线性化要求，线性化过程结束。此时，保存得到的曲线，即为正确的线性化曲线。

第六章 印前工艺流程

从drupa2000开始,数字化工作流程软件逐渐进入人们的视野,并投入工业应用。近几年,数字化工作流程发展很快,国内外著名厂商纷纷推出相关解决方案。这些方案大都基于JDF标准,并且强调开放性、兼容性和可操作性,使整个工作流程达到最佳效果。它使印前作业更加方便快捷,使印前作业高度集成化,还能使印前中的多项作业集成到流程中一并完成,如单页和拼版文件的陷印、拼版、打样、制胶片和制版等多项任务在流程中依次完成。目前一般都是基于PDF的印前工作流程,多采用客户端/服务器模式,可以导入大量不同格式的输入文件,也可以输出大量不同的文件类型用于打样、出胶片和制版。目前国内主流工作流程是柯达的印能捷(Prinergy)、方正的畅流(ElecRoc)、网屏的汇智(Trueflow)、爱克发的爱普极(Apogee)。这里主要围绕柯达印能捷和方正畅流这两个目前应用广泛的工作流程软件介绍数字化工作流程理论在实践中的具体应用。

第一节 方正畅流

方正畅流是一套分布式的数字化工作流程管理系统,除折手和自动拼版处理器以外,畅流的其他作业传票处理器都能够分别安装、运行在不同的机器上,不必局限于畅流控制台程序的安装位置,只需在安装过程中指定畅流控制台所在服务器的名称即可。其系统配置要求如表6-1和表6-2。

表6-1　　　　　　　　　　　　　　硬件配置

类　别	推荐配置
畅流服务器	CPU双P4 2.0G以上；内存1G以上；宽带SCSI硬盘18G×2；1024×768 24bit真彩色显示模式
输出处理器	CPU P4 2.0G以上；内存512M以上；宽带SCSI硬盘
其他处理器	CPU P4 2.0G以上；内存256M以上
Mac客户端	G4 450M以上；内存256M以上；显示器1024×768 24bit真彩色显示模式
PC客户端	CPU P4 1.5G以上；内存256M以上；显示器1024×768 24bit真彩色显示模式
网络环境	100Mb以太网

表6-2　　　　　　　　　　　　　　软件环境

类　别	软件配置
畅流服务器	Win2000Server 或Windows2003 Microsoft SQL Server Desktop Engine (MSDE) Acrobat5.05、6或7 .NetFrameWork1.1
输出处理器	Win2000Scrvcr 或Windows2003

续表

类　别	软件配置
其他处理器	Win2000Server 或Windows2003
Mac客户端	Mac OSX．系统JDK要求1.4.1或以上
PC客户端	Windows 2000 Windows XP以及后续版本
折手组件	1024×768真彩色显示模式
拼版组件	1024×768真彩色显示模式 Win2000 Windows XP或Windows2003 Acrobat5.0或以上

作业要求

《江淮文摘》杂志共56面，成品尺寸是210mm × 285mm，要求在对开印刷机印刷，折页方式为垂直交叉折，规矩为（5，6），装订方式为骑马订。

工艺流程

启动软件→创建作业→创建作业传票→运行作业→作业归档与清除

操作步骤

（一）启动软件

1. 启动畅流服务器

在方正畅流控制台安装完毕后，可以从"开始"＞"程序"＞"Founder Elecroc"＞"畅流控制台"启动畅流控制台，如图6-1所示，每次启动服务器控制程序后，全部处理器均处于"停止"状态，只有在启动相应的处理器后，才能执行对应的印前操作。

从"主菜单"＞"操作"＞"启动畅流"，可启动方正畅流已经安装的所有作业传票处理器。选择此项后，"处理器列表"中处理器的状态均显示为"启动"。如果只希望启动某个或者某些处理器，可以在处理器列表中选中这些处理器，把鼠标移动到选中区域，然后单击鼠标右键，选择"启动"。单击Shift按钮可在处理器列表中选择连续的处理器，单击Ctrl按钮可选择多个非连续的处理器。如果各个处理器安装在不同电脑上，在启动某处理器之前要确保该处理器所在的电脑处于开启状态。

2. 登录客户端

双击桌面上畅流客户端的快捷方式图标，弹出客户端登录窗口，输入操作员的用户名和密码，如图6-2所示。

在客户端登录窗口单击"确定"按钮，进入畅流主界面。

客户端菜单：位于窗口上方，由"系统"、"工具"、"帮助"组成。

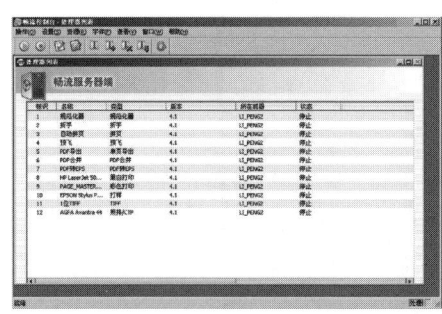
图6-1 畅流控制台

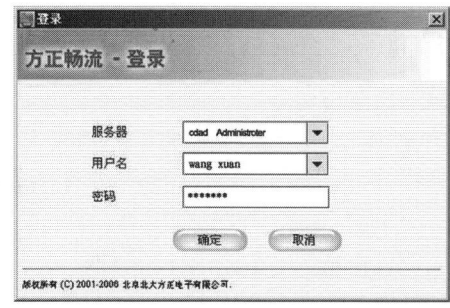
图6-2 客户端登录窗口

导航栏：位于窗口左边，由作业导航器、操作监控器和管理工具组成。

作业导航器：位于窗口中央，可进行作业管理。

状态栏：位于窗口底部，用于显示JTP的状态。其中图标下方显示绿色色条代表处理器为在线状态，显示灰色色条代表处理器为离线状态，如图6-3所示。

（二）创建作业

在作业导航器中，单击"新建"按钮，弹出"新建作业"窗口，如图6-4所示。

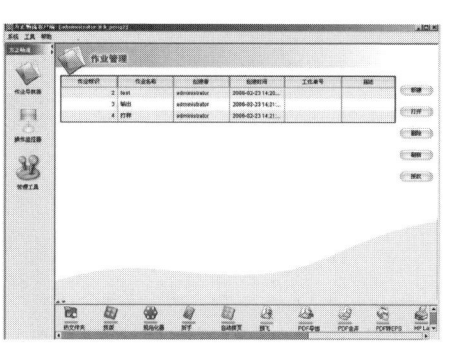
图6-3 作业管理器对话框

输入作业名称等信息，确定后自动进入作业窗口，如图6-5所示，也可以从作业列表中选中一个未完成的作业打开后继续操作（若选择未授权的作业，单击"打开"按钮，将提示未授权信息）。

图6-4 新建作业

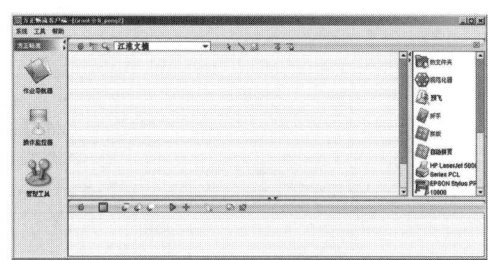
图6-5 作业管理窗口

（三）创建作业传票

作业处理器节点列表在工作区的右侧，它显示畅流服务器端安装的所有作业处理器。作为一个新用户，根据生产任务要求创建一个作业传票，首先要确定需要使用哪些处理器，然后将这些处理器从右侧的列表中拖拽到左侧的"作业处理器工作区"，根据加工产品的需要对每个作业处理器作相应的参数设置，如只生成PDF文件，则需要规范化处理器，即在右侧处理器列表将规范化图标拖拽到左上侧区域中，根据需要设置好规范化器的参数。

下面我们将以构建一个包含规范化处理器、折手处理器、黑白打印、打样、胶片输出的作业流程为例进行介绍。从作业窗口右侧的处理器列表中选择所需处理器,拖拽图标至左侧的作业传票区,如图6-6所示。

（四）作业运行

1. 选择源文件

单击作业处理器工作区"规范化器"节点,然后单击作业资源管理窗口工具条上的"选取文件" 按钮,弹出"选取文件"窗口,该窗口的路径列表中列出了所有由畅流控制台环境设置中源文件所指定的路径,如图6-7所示。在路径中选取所要处理的源文件,该文件将出现在作业窗口的源文件子窗口中,如图6-8所示。

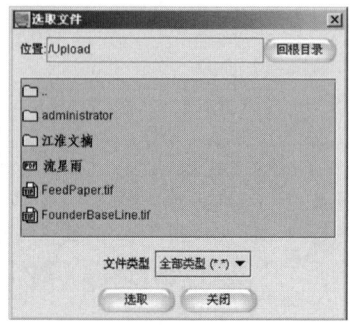

图6-6　选择处理器节点　　　　图6-7　"选取文件"窗口

2. 文件的规范化处理

将源文件提交到作业传票中处理器的方式有两种：

① 首先在作业处理器工作区选中"规范化器",再在源文件子窗口中选择待处理的文件（作业资源管理窗口左边窗格中的文件）,然后单击作业资源管理工具条上的"运行按钮" ,所有资源文件将被提交给规范化处理器进行处理。

② 通过鼠标拖拽到作业处理器工作区的规范化器图标上,该文件则会被作业传票上的规范化处理器处理,如图6-8所示。

图6-8　作业资源管理窗口

3. 文件拼版

① 首先在作业处理器工作区选中"折手"图标,再将规范过的源文件全选（作业资源管理窗口左边窗格中的文件,也就是规范化处理作业资源窗口右边窗格中的文件）,然后单击作

业资源管理工具条上的"运行按钮" ，所有资源文件将被提交给折手处理器进行拼版。

② 通过鼠标拖拽到作业处理器工作区的 "折手"图标上，该文件则会被作业传票上的"折手"处理器处理，如图6-9所示，资源区的右侧显示了所选文件的预显图。

起始于：用于指定左侧作业队列中作业序列号的起始数字。在编辑框中输入数字，按回车键即可，如果页面排序有问题，可以通过上下箭头调整。

：上移作业队列中选中的PDF文件。

：下移作业队列中选中的PDF文件。

对于PDF文件位置的调整，也可通过单击鼠标右键，从快捷菜单中选择"移动到"命令来实现。如果拼版时要添加空白页，可以单击按钮 ，调出"插入空白页"对话框，来安排空白页的位置和面数，如图6-10所示。

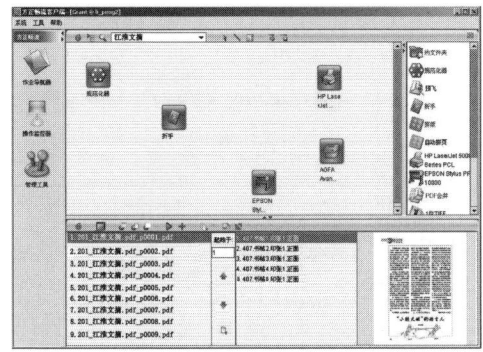
图6-9 折手作业对话框

图6-10 插入空白页

至于打样和出胶片与前面的处理器操作类似，这里不再做详细的叙述。

若想检查每个处理器的处理结果，可以在作业处理器工作区选中所查的处理器图标，然后在作业资源管理窗口的输出资源区域（资源窗口的左侧一般为输入资源区域，右侧一般为输出资源区域）双击所选的文件或者大版（也可以选中文件后右键单击"预览"），将弹出单独预览对话框，如图6-11所示的是折手预览图。

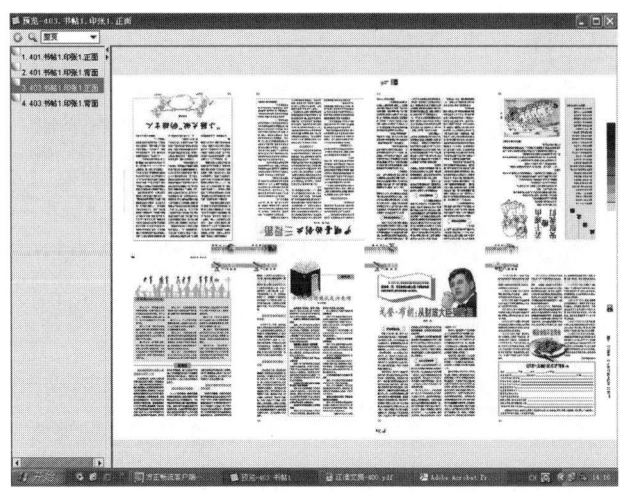
图6-11 拼版预览图

（五）作业归档

所谓归档，就是指用户从畅流客户端将畅流作业信息（节点、模板、PDF页面、大版等）生成后缀名为*.arc的归档文件，并将该文件保存在硬盘等介质上。

归档管理用于不同服务器之间的文件管理，它允许用户对作业进行归档或将归档文件导入到畅流系统中，并对归档文件和目录进行必要的管理。

当用户需要处理某个已归档的作业时，可通过"归档"菜单的"导入"命令，将该归档文件导入到畅流系统中。

（1）在"工具"菜单中选择"归档管理"，如图6-12所示。

（2）窗口中包括两个选项卡："归档列表"和"归档信息"。归档列表中显示的是当前畅流系统中的作业，选择需要导出的一个或多个作业，单击窗口下方的"归档"按钮，弹出"保存"对话框。用户需要在对话框中选择归档文件存储的位置。

（3）确定归档文件的存储路径后，单击"保存"即可，如图6-13所示。

图6-12　归档作业列表　　　　图6-13　归档保存对话框

（六）补充内容

1. 处理器参数设置

双击作业窗口中的处理器可以设置处理器的参数。

（1）规范化器参数设置　规范化是方正畅流必不可少的一个处理环节，其主要功能是接收PS、S2、PS2、S72、EPS、TIFF、PDF、DCS等页面描述文件，并将上述文件进行分页，转换成单页面、自包容的PDF文件。

① 常规（如图6-14所示）。

a. 介质尺寸。用户可根据实际需要选择页面尺寸，系统提供了A0、A1、A2、A3、A4等幅面，也可以自定义尺寸。

b. 页码选择。指定文档中需要打印的部分。若单击了"页码"或"自定义"项，请在其后的框中键入需要打印的页码或页码范围。

所有页：打印全部页面。

页码：在输入框中键入页号，指定需要打印的页面。

自定义：指定页码范围进行打印，键入页码范围的样式如1，2，4-7。

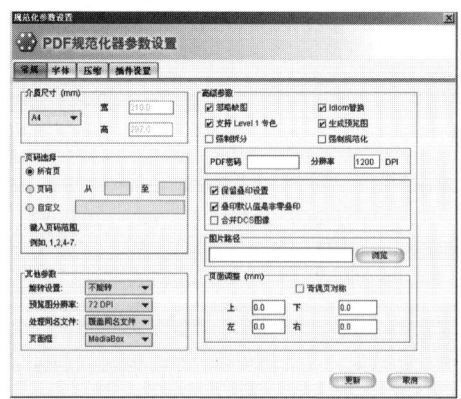

图6-14　"常规"选项卡

c. 其他参数。

旋转设置：规范化处理的页面可以被旋转，其旋转角度包括：不旋转、旋转90°、旋转180°、旋转270°。

预览图分辨率：设定规范化后的PDF页面预览时图像的分辨率，最高预览分辨率可达到144dpi，一般设置为72dpi。

处理同名文件：下拉列表中提供两种处理方式，分别是"覆盖同名文件"和"增加后缀"。若选择了"覆盖同名文件"，当规范化器处理同名文件时，后面处理生成的文件会覆盖前面处理生成的文件；若选择了"增加后缀"，当处理同名文件时，系统会自动在规范化生成的文件名中增加后缀，以示区分。

页面框：PDF文件的页面框包括MediaBox、CropBox、BleedBox、TrimBox和ArtBox，如果待处理的PDF文件中定义了某种页面框，在此处选择相应的选项即可。

d. 高级参数。

忽略缺图：如果处理的文件没有包含图片信息，例如方正FIT生成的不包含图片信息的PS文件，当选中忽略缺图，在规范化此文件时，会警告缺图，但仍然会进行规范化，只是生成的PDF文件是缺图的文件。如果没有选中忽略缺图，规范化文件时会报红色的错误信息。

Idiom替换：使用PostScript Level 3的描述来代替PS文件中原有的渐变描述。PostScript Level 3增加了渐变描述功能。使用新的渐变词典和渐变操作符来产生渐变，提高了渐变的速度和质量，增加了渐变的类型，可以用更简单的方法构造更绚丽多彩的渐变图形。

支持Level 1专色：若选中"支持Level 1专色"项后，畅流可以更好的支持前端排版软件的专色渐变问题。

生成预览图：控制规范化后的PDF文件是否有预览图。如果选择"生成预览图"选项，规范化后的PDF有预览图；如果没有选择"生成预览图"选项，规范化后的PDF则不会生成预览图。

强制拆分：若选中该项，PDF源文件中无论是否内嵌了字体，处理时都对其进行拆分，也就是畅流的规范化器不对其进行规范化处理。

强制规范化：若选中该项，无论PDF源文件中是否内嵌有字体，畅流都对其进行规范化处理。

上述两个选项都只对PDF源文件有效，且两个选项不能同时被选中。如果两个选项都不选中，则畅流系统会自动判断文件是否需要拆分，如果内嵌了字和图，就自动拆分，即不经过规范化处理；如果没有内嵌，就进行规范化，生成自包容的PDF文件。

PDF密码：如果PDF文件在Acrobat软件中设置了文件加密，则需要输入相应的密码。在Acrobat中可以设置两个级别的密码，一个是限制打开文件的密码，叫做Open Password。另一个是限制文件使用权限的密码，叫做Security Password，下面分几种情况具体说明：

情况1：PDF文件在Acrobat中没有设置任何密码。在规范化器参数"PDF密码"选项中无论设置怎样的密码或不设置任何密码，PDF文件都可正常输出。

情况2：PDF文件在Acrobat中只设置了Open Password，没有设置Security Password。在规范化器参数"PDF密码"选项中需输入Open Password，PDF文件才可正常输出。

情况3：PDF文件在Acrobat中只设置了Security Password，没有设置Open Password。在规范化器参数"PDF密码"选项中需输入Security Password，PDF文件才可正常输出。

情况4：PDF文件中既设置了Security Password，又设置Open Password。如果未选中禁止打印项，则在规范化器参数"PDF密码"选项中输入Open Password或者Security Password其中之一，PDF文件才可正常输出。如果选中禁止打印项，则在规范化器参数"PDF密码"选项中只有输入了Security Password，PDF文件才可正常输出。

分辨率：个别排版软件生成的文件经规范化后，如果出现版面元素丢失或增加，可尝试更改分辨率，方正排版软件的特效字如加粗、变细或某种特效没有表现出来，也可尝试这种方法，但分辨率不要超过6000dpi。

保留叠印设置：选中此选项，即使用前端排版软件的叠印参数设置；如不选，则会去掉原文件中的叠印信息，缺省为选中状态。

叠印默认值是非零叠印：该功能主要是针对某些反白字的情况，当遇到时不要选中此项。

合并DCS图像：选择该项可以实现DCS图的黑白打印。当在方正飞腾排版软件中同时排有DCS、黑字、黑线和反白效果的时候，就需要选择这个选项才能输出正确的效果。但它不能支持含有专色的DCS。

图片路径：指定作业中涉及的图像文件存放的位置，系统允许同时指定多条路径。操作步骤如下：首先在畅流控制台环境设置中设置好相关的图片路径；然后规范化器参数，单击图片路径的"浏览"按钮，选择路径后，单击"确定"按钮。如果需要选择多个路径，重复以上动作，在图片路径中自动用分号分隔。例如：\\osd_Test\PSPNT\IMAGE\;\\osd_test\uSER2\IMAGE\，系统会按照先后次序来搜索图像文件。

页面调整：一般不作设置，采用缺省状态。

② 字体（如图6-15所示）。在规范化的过程中，需要将出现的字体嵌入PDF文件，但被转换的文件中可能存在某些系统中没有的字体，方正畅流允许用户建立和维护一份字体替换表，为系统未安装的字体指定替换字体。在输出过程中，当发现文件中使用了某种系统未安装的字体时，会首先查阅字体替换表，如果该字体已指定了替换字体，则方正畅流会使用该替换字体取代缺省替代字体；若搜索不到对应的替换字体或替换字体不存在，则方正畅流将使用系统缺省的替代字体来进行替换。用户可以通过"缺席字体列表"和"安装字体列表"来设定替换关系。

a. 忽略缺字。用户选择是否忽略缺字，如果是，则用鼠标单击选中"忽略缺字"复选框，规范化文件时会列出文件缺少的字体，并使用替代字体替换；如果不希望忽略缺字，则出现缺字时，规范化器会报错。

b. 缺省替代字体。用户可根据需要从下拉菜单中选择相应的字体设定为默认的替换字体。

c. 缺席字体列表。规范化文件后，如果有缺席字体，单击"刷新"按钮，缺少的字体将会显示在缺席字体列表中。也可以通过列表下方的"增加缺字"或"删除缺字"按钮在列表中手工增加或删除缺席字体。

d. 最大缺席字体数量。此参数用于限定"缺席字体列表"中字体的数量。随着作业中处理文件的增多，"缺席字体列表"中的缺席字体也会逐渐积累，当缺席字体数量达到此处限定的数值时，系统将会自动删除早些时候进入列表的缺席字体名称。由于该参数是全局参数，只能在管理工具中对其进行设置。在作业的规范化器节点中不能修改"最大缺席字体数量"。

e. 安装字体列表。系统中已经有的字体列表，可以用于替换缺席字体。中西文字体都可以进行替换。

f. 替换字体列表。显示字体替换关系，设置字体替换关系的操作是：在"缺席字体列表"中选择一个缺席字体，然后在"安装字体列表"中选择安装的字体，这样就建立了替换的关系，并在替换字体列表中显示字体替换的对应关系。运用该规范化器进行处理时，如果出现刚才选择的缺席字体，就会被所选择的安装字体替换，生成的PDF就内嵌进该安装字库。删除"缺席字体列表"中的字体，并不会删除"替换字体列表"中的替换关系。

③ 压缩（如图6-16所示）。进行文件规范时可进行文件重新采样和压缩。根据实际生产需要，采用合理的压缩方式和重新采样可大幅度减少PDF文件的大小。

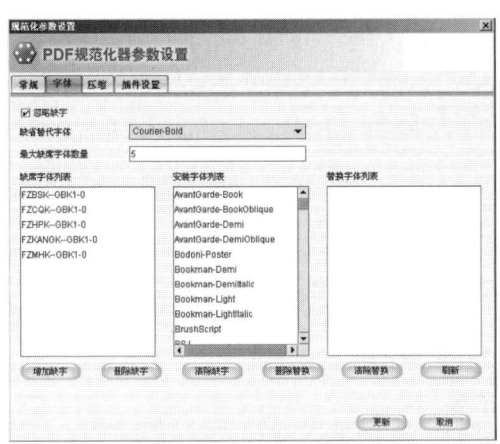
图6-15　字体设置对话框

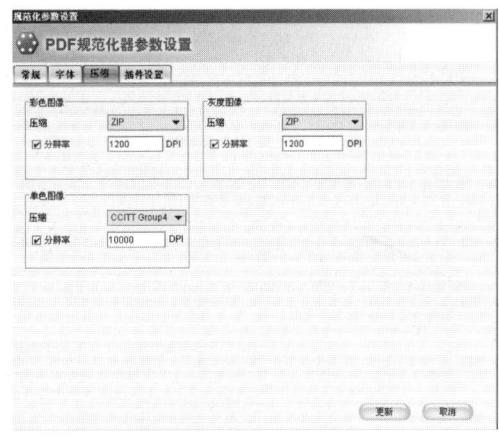
图6-16　压缩设置对话框

目前系统提供的默认参数比较适合商业印刷，如果PDF是为了商业印刷，建议不必更改其中的参数。如果想生成适合远程校样或网上传播的PDF文件，可更改其中的设置。方正畅流提供的图像压缩方式的选项包括以下几种选项：None、CCITT Group3、CCITT Group4、ZIP、JPEG和Packbits。

CCITT：用于黑白图像的一系列无损压缩技术，由PDF和PostScript语言文件格式支持。CCITT是"国际电报和电报咨询委员会"（International Telegraph and Telekeyed Consultive Committee）的法语拼写的缩写。

ZIP：由PDF和TIFF文件格式支持的无损压缩技术，对包含大面积单色区域的图像最为有效。

a. 彩色图像。

压缩：系统提供了三种方式，ZIP方式是最有利于彩色图像，对图像质量没有损失。None选项是没有任何压缩，生成的PDF相对其他的方式比较大。JPEG压缩率较大，对图像有较大影响，JPEG压缩分为高、中、低三档。

分辨率：在分辨率中输入阈值，如果文件的分辨率超过阈值，将被重新采样，采样后的PDF文件的分辨率为设定的阈值。

b. 灰度图像。

压缩：系统提供了三种方式，ZIP方式是最有利于灰度图像，这种压缩方式是无损压缩，对图像质量没有损失。None选项是没有任何压缩，生成的PDF相对其他的方式比较大。JPEG压缩率比较大，对图像有较大影响，JPEG压缩率最大，图像损失最大，JPEG压缩还分为三档，即高、中、低。

分辨率：在分辨率中输入阈值，如果文件的分辨率超过阈值，将被重新采样，采样后的PDF文件的分辨率为设定的阈值。

c. 单色图像。

压缩：对于黑白单色图像来说，系统提供了None、CCITT Group3、CCITT Group4、ZIP、Packbits等压缩方式。CCITT Group是最合适的方式。

分辨率：在分辨率中输入阈值，如果文件的分辨率超过阈值，将被重新采样，采样后的PDF文件的分辨率为设定的阈值。

④ 插件设置。方正畅流的规范化器可接收的文件类型除了标准的PDF、PS、EPS、TIFF等格式以外，还支持S2、S72、PS2三种方正自有的文件格式。对于S2、S72和PS2这三种格式的转换工作，规范化器提供了相应的"插件"来实现。所谓插件，就是一个文件格式转换程序，无论是什么格式，系统都会自动识别，并调用不同的输入插件（Input Plug In），然后再做规范化处理。

（2）折手处理器参数设置　折手就是在计算机上将前端排完版的单个书刊页面按照印刷和装订的要求拼成与印刷机幅面相同的大版的作业模块。

双击折手处理器图标，如图6-17所示弹出折手参数设置对话框。

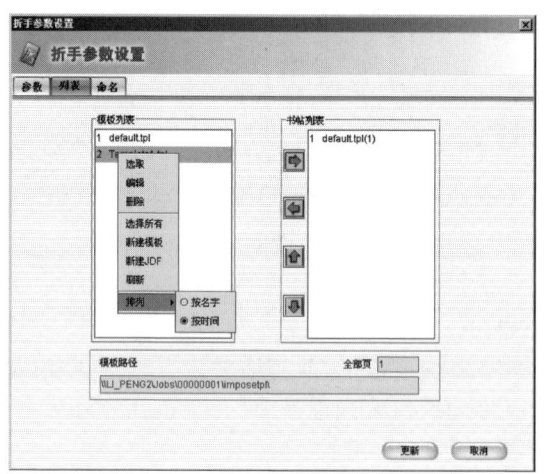

图6-17　折手参数模板设置对话框

① 参数。一般可以用缺省设置。

② 列表。在其模板列表中用鼠标右键单击选择"新建模板"，如图6-17所示弹出折手参数设置中的列表"对话框"。此时会自动调出畅流折手程序，用于创建折手模板，如图6-18所示。

建立版面后，使用模板菜单中的创建布局，可弹出"布局属性"窗口，根据生产要求建立布局，如图6-19所示。

使用自动设置页号工具，设置小页的页号，如图6-20所示。

然后，可以使用模板菜单中的标记箱加入各种标记，如图6-21所示。

建好模板后从"文件"菜单中选择"提交"命令，将弹出"保存"模板窗口，如图6-22所示，保存后会提示提交成功。

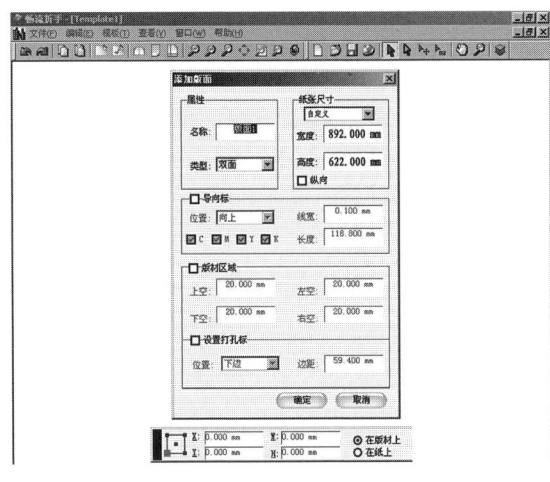
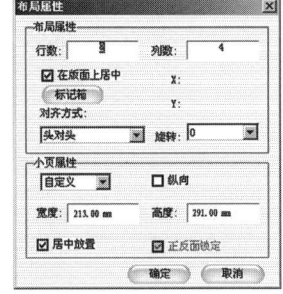

图6-18 创建折手模板对话框　　　　图 6-19 建立布局对话框

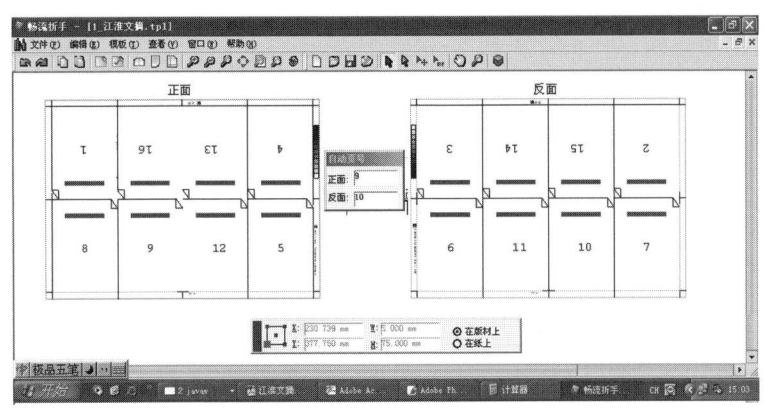
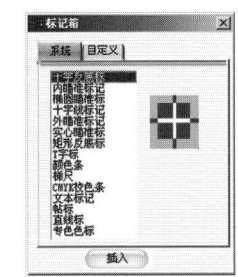

图6-20 设置小页的页号对话框　　　　图6-21 标记选取对话框

从折手模板列表中，单击右键菜单中的"刷新"，提交成功的模板会出现在列表中，如图6-23所示。用同样的方法再建一个自翻身版模板。

图6-22 保存模板对话框　　　　图 6-23 提交模板对话框

设置拼版方案，用鼠标左键选中模板列表中的模板，点击右向箭头可将其加入到书帖列表，根据本书页数的多少选取所需要的模板，在拼版方案中可以多次选取同一个模板，选取方法同前，也可以用左向箭头去除书帖列表中的多余的模板，如顺序有误，用鼠标左键选中需调整的模板，然后点击对话框上的上下箭头进行调整，如图6-24所示。

图6-24　设置拼版方案对话框

模板列表中的模板也可以通过单击图6-17中 "选取"命令，在弹出全局模板列表中选取，如图6-25所示。

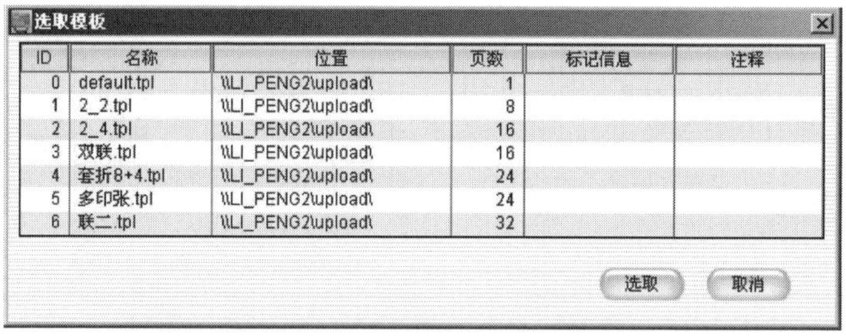

图6-25　全局模板列表对话框

此窗口显示了系统缺省给出的全局模板及通过模板管理器上载的全局模板，可以根据需要进行选取。还可以选择模板列表中的模板，点击图6-17中的"编辑"命令，对原有的模板进行修改以适合当前作业。

③命名。这里一般不设置，命名选项都在创建模板时设置。

（3）版式打印参数设置　"版式打印"是方正畅流工作流程管理系统的作业传票处理器之一，负责把规范化器处理后生成的单页PDF文件或者含折手拼版信息的大版文件，通过多种打印设备输出到打印介质上，用户可通过设置不同的参数获得所需的打印效果。双击作业工作区的打印机图标，弹出"打印参数设置"对话框，可在此修改其参数。

版式打印和彩色打样设置选项几乎一样，详情如下面的打样参数设置。

（4）打样处理器的参数设置　"打样"是方正畅流工作流程管理系统的作业传票处理器之一，负责把规范化器处理后生成的单页PDF文件或者含折手拼版信息的大版文件，通过多种打样设备输出到打样介质上，用户可通过设置不同的参数获得所需的打样效果。

①彩色设置（如图6-26所示）。

a. 曲线。

颜色微调曲线：管理工具中可定制一些颜色微调曲线，打样处理器中只需选择相应的颜色微调曲线即可。

线性化曲线：单击下拉菜单可看到已在畅流控制台中设置的灰度曲线列表，请按实际的情况选择。

b. 彩色模式。选择打印色面相关的参数。

CMYK：按CMYK方式分色，可以生成青版（Cyan）、品版（Magenta）、黄版（Yellow）和黑版（Black）。若文件中包含专色，专色将自动输出。

允许输出专色：对于蒙色文件，当PDF页面中含有关于专色的描述时，选取该项，则系统将为该专色生成单独的点阵文件；如果未选中此项，则系统将该专色转换为相应C、M、Y、K的颜色，在分色版中打印。

图6-26　色彩设置对话框

c. ICC校色。

允许：为在彩色打样中得到与最终印刷的效果完全一致的彩色效果，彩色管理功能是彩色打样中必不可少的一个步骤。如果用户需要进行彩色打样，则必须选取此项。选取此项后，系统将使用国际标准的ICC规范来进行颜色校正。ICC是国际彩色联盟（International Color Consortium）的英文缩写，它的目标是建立独立于平台的颜色转换标准，保证颜色在不同类型的设备上一致地呈现。例如在扫描输入设备、显示设备、输出设备上都能保证颜色的一致性。它将所有设备相关的颜色空间都通过与设备无关的颜色空间（例如CIE XYZ或CIE Lab）作为中介，来保证颜色在多种设备上呈现的一致性。ICC制定了一个文件规范，用来描述一个设备的颜色特性，这个文件被称为设备的参数文件（profile），每种设备都有与之对应的参数文件。

源ICC参数文件是指为图像指定用来解释该图像颜色的ICC参数文件。例如，如果该图像是用某种扫描仪扫描得到的，则应该为它指定该扫描仪的ICC参数文件；如果该图像是适合某种显示器的，则应该为它指定该显示器的ICC参数文件。

设备ICC参数文件应该指定为与这次输出相匹配的设备或印刷环境的ICC参数文件。如果在彩色打印机上输出，就指定为该打印机的ICC参数文件；如果在某种印刷环境下输出

（例如SWOP coated），则指定为该油墨和纸张条件下的ICC参数文件。设备ICC文件中的颜色模式必须与设备参数中的颜色模式一致。不要在ICC文件设定之后修改设备的颜色模式，否则会出错。如果未选中"允许校色"，则无法实现色彩管理功能，系统也不会使用柯达色彩管理内核进行色彩匹配。

黑色保留：对图形或文字为灰色系的部分不经过ICC分色，用打印机的黑墨去模拟，以确保灰色系的文字和图形不产生色偏。

呈色意向：选择呈色的意向，有以下几种可能的选择：Perceptual—适合图像的颜色转换，这是缺省的选择。Saturation—适合只注重颜色鲜艳程度的图形的复制，例如框图，拼图等。Relative Colorimetric—适合颜色的准确复制，例如某些LOGO图标的颜色。Absolute Colorimetric—适合颜色的准确复制与Relative colorimetric不同的是它具有模拟纸白的功能，例如某些LOGO图标的颜色。

设备ICC文件：为输出设备指定ICC参数文件，在下拉框中选定需要的文件，这些文件描述了输出设备的颜色特性。设备ICC文件中的颜色模式必须与设备参数中选定的颜色模式匹配。例如使用EPSON打印机输出打样，希望能模拟本厂的印刷效果。这时需要在"CMYK源ICC"文件中选择本厂印刷环境的ICC文件，而在"设备ICC文件"中选择EPSON打印机的ICC文件。

CMYK源ICC文件：为CMYK图像或颜色指定ICC参数文件，描述了源图像的颜色特性。这里指定的是打样需要模拟的印刷环境，要做某个印刷环境的打样，就应该在这里就选择该印刷环境的ICC参数文件。

RGB源ICC文件：为RGB图像或颜色指定ICC参数文件，描述了源RGB图像的颜色特性，在下拉框中选定需要的文件。

当直接使用RGB图像进行组版时，就必须为RGB图像指定ICC参数文件。这个参数文件可以是某个RGB扫描仪的，也可以是某个显示器的。如果指定为扫描仪的ICC参数文件，输出结果就会与扫描原稿匹配；如果指定为显示器的，输出结果就会和显示效果匹配。值得注意的是，如果显示软件（无论是图像处理软件还是组版软件）对彩色管理有良好的支持，那么显示效果和原稿也一定是匹配的。这样，原稿、显示、打印就做到了一致。但直接使用RGB图像进行组版的用法并不多，也不推荐这样使用，在多数情况下，使用提供缺省RGB ICC参数文件DefaultRGBsrc.icm就可以了，不管版面上是否有RGB图像或颜色，这个参数都需要指定。

Device Link文件：设备ICC文件与目标源ICC文件按照某种呈色意向进行匹配，合成一个ICC文件。也就是说，Device Link是基于输入和输出文件的一种特殊颜色空间转换。如果想使用Device Link文件，先选择"允许"复选框，再选中Device Link复选框，此时Device Link文件下拉列表才可用，ICC文件与呈色意向下拉列表为不可用状态。

② 设备参数。界面如图6-27所示：

a. 分辨率（DPI）。控制打样设备的输出精度。当连接的设备不同时可供选择的分辨率也会有所不同，要根据实际进行选择。

b. 介质尺寸。介质尺寸有预定义尺寸和自定义尺寸两类，单位为mm，用户自定义的纸张尺寸还可以输入小数点后的精确数值，可根据实际需要进行选择。预定义尺寸根据打样设备的不同而不同。

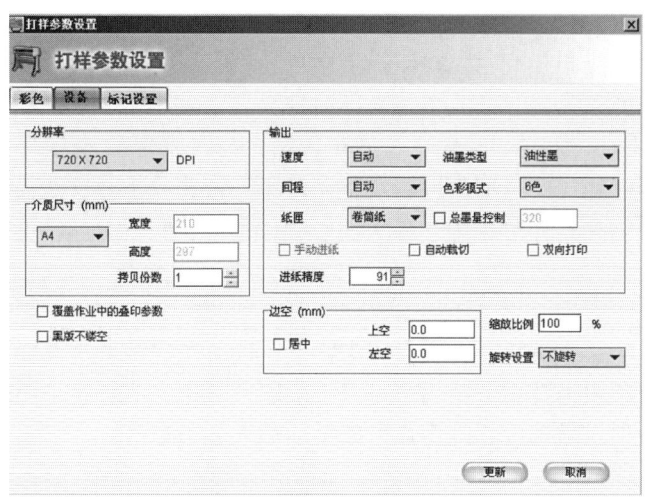

图6-27　打样设备设置对话框

自定义选项允许用户自定义纸张尺寸，选取后可在其后的宽、高输入框中输入需要的数值，此时用户必须填入有效数字，才能确保打印工作的顺利进行。纸张尺寸一致的含义是不仅X方向（打印机扫描方向）的长度相同而且Y方向（打印机走纸方向）的长度也相同。例如：297mm×210mm与210mm×297mm虽然使用的同是A4规格的纸张，但由于放置的方向不同，所以它们的纸张尺寸将被判断为不一致。

c. 拷贝份数。输入需要打样样张拷贝的份数，值域最小为1，最大为255。

d. 覆盖作业中的叠印参数。若不选中"覆盖作业中的叠印参数"项，则打印的文件叠印参数将采用前端排版软件的设置。对于100%黑色叠印参数取决于"黑版不镂空"选项是否选中。

e. 图形镂空参数。当选中"覆盖作业中的叠印参数"项时，打印文件的叠印设置将使用"图形镂空参数"选项中的设置。

黑版不镂空：解释的文件中只有100%黑版的文字和图形不镂空，其他颜色的图文都镂空。

f. 输出。

速度：指设备打印速度，速度越快，打印品质越差；速度越慢，打印品质越好。缺省为"自动"，表示程序已内定了适合这款设备的速度值。

回程：打印回程次数与打印品质和打印速度紧密相关，打印回程次数越多，品质越好，但速度越慢；打印回程次数越少，品质越差，但速度越快。用户可根据需要进行选择，一般选择缺省值为效果最好。

纸匣：分为卷筒纸和单张纸。根据打样设备不同会有不同的选项，用户可根据需要进行选择。

手动进纸：此选项主要是为了配合纸匣内的"单张纸"而设定。当用户需要输出单张纸时，必须选择此项，并在设备上调好相关选项才能正常输出。

油墨类型：油墨分为油性墨和水性墨两类，用户可根据需要进行选择。当用户的选择与实际所配置的油墨类不匹配时，打印机将会自动报错。

色彩模式：根据打样设备不同，会有4色、6色、7色、8色等不同选项。当用户的选择与实际所配置的油墨类不匹配时，打印机将会自动报错。

总墨量控制：此项是为了防止多色叠印时在介质上发生堆墨现象而设定的，其取值范围为101~400，若不选中此项，表示无总墨量控制，与取值为400时效果等同。

自动裁切：可以通过此选项来控制设备在打印完作业后是否自动裁切。

双向打印：是指在打样过程中，墨头在回程运动中也实现打印功能。若选中此项，打印速度会有所提高。

g. 边空。

居中：选中此项，文件将在介质上居中输出，同时左空和上空设置为不可编辑状态。

左空：若居中项未被选中，则用户可以手动输入左边空值。

上空：若居中项未被选中，则用户可以手动输入上边空值。

h. 缩放比例（%）。

其实际意义是："100"表示输出页面的尺寸是真实页面的尺寸；如果输入值是"80"，表示X、Y方向均缩到实际尺寸的80%；如果输入值为"200"，表示X、Y方向均放大到实际尺寸的两倍，缺省值为"100"。

i. 旋转设置。

不旋转：选介质内容不旋转输出。

旋转90°：选介质内容将逆时针旋转90°输出。

旋转180°：选介质内容将逆时针旋转180°输出。

旋转270°：选介质内容将逆时针旋转270°输出。

自动旋转：打印内容将按照所设定的介质尺寸判断是否进行旋转，即内容的长边、宽边是否分别与介质的长边、宽边保持一致。

③ 标记设置。主要用于对作业的标记参数进行设置，如图6-28所示。

a. 装入对准标记。选择此项，则在输出文件页面上加入对准标记，否则不加入。其他选项，如旁注、当前时间、梯尺、文件信息等均不受限制。如果输出的页面没有包含所需要的对准标记信息，请检查PostScript文件是否符合DSC标准。

输出的物理页面即胶片尺寸是否不够大，请尝试减小缩放比例或加大介质尺寸。

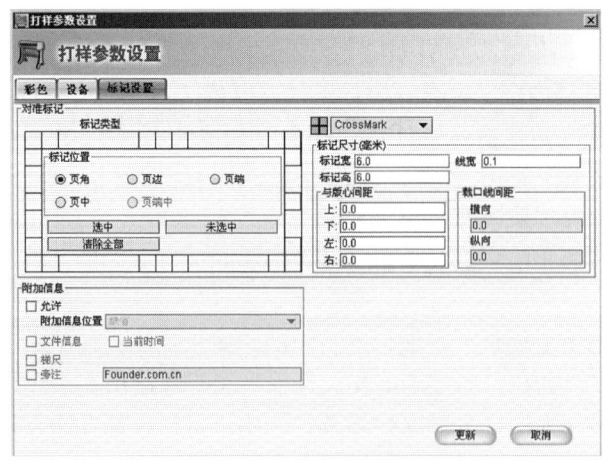

图6-28 打样标记设置对话框

b. 标记类型。方正畅流目前提供15种标记类型，如图6-29所示。

图6-29 标记图示

自左向右依次为：Cross Mark（十字线）、Solid Circle（实心圆）、Internal Cutline（内部裁切线）、Extenal Cutline（外部裁切线）、Folding Line（折叠线）、BookSpine（书脊）、Anti-Cross（反十字线）、Rect Mark（矩形）、Square Mark（方形）、Circle Mark（圆）、L Cross（左十字线）、UCross（上十字线）、Corner Mark（角标）、Hollow Circle（圆孔形）、T-Shape（T形线）。

c. 标记位置。对准标记的位置可以在页角、页中、页端、页边或页端中。页角指页面的四个角；页中指页面四条边的中间位置；页端指页面上下两条边的两端紧挨页角的四个位置；页边指页面左右两条边的两端紧挨页角的四个位置；页端中指页面上下两条边紧挨页中的四个位置，如图6-30所示。

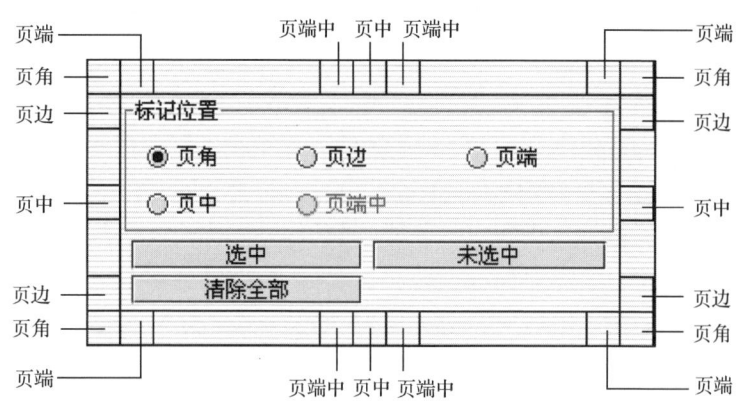

图 6-30 标记位置对话框

"选中"、"未选中"和"清除全部"：选择了一种标记类型，规定了它的线宽和位置后，单击"选中"按钮，即在对话框右边的页面图示中相应位置上显示出这种标记，提示将要把这些标记加到输出页面的那些位置上。如果不想添加标记，单击"未选中"按钮即把选中的标记删除。单击"全部清除"按钮，即清除页面上所有标记。

d. 附加信息位置。选中"允许"复选框，设定附加信息的位置。附加信息包括旁注、梯尺、文件信息及当前时间，它们可以被安排在页面上、下、左、右的不同位置上。通常可用"缺省值"，如有特别需要再做调整。

文件信息：选取此项，将在版心外输出当前文件路径名，缺省为不选。

当前时间：选取此项，将在版心外增加当前文件的输出时间，缺省为不选。

梯尺：选取此项，将在版心外输出梯尺，缺省为不选。

旁注：选取此项后，可在文本框中输入一行注释说明，这行说明将在页面的底部或边上输出。

e. 标记尺寸。

标记宽：取值范围0～500mm，缺省值为6mm。

标记高：取值范围0～500mm，缺省值为6mm。

线宽：设定标记线宽，取值范围0～0.7mm，缺省值为0.1mm。

与版心间距：设定上、下、左、右四个方向与版心的间距。

裁口线间距：分为横向和纵向，取值范围0～50mm，缺省值为3mm。

以上所有参数设置完毕后，点按"更新"按钮，本组标记设置参数将被记忆并施加于输出文件。

（5）输出胶片处理器参数设置　输出系统负责作业的最终输出工作。在整个处理器系统中，它位于打印和打样之后，输出胶片的设备是照排机。

图6-31　输出处理器RIP参数设置对话框

① RIP参数（如图6-31所示）。

a. 色彩模式。目前输出支持以下两种色彩模式：

Gray：灰度模式，可以生成灰版（灰度色面，Gray）。

CMYK：按CMYK方式分色，可以生成青版（Cyan）、品版（Magenta）、黄版（Yellow）和黑版（Black），这是系统缺省的色面模式。

b. 分辨率。控制输出设备的输出精度，根据不同的设备有不同的分辨率可供选择。

c. 挂网参数。

色版：色版顺序列表框中列举了所有色彩模式的色面，如C、M、Y、K等。

网形：选择网点形状。系统提供圆形、椭圆形、菱形、钻石形、方形、纯圆形、细椭圆形、凹印网形、方正调频网9种基本网点形状和精细凹印-钱币形、精细凹印-六角形、精细凹印-T形和方正调频调幅网4种选配网形。其中方正调频调幅网和精细凹印两类网点类型是畅流输出中的选件产品，只有在购买、安装选件程序并输入相应的选件序列号后才能使用此功能，否则无法操作。

网角：每个色版均可设定其网角值，网角一般有四种选择：15°、45°、75°和90°，可以根据需要任意修改各个色面的网角值。网角设置不当可能在输出后产生撞网或龟纹，建议使用系统提供的缺省值。

网目：PSPNT提供了从65lpi到300lpi共10种网目数值，挂网目数对各个色版均相同。一般来说，挂网目数与设备的分辨率相关，如果用户在"设备设置"中改变了输出作业的分辨率，最好确定一下该模板中的挂网目数参数是否合适。表6-3列出了设备分辨率与挂网目数之间的对应关系以供参考。

表6-3　　　　　　　　　　　　分辨率与网目数对照表

分辨率	建议的挂网目数
0～300	65
300～600	87
600～1200	100
1200～2032	133
2032～2400	150
2400～3048	175
3048以上	200

挂网层次：用于设定灰度层次，取值在0～4096，但该数值与设备分辨率和挂网目数以及内存空间都有关系，建议采用系统缺省值256。一般来说，灰度层次高，输出图像的层次尤其是渐变的平滑程度会更好。使用凹印网形时，可将挂网灰度层次数设为512、1024甚至更大，以弥补层次损失。

d. 调频网点尺寸（μm）。只有在"网点类型"下拉列表框中选择"方正调频网"时，才可在"调频网网点尺寸"框中定义调频网的网点大小，其单位是μm。网点大小的范围与输出分辨率有关，若网点尺寸过大，图像会很粗糙，网点过小，又会给制版印刷带来困难，所以需要仔细选择调频网点大小。

e. 允许输出专色。选中此选项，其右侧显示"设置专色"按钮，单击该按钮，系统弹出"设置专色"对话框，允许作业中的专色版进行输出。否则，系统将不允许输出专色，即蒙色文件中的专色将会自动分色到CMYK四个版面中，而分色文件的专色版面不会输出。

畅流输出处理器中允许用户通过"设置专色"对话框来自定义增加、删除及修改专色版面的设置。

增加专色色版：在"设置专色"对话框的"专色名"空白栏内输入专色名，单击"增加"按钮，即在专色列表中增添一个新专色。然后可为该专色设置网角大小，而其专色色面的网型、网目则与"挂网"项中设置的网型、网目一致。如图6-32所示为专色对话框的设置。若在此处没有增加新的专色，则作业中所有专色按"Default spot"中的设置进行输出。

删除专色色版：在列表中选中需要删除的专色版，单击"删除"按钮即可完成删除操作。

② 设备（如图6-33所示）。

a. 介质尺寸。介质尺寸有预定义尺寸和自定义尺寸两类，单位为mm，预定义尺寸根据输出设备的不同而不同。自定义选项允许用户自定义介质尺寸，选取后可在其后的宽、高输入框中输入需要的数值，此时用户必须填入有效数字，才能确保输出工作的顺利进行。如果选取的介质尺寸超过了该输出设备的缺省介质尺寸，系统将提示重新选取合法的介质尺寸。

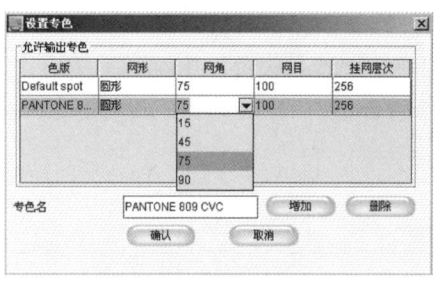 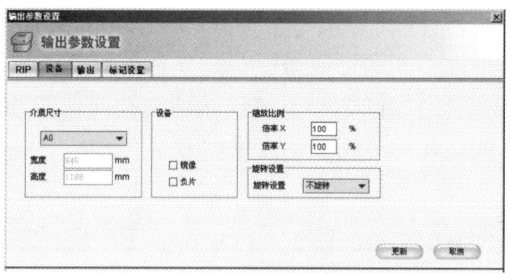

图 6-32　设置专色对话框　　　　图 6-33　设备参数设置对话框

b. 输出。"输出"选项卡中提供了油墨控制的选项。选中"允许"后，使用该输出处理器处理作业时，方正畅流将生成用于印刷的CIP3标准PPF格式的油墨控制数据文件，这些文件将被存储到畅流控制台设置的"油墨控制"目录中。"版本"下拉列表框中可以选择油墨控制的不同版本。虽然畅流的油墨控制设置了低、中、高三个选项，但是根据实验的结果，选项"中"效果最佳。油墨控制选项界面如图6-34所示。

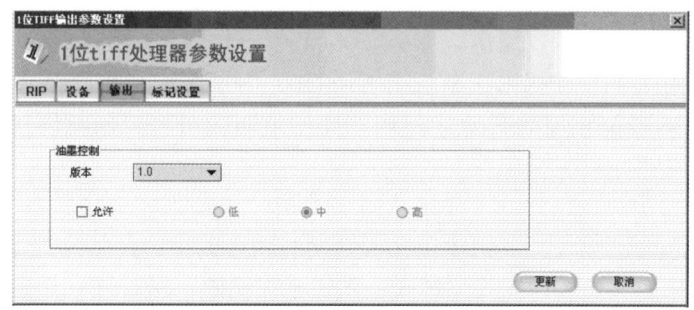

图 6-34　油墨控制设置对话框

c. 标记设置。和前面打样的标记设置相同，这里不再赘述。

2. 存储作业传票

设置好作业传票后，单击"保存为作业传票模板"按钮可以为作业传票取名保存，如图6-35所示。

若下次再做相同的产品就可直接单击"导入传票模板"按钮，弹出"导入传票模板"窗口，如图6-36所示。从作业传票列表中选择所需的作业传票，单击"导入"按钮即可，当然也选择相近的作业传票进行修改。

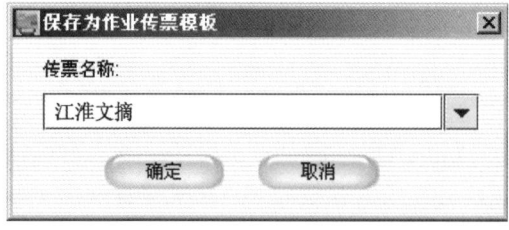 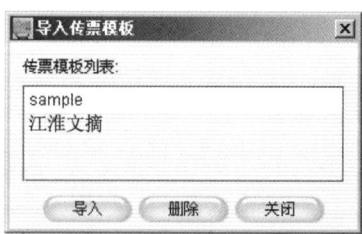

图 6-35　保存为作业传票对话框　　　图 6-36　导入传票模板对话框

3. PDF合并

PDF合并可方便用户远程发送和校样。即通过PDF合并处理器，将多个单页的PDF文件合并成一个多页PDF文件。其操作过程十分简单，只要将规范化后的多个PDF文件提交给PDF合并这个处理器即可完成操作。PDF合并处理器允许设置输出文件的名称和路径，参数设置窗口如图6-37所示。

如果选中了"文件重命名（覆盖同名文件）"并在"新文件名"编辑框中输入了一个文件名，如"Sample"，那么每次经过PDF合并处理器生成的文件名称都是Sample.pdf，也就是以前生成的文件会被后来生成的文件覆盖。但如果选择了"文件重命名（不覆盖同名文件）"，并且在"新文件名"编辑框中输入了一个文件名，如"Sample"，那么第一次经过PDF合并处理生成的文件名是Sample.pdf，第二次生成的文件名称为Sample_1.pdf，以此类推，每次在文件名中增加一个依次递增的数字。也就是说，此处设定的Sample是文件名的一个前缀。如果此处不特别指定输出路径，那么经PDF 合并生成的文件会默认输出到PDF合并处理器安装目录中的PrinterJTP\Output_FrameBmp文件夹中。

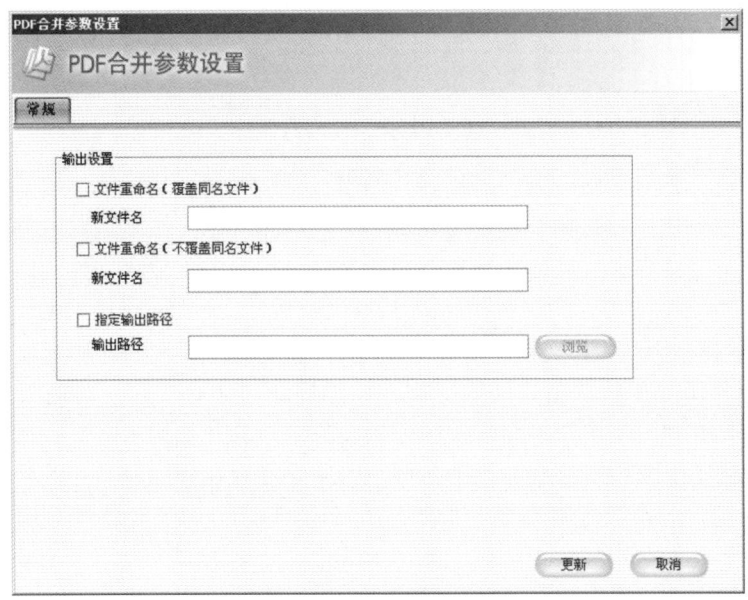

图6-37　PDF合并处理器对话框

第二节　印能捷工作流程

印能捷工作流程是一套基于PDF的印前工作流程和内容管理工具，它用来组织印前作业和印版的生产，并能支持单页和拼版文件的陷印、打样、拼版、制胶片和制版等多项任务，其具有以下特点：基于PDF的印前工作流程和采用客户端／服务器的模式，使其可以导入大量不同的输入文件，可以输出大量不同的文件类型用于打样、出胶片和制版，以及整合拼版软件及基于Acrobat的插件。图6-38是其工作流程图。

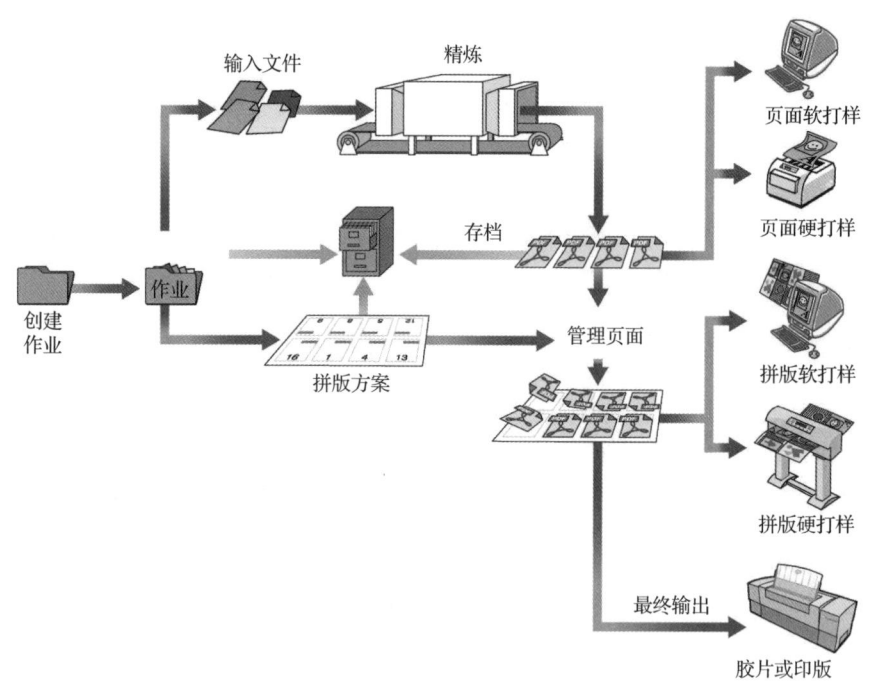

图6-38 印能捷工作流程示意图

工作开始前，要启动服务器，连接好各输出设备，并通过局域网连接若干个客户端。确定客户端和服务器连接好后，激活工作软件workshop，在工作浏览器里创建一个新的文件，进入作业管理器界面。在作业管理器原始文件一栏中添加输入文件，印能捷支持的输入文件格式为PostScript Level 1、PostScript Level 2、PostScript Level 3、PDF、EPS、DCS、必胜CT/LW、TIFF／IT。由图6-38可见，其工作有两条路径：一是对于杂志或小幅面样张来说，把符合印能捷默认格式的原始文件添加进新建作业中后，对输入文件进行精炼（refine）。所谓精炼，就是把不同格式的原始文件统一转化为PDF格式。精炼好后，可以对这些小页面进行屏幕软打样和彩色硬打样。另一路径是在添加原始文件后，同时添加一个大版拼版方案。此拼版方案在专业拼版软件preps或pandora（此软件适用于包装盒的拼版）里创建，按一定的拼版方式生成，以Adobe的作业传票格式存储，并在workshop里添加进来。把上一路径中已经精炼好的小页面分配给拼版方案。此时精炼好的小页面按拼版方案中的页面顺序去找自己的位置和方向。

这些小页面分配到拼版方案中后，成为可出版印刷的完整大版页面。对此页面可进行屏幕软打样、硬打样和直接制版。屏幕打样是在虚拟打样系统中进行软打样，打样时可浏览一个页面或拼好版的页面。采用虚拟打样系统检查装订线、出血线、套准线、标记以及色分解情况、陷印和拼版的正确与否等。屏幕打样确定无误后可进行彩色硬打样（加入色彩管理后可对色彩的正确与否进行打样并确认）。经过屏幕软打样和硬打样，并确定无误后进行最后的制版工作。选择印张来进行制版时，将依次对此印张的所有色版进行曝光制版。此过程是从客户端发指令给服务器，服务器驱动制版设备（激光照排机或直接制版机）进行曝光制版。在曝光制版机上的操作相对较为简单，当服务器发出上版指令，并且Trendsetter 800也接到指令后，Trendsetter 800会发出上版提示音，我们需要的操作仅仅是把相应的PS版放进入版口,放版时感光面面向操作者,放好以后启动Trendsetter 800制版机上的work按钮就可以了。曝光完毕后操作者只需把PS版取下进行冲版显影,即可上机印刷了。下面以一实例来说明其工作流程。

作业要求

《黄山邮政》杂志共56面,成品尺寸是210mm×285mm,要求在对开印刷机印刷,折页方式为垂直交叉折,规矩为(5,6),装订方式为胶订。

工艺流程

启动服务器→登录客户端→创建作业→添加输入文件→导入拼版方案→分配页面至位置→打样→输出印版

(一)启动服务器

在主服务器上单击开始,在程序里找到印能捷软件并单击。

(二)登录客户端

双击桌面上印能捷客户端的快捷方式图标,弹出客户端登录窗口,输入操作员的用户名和密码,如图6-39所示,在客户端登录窗口单击"确定"按钮,进入印能捷主界面。

(三)新建作业

单击"文件"菜单下的"新建作业",如图6-40所示。

图6-39 登录客户端

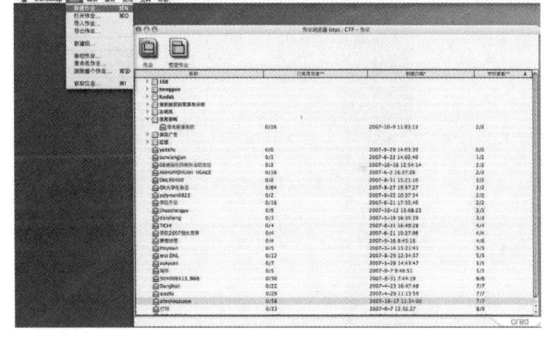

图6-40 新建作业

在弹出的"新建作业"窗口,输入作业名称等信息,确定后自动进入作业窗口,如图6-41所示(也可以双击作业浏览器中的作业打开作业管理器)。

作业管理器是处理作业的地方。使用作业管理器顶部的按钮,可以选择以下任何一个视图。

页面——显示关于输入文件、精炼页面和页面顺序的信息。可以添加客户文件、导入拼版方案、精炼输入、分配页面至页面顺序以及进行单页打样。

帖——显示关于输入文件、精炼页面和拼版方案的信息。可以查看和管理帖、进行拼版打样以及生成最终输出。

分色——显示关于作业中单个分色的信息。可以查看分色、生成打样和最终输出。

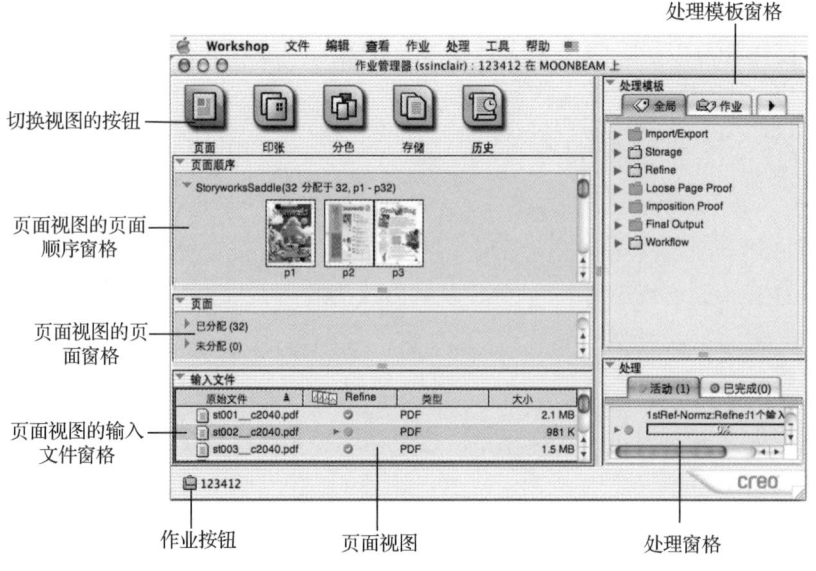

图6-41 "新建作业"窗口

（四）添加输入文件

在作业浏览器中单击"文件"菜单下的"添加输入文件"，如图6-42所示。

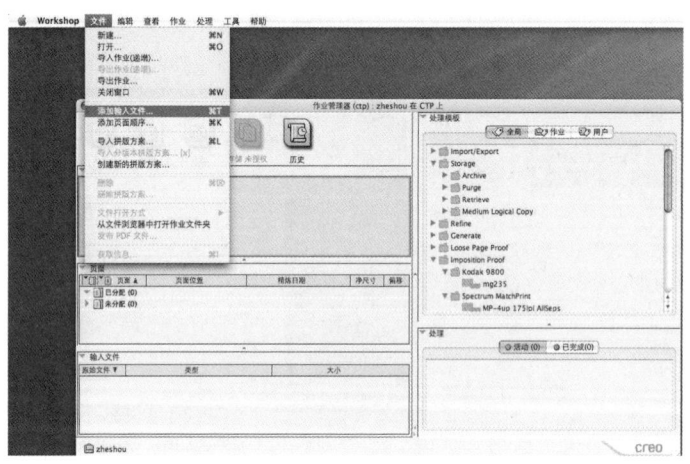

图6-42 添加输入文件

弹出"选取文件"窗口，该窗口的路径列表中列出所有由印能捷控制台的环境设置中的源文件所指定的路径，在指定文件夹下选中所要的文件。

（五）精炼

使用精炼处理可将输入文件转换成独立的 PDF 文件，其中包含嵌入的字体和图像。

将"页面视图—文件的输入窗口"中的文件拖拽到"处理模板窗格"中精炼处理模板上，印能捷能够对选取的文件进行"精炼"处理，也可以右键单击所选内容，然后使用层叠菜单选择处理模板，或者在处理模板窗格中右键单击处理模板，然后选择开始处理，如图6-43所示。然后精炼完的文件就会出现在作业窗口的"页面视图—页面窗格"中。在开始处理前根据需要修改处理模板,方法是单击编辑处理模板,修改处理模板,然后单击确定,如图6-44所示。

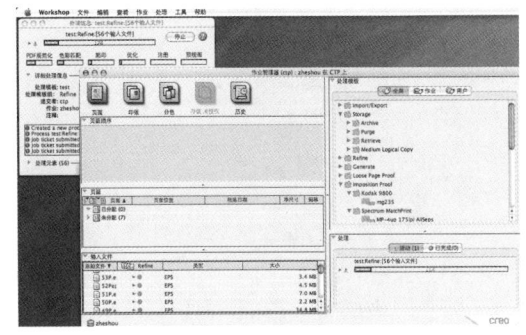

图6-43 精炼对话框

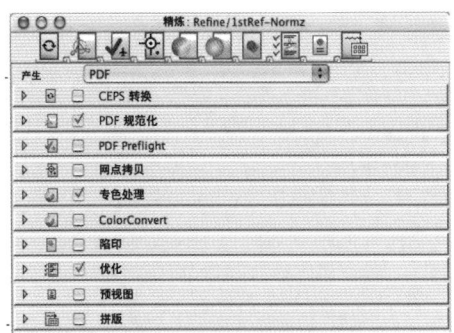

图6-44 精炼参数设置对话框

(六)拼版

1. 创建拼版方案

拼版模板的设置是在Preps中设置的,设置方法同在Preps软件中拼版,设置好本书所要的所有套版模板和自翻身模板后,在拼版作业中置入本书所需要的所有的模板,如图6-45,按ctrl+A,然后按ctrl+P,打印成"pjtf"格式,存储到印能捷控制台设置的指定文件夹下备用。

2. 导入拼版方案

从文件菜单中,选择"导入拼版",则出现如图6-46所示的对话框,选择所需的拼版方案。

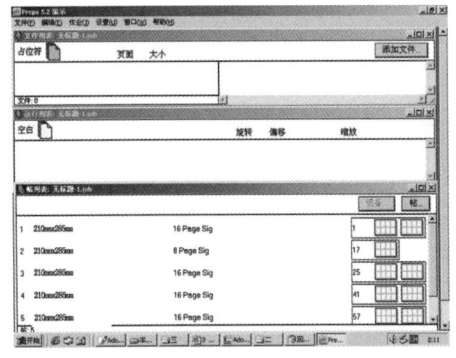

图6-45 设置拼版方案

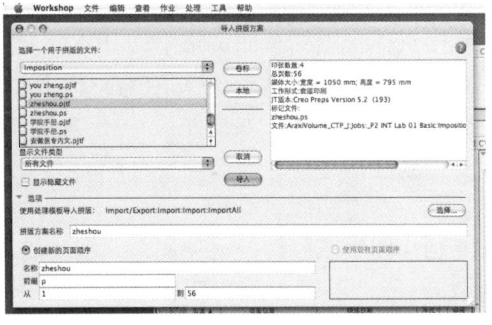

图6-46 导入拼版方案对话框

3. 分配页面至位置

用鼠标右键单击未分配图标,在下拉菜单中点击"分配页面至位置",然后印能捷就可以自动将分配进来的文件按指定的页面顺序分配到拼版印张中去,如图6-47所示。

分配页面后,单击印张示图按钮,如图6-48,就可看到拼版后的大版预览图。

(七)生成单页打样

使用单页输出处理模板将未拼版的页面输出至可用的设备,以创建打样。单页输出处理模板可控制输出版材上未拼版页面的版式。在生成单页打样之前,不需要分配页面至页面顺序或添加拼版。如果作业中的专色多于打样设备所支持的专色,则可使用颜色输出对

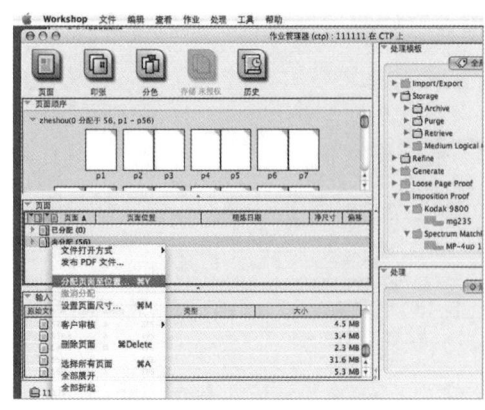
图6-47 分配页面至位置
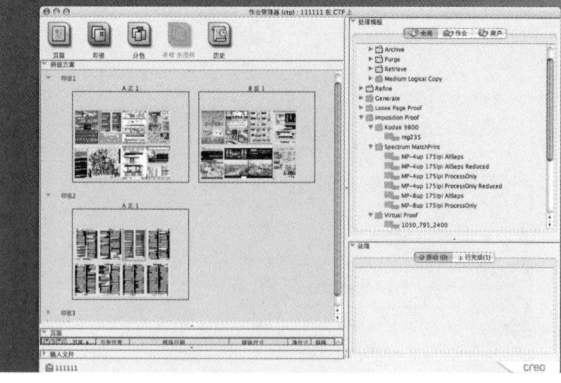
图6-48 拼版预览图

话框减少专色的数目，该对话框可通过单击开始处理对话框中的颜色映射按钮来打开。

生成单页打样：① 从页面视图的页面窗格中选择页面，② 将所选元素拖到处理模板窗格中的单页打样处理模板上。

（八）生成拼版打样

将拼版方案导入至作业，并将页面分配至与该拼版方案链接的页面顺序之后，便可以在打样机上创建拼版打样来查看结果。要生成拼版打样，应使用拼版方案打样处理模板。

生成拼版打样：① 从帖视图的拼版方案窗格中选择帖；② 将所选元素拖到处理模板窗格中的拼版打样处理模板上；③ 在开始处理对话框中，单击确定。

还可以使用不要求生成印刷样品的其他方法来进行打样。

Adobe Acrobat：是一种快速查看 PDF 文件的方式，它不要求生成打样。精炼输入文件后，双击页面视图的页面窗格中的 PDF 文件即可进行查看。

Virtual Proofing System：可在客户机上生成作业的软打样。可以查看单个页面或拼版页面。还可以对背面对齐、页间距尺寸、出血线、套准、标记、分色、陷印和版式进行检查。

要生成虚拟打样，应选择要打样的元素并启动为虚拟打样所配置的处理模板。

（九）制作印版或胶片

要制作印版或胶片，请使用最终输出处理模板。选择的处理模板所包含的选项决定了输出结果。

制作胶片或印版：① 从帖视图的拼版方案窗格中选择帖；② 将所选元素拖到处理模板窗格中的最终输出处理模板上；③ 在开始处理对话框中，单击确定。

（十）存档和清除

完成作业后，将作业文件进行存档，然后清除这些文件以节省磁盘空间。如果稍后需要这些文件，可以对其进行取档。只有在系统获得使用存档器的授权时，才能存档、清除以及取档。作业文件的存档、清除和取档分别由存档、清除和取档处理模板进行控制。

存档和清除作业文件一般在作业印刷之后进行，其方法为：① 在作业管理器中，选择位于窗口底部的作业按钮；② 将所选元素拖到处理模板窗格中的存档处理模板上；③ 在开始处理对话框中，单击确定。删除作业会将其从系统中彻底地删除，不能再将其取回。

（十一）导出作业

如果要将作业或部分作业发送至远程 Prinergy 系统，则可导出作业。Prinergy Connect 会创建包含作业中多个元素的 .zip 文件。导出处理模板可控制导出选项，如导出的位置。

（1）导出作业　在作业浏览器中选择作业，然后从文件菜单中选择导出作业；或在作业管理器中，从文件菜单中选择导出作业。

（2）部分导出　部分导出的作业是已分配了页面和拼版作业传票的帖。当远程站点通过递增导入作业管理器中的现有作业来逐步重新收集作业时，原始站点会逐步导出作业的各个部分。

导出部分作业：① 在帖视图中，选择一个或多个帖；② 从文件菜单中，选择导出作业（递增）。

只有在不再需要该作业时，才将其删除。如果觉得可能还需要该作业，则将其存档并清除。

（十二）数字化工作流程的比较

在介绍了印能捷和畅流流程软件各自的特点及优势后，就技术方面将两者进行比较。

从表6-4可以得出，从技术层面上讲，两者已趋于完善，并各具特色。它们都强调开放性、兼容性和可操作性。

不论是柯达印能捷工作流程，还是方正畅流工作流程，都是将PDF作为内部文件格式，因为PDF具有内嵌图文、可靠、开放、适合网络传输等优越的适合高端印刷的特性；同时，把JDF作为数据传输中的电子工作传票。它包含了一切有关印刷作业信息的电子文件，如估价、数量、物料、排版、印刷、装订、发行等信息。同时，它们都具备Ripping、陷印、过程监控、色彩管理、数码打样、预飞、JDF生成等功能，使整个工作流程快捷、准确、流畅。实践证明，这些流程能够满足目前工艺的要求。

企业在选择数字化工作流程时，除了要考虑性能，还要考虑产品的价格，选择性价比最优的流程软件，表6-5所列为目前主流软件的价格。

表6-4　　　　　　两个数字化工作流程的技术比较

	方正畅流	柯达印能捷
规范化	规范化器	Refine
MIS	JDF	PJTF
内部格式	PDF	PDF
预飞	有	有
陷印	有	有
分色	可以	可以
加网	有	有
OPI	支持	支持
折手拼大版	有	无
数码打样	有	有
色彩管理	一般	一般

表6-5　　　　　　　　　　　　主流流程软件参考价格　　　　　　　　　　　单位：美元

名　称	性　能	参　价
柯达印能捷	流程软件	90000
爱克发爱普极	流程软件	70000
网屏汇智	流程软件	40000
海德堡印易得	流程软件	50000

第七章 色彩管理技术

"所见即所得"是印刷行业长久以来追求的目标，希望能准确控制并保证扫描仪采样、计算机屏幕上显示、彩色样张和印刷品呈现的图像在色彩上保持一致，因而需要对图像色彩进行管理，保证在印刷复制过程中，各输出设备呈现的色彩效果与印刷品效果保持一致。本章就色彩管理的基本内容及应用进行介绍。

第一节 色彩的基础知识

一、色彩概述

什么是色彩呢？我们在观看物体时须要有光线的照射，透过眼睛与物体的相互作用产生色彩。白光中含有各种不同色彩的光，这可从日光透过三棱镜被分成不同波长光波所形成的彩虹来说明，即是我们能以眼睛看见的"可见光谱"的组合。光的每种色彩都有其特定波长，物体显现某种色彩是因为其颜料吸收光的某些波长而将其他波长反射入我们的眼睛。

色彩的构成要素包括：被观察的物质、光的存在、观测者的感受。当没有物质或光的存在时，如处于暗房之中，将感受不到任何色彩的存在。在我们的头脑中所产生的蓝天白云或各种色彩是我们的视觉系统对这些光波产生响应的反映。

二、色彩感觉

眼睛是一种视觉装置，它不但能感应物体，也能对某些波长的光作迅速的响应。眼球内主要含有锥状及杆状两类感光细胞，其中锥状细胞是感觉动作的细胞，它对明暗之间的差别特别敏感。当亮度减弱时，杆状细胞便会发挥功能，但看不见色彩，而在较亮的情况下，视网膜中的两种锥状细胞开始对长、中、短三种光域产生不同的视觉反应，便能让我们看见光谱中的红、绿、蓝三个主要色域来形成色彩。

眼睛看见物体上的色彩取决于有多少分量的红、绿或蓝光射入眼睛，若无任何光线射入眼睛时则感觉为黑色，当红、绿和蓝光以等量射入眼睛时则感觉为白色。

色彩的视觉是很主观的，每个人所经历的色彩感觉均会因为许多变量影响而产生差别。即使我们都用相同的方法来看所有的色彩，仍然会因各人的生活经验或宗教背景而对它有不同的解释和描述，这便是要发展色彩管理技术的原因之一。

三、色彩属性

色彩有三个属性：色相、饱和度、明度。

色相又称为色调，是指色彩的相貌，用来区别色彩的名称或色彩的种类，色相与色彩明暗无关。如苹果是红色的，红色便是一种色相。红、橙、黄、绿、蓝、靛、紫等都是基本色相。色相的种类很多，普通色彩专业人士可辨认出三百至四百种，但若仔细分析，可有一千万种之多。黑、灰、白为无彩色。

色彩饱和度又称为彩度，指色彩的纯度或鲜艳度，任何颜色的纯色因不含杂色，饱和度及纯粹度最高。因此，任何颜色的纯色均为该色中彩度最高的颜色。也就是当纯色与黑、灰、白或其他色彩混合以后，饱和度就会降低，如此说来，粉红色、粉蓝色、粉绿色等，便是低饱和度的颜色。

明度是指色彩的明暗程度，由其接近白色或灰色的程度而定，越接近白色明度越高，越接近灰色或黑色，其明度越低。如红色有明亮的红或深暗的红、蓝色有浅蓝或深蓝；无彩色明度的最高与最低，分别是白色与黑色。

四、色彩空间

色彩空间是可见光谱中的颜色范围，以强度值来表示色彩的模式。色彩空间包含的颜色范围称为色域如图7-1。整个工作流程内用到的各种不同设备（计算机显示器、扫描仪、桌面打印机、印刷机、数码相机）都在不同的色彩空间内运行，它们的色域也各不相同。

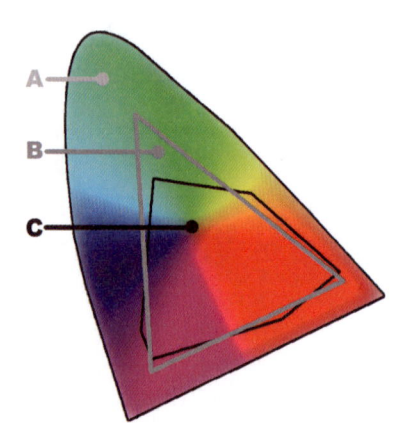

图7-1 色彩空间
A—Lab 色彩空间包括所有可见颜色
B—RGB 色彩空间
C—CMYK 色彩空间

五、色彩模型

Lab 模型：CIE Lab颜色模型如图7-2，它是由Commission Internationale d'Eclairage（CIE）创建的数种颜色模型之一。CIE 是致力于在色彩的各个方面创建标准的组织。

Lab 中的数值描述了正常视力的人能够看到的所有颜色。因为 Lab 描述颜色的显示方式，而不是设备（如显示器、桌面打印机或数码相机）生成颜色所需的特定色料的数量，所以 Lab 被视为与设备无关的颜色模型。色彩管理系统使用 Lab 作为色标，将颜色从一个色彩空间转换到另一个色彩空间。

Lab 从亮度或其明度成分（L）及以下两个色度成分的角度描述颜色：a 成分（绿色和红色）和 b 成分（蓝色和黄色）。

RGB 模型：绝大多数可见光谱可用红色、绿色和蓝色三色光的不同比例和强度的混合来表示。在这三种颜色的重叠处产生合成色—青色、品红、黄色和白色，如图7-3。

RGB 颜色也称为加色，即光谱以各种不同的组合混合在一起可产生加色。将所有颜色加在一起可产生白色，即所有可见光波长都传播回眼睛。加色用于光照、视频和显示器，例如，显示器通过红色、绿色和蓝色荧光粉发射光线产生颜色。

图7-2 Lab模型图

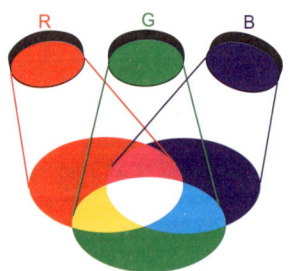

图7-3 RGB模型图

CMYK 模型：CMYK 模型是以打印在纸上的油墨对光线吸收特性为基础的。当白光照射到半透明油墨上时，某些可见光波被吸收（减去），而其他波长的光则被反射回眼睛，因此称为减色，如图7-4。

理论上，纯青色（C）、品红（M）和黄色（Y）色素在合成后可以吸收所有光线从而产生黑色。由于所有的打印油墨都存在一些杂质，这三种油墨叠加实际会产生土棕色。因此，在四色打印中除了使用纯青色、品红和黄色油墨外，还会使用黑色油墨（K）（为避免与蓝色混淆，黑色用K而非B表示）。

图7-4　CMYK模型图

第二节　色彩管理技术基础

一、色彩管理的目的

色彩管理的目的是要解决长期以来完全依赖操作人员的经验，色彩还原准确度不高的问题如图7-5，图7-6。色彩管理的实质是在整个桌面出版系统中对色彩传递进行精确的控制与管理，达到完美的色彩复制效果，色彩管理能够使色彩再现与所使用的设备无关，即相同的色彩数据，用任何系统输出，都会获得相同的色彩效果。

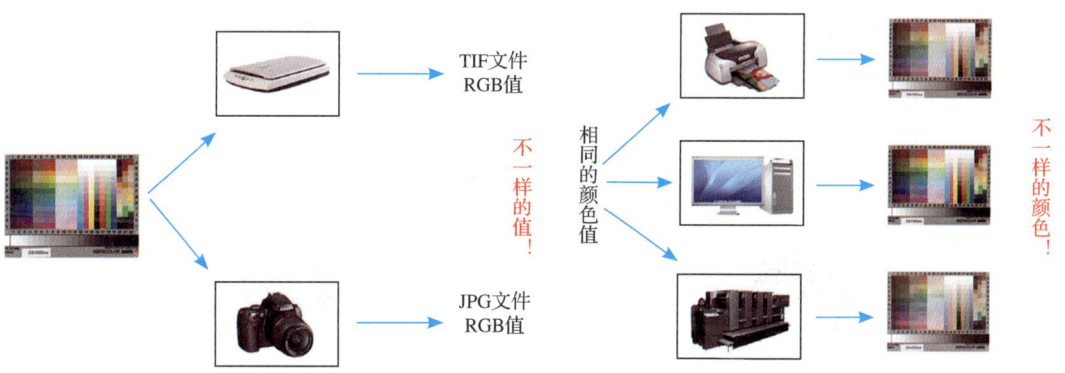

图7-5　不同输入设备结果不同　　　　图7-6　不同输出设备结果不同

1993年成立的国际色彩联盟（简称ICC）决定创建一个开放的、通用的、跨平台的、标准的色彩管理系统，应用这个标准的色彩管理系统可以使得各家的产品在各个领域应用时能够互相协调。这个标准的色彩管理系统经过ISO认证成为色彩管理的国际标准。

二、色彩管理的任务

在生产工艺中的各种设备都有自己独特的色彩处理技术，不同类型设备之间颜色信息的转换容易出现差错，无法保证系统之间交换文件的色彩保持一致。色彩管理的主要任务是解决图像在各种色彩空间上的数据转换问题，使图像的色彩在整个制作过程中失真最小。其基本思路是：选一个与设备无关的颜色参考空间，然后对整个系统的各个设备进行特征化描述，最后在各个设备的色空间建立确定的对应关系。

三、色彩管理系统的组成

色彩管理系统CMS（Color Management System）是通过科学化及数字化的方法实现各设备的校准和特征化，如图7-7，色彩管理系统的基本结构由三部分组成：与设备无关的颜色空间Lab；用于描述设备颜色特征的特性文件ICC Profile；色彩管理模块CMM。这个标准的色彩管理系统的核心是ICC Profile，我们称其为色彩特性文件。ICC色彩特性文件简单来说就是某一彩色设备的色彩特性描述的文件，它表示了这一特定设备的色彩描述方式与标准色彩空间的对应关系。它包含各种不同的色彩转换数据信息，当不同色空间的设备进行色彩转换时，操作系统能够识别ICC色彩特性文件中的色彩转换关系，将一种颜色空间的数据映射到另一种色空间中去。可见，ICC色彩特性文件成为色彩管理系统进行色彩转换的基本标准和必要依据，其文件格式成为一种跨越操作系统的开放性格式。ICC标准共制定了七类特性描述文件，输入设备、显示设备、输出设备三类基本设备的特性描述文件Profile；设备连接、色彩空间转换、抽象、被命名色彩四类附加特性描述文件Profile。利用上述的特性描述文件及相关的色彩管理软件进行正确的色彩管理，就可以使得各种设备呈现同一颜色，实现所得即所见。

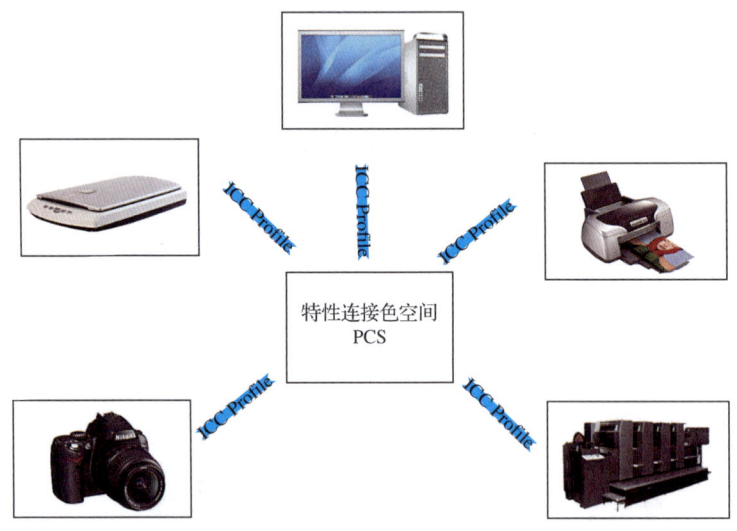

图7-7　色彩管理系统

四、常见色彩管理系统软件

目前，市场上色彩管理系统产品很多，主要有电脑操作系统中的色彩管理系统软件，如ColorSyne；操作系统中的色彩管理软件，例如Color Tune；专门颜色管理软件；测量色彩的仪器（如X-Rite）等。

ColorSync：ColorSync色彩管理系统是由苹果公司发布的色彩管理系统，它采用ICC标准，以Lab色空间作为标准参照空间，是在Mac操作系统下应用的系统级色彩管理软件。它是一个开放式的色彩管理系统，用户可以通过ColorSync的Plug-in模块进行不同色彩管理系统之间的色彩转换。

ColorSync系统包括3个组成部分，一个ICC标准的色彩描述文件、色彩匹配方式（CMM）和应用软件界面（API）。设备描述文件定义了设备的颜色特性信息，通过这些信息可以获取所使用设备能够显示、捕捉和重现的色彩范围。当使用ColorSync建立一个文件时，文件中就会存储一个Profile文件，这样在其他的设备上处理带有ColorSync描述文件的图像时，ColorSync就会通过比较建立图像的设备特性与显示器的特性，进行色空间匹配运算，从而获得最佳颜色效果。色彩匹配方式是ColorSync的核心部分，它实现不同色彩空间的转换。更重要的是，ColorSync的色彩转换模式采用了Linotype Hell的高素质色彩匹配技术，用户可以使用更佳的色域压缩方法来处理色域以外的颜色。

由于各种应用软件对色彩的表现力有所不同，从图像扫描到最终复制，同一图像色彩会有不同的外观。为了工作中能够时刻掌握准确的色彩，就需要将这些应用软件进行有效的色彩匹配。色彩匹配方式可以通过ColorSync的应用软件进行，从而达到一致的目的。

Photoshop：Adobe的Photoshop色彩管理系统作为Adobe公司最著名的图像处理软件，在图像处理方面具有其不可替代的地位。Photoshop软件的色彩管理特性是由显示器设置（Monitor Setup）、印刷油墨设置（Printing Inks Setup）和分色设置来控制的。

为了使用户在屏幕上看到的颜色尽可能地与输出样张的颜色相接近，必须首先对用户的系统进行校正，准确的色彩工作流程一定是从显示器校正和显示设置开始的。"Monitor Setup"包括显示器校正和显示器设置两个部分。在显示器中以显示器类型、荧光粉、色温等进行正确的选择，这样在把图像进行色彩模式的转换时，就可以根据以上参数的设定进行正确的颜色转换。

印刷油墨设置的基本目的是Photoshop提供最终印刷所用的油墨、纸张以及印刷机械的信息。不同的纸张对油墨的吸收和网点扩大不同，不同油墨的呈色性不同，不同印刷方式的网点扩大率也不尽相同，所以需要在"Printing Inks Setup"中对这些参数进行设置。在从RGB图像数据和在"Monitor Setup"中得到的显示器数据中获取基本信息后，就可以按照最终印刷条件的特性来完成色彩模式的转换了。

分色中最重要的一项是黑版量的确定。理论上讲，从一个RGB值分色可以产生多个CMYK值，而最终的印刷效果应该是相同的。但是，由于不同印刷纸张的受墨量和不同的印刷机械的特性，使理论值难以实现，所以有必要对分色的类型和黑版量、印刷总网点百分比进行相应的设置。

KPCMS：Kodak的色彩管理系统KPCMS同时支持PC和Mac平台。与ColorSync和Photoshop不同，KPCMS倾向于用模块化的方式进行色彩管理，而且提供了几种局部性的模块，将这些模块组合在一起就可以构成一个完整的色彩管理体系，而且它具有针对Photo CD图像输入过程的色彩管理功能。

ColorTune：爱克发的ColorTune是一个用于专业色彩管理的软件方案。ColorTune能保证在不同的设备下如扫描机、显示屏幕或打印机输出一致的色彩。虽然每个人对色彩的感觉是不同的，但事实上每种设备处理和再现色彩的能力也是不同的。使用ColorTune，爱克发专业的色彩图像处理技术能让用户尽情地发挥所有设备的色彩处理能力。

爱克发的ColorTune不只能确保色彩精确，还拥有高可靠度和高预测性。一旦使用ColorTune来调整输出设备后，就能可靠地复制想要的色彩，甚至可根据屏幕上的图像，预知打印机上或其他任何方式输出的影像效果，例如四色印刷、高传真彩色印刷等。

CPS：海德堡的CPS色彩管理软件由LinoColoe、ViewOpen ICC、Scanopen ICC和

PrintOpen ICC组成。第一个是色彩管理中心及扫描仪驱动软件，后三者分别是显示、输入及输出设备的特征软件。海德堡CPS将色彩管理分配为几个软件负责，简化每个软件的操作界面，令使用者更容易操作及自由选择某个组合。

第三节 色彩管理技术使用

一、色彩管理系统实施的步骤

在彩色图像复制过程中，要做到从扫描、显示、输出到印刷的颜色统一，就必须实行标准化、规范化、数据化的色彩管理。进行色彩管理，一般需要经过三个步骤：第一步是Calibration，意思是"校准仪器"；第二步是Charactersation，即"特性化过程"；最后是Conversion，代表"转换色彩空间"，这三个步骤简称为"3C"。

1. 校准

校准指调校仪器使其达到标准。所有仪器必须校准后才可使用，确保仪器的表现正常，设备校准是使输入与输出设备利用色彩描述文件，依照各自的特性化曲线制定和描述色彩，将设备呈色方式作为特征描述的基础。设备校准包括下列几方面：扫描仪校准、显示器的校准（图7-8）以及输出系统的校准等。设备校准后便会产生设备的特性描述文件（device profile）。

2. 特性化

特性化指每个色彩输入或色彩输出仪器，甚至彩色物料（例如油墨、墨水等）都有一定的色彩范围或色彩表现能力。其目的是确立仪器或物料之色彩表现范围，并以"数据图"记录其特性，如图7-9，以便进行色彩转换之用。色彩特性描述文

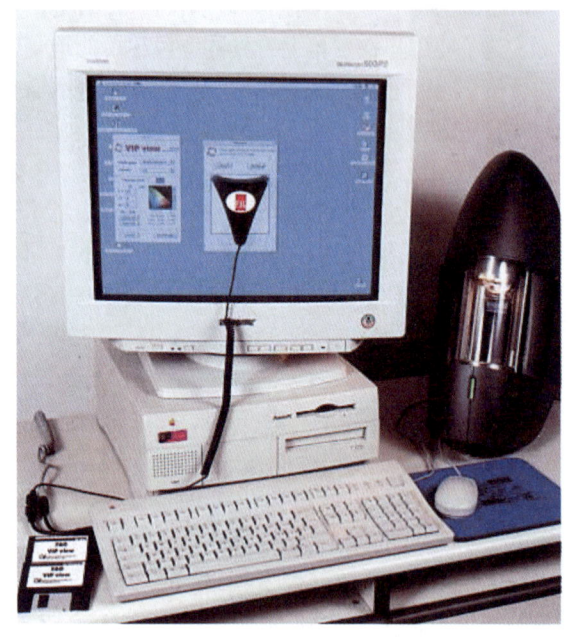

图7-8 显示器校准设备

件的工作过程就是把任何输入的颜色信息转换成CIE Lab颜色空间内的颜色。反过来，它能把CIE Lab颜色空间的颜色转换成输出设备的色彩再现空间，色彩特性描述文件的算法思想是实现色空间的转换，是指使用数字化的方法，将扫描仪、显示器、彩色打印机、油墨等彩色介质的显色性能详尽地描述出来，即用恰当的表色制来描述各媒体的色彩空间。特征描述是测量和确定各种不同输入输出设备显色域或可复制色彩集的一种方法，能界定色域（ColorGamut），经特征描述后建立的描述设备显色范围的数据称为设备色彩描述文件（Profile）。

3. 转换

转换指仪器与仪器、仪器与物料或物料与物料之间的色彩转换。每个仪器或物料的

色彩范围都各有不同，例如彩色显示屏是RGB色彩，而彩色印刷是GMYK色彩。要在它们之间建立起联系，可以借助于与设备无关的颜色空间Lab完成不同设备间的颜色转换。具体转换过程应用颜色匹配模式（CMM），颜色匹配模式包含有在颜色转换过程中所用到的所有函数和算法的集合，它将颜色信息从一种硬件设备通过独立色彩空间转成另一种硬件设备的颜色信息，颜色匹配模式从数据图得到必要信息，从而确保不同硬件设备间色彩显示结果一致。所以转换是指根据不同颜色在不同色空间之间一一对应的映像关系，把某设备上的色空间中的色彩转换到另一个已知条件下的色空间中去。由于输出设备的色域一般比原稿、扫描仪以及显示器的呈色色域小，所以需要压缩原稿色域于输出设备的呈色域之中。首先把从扫描仪获得的RGB色彩信息转换为与设备无关的CIE-Lab色空间，然后根据下一设备的ICCProfile，将CIE-Lab色空间转换为设备自身的色空间。由于CIE-Lab色空间具有包含其他色空间的广泛色域，因此不会损失色彩品质。

图7-9　分光光度计

二、设备校准（校正）

将色彩数据在不同媒体间转换之前，一定要进行设备的定标。通过定标确定同一设备在不同条件下显色性能的偏差情况，使色彩信息在获取和传递过程中具有时间上的连贯性。例如校正显示器的目的，是使显示的图像和最终输出的图像颜色之间尽可能地接近。校正的步骤如下：① 将显示器打开后预热半小时，使显示器处于稳定状态；② 将室内光源调整到一个可以经常保持的水平，关掉额外光源，以免这些动态变化影响显示，设定显示器的亮度和反差；③ 关掉所有桌面图案，将显示器的背景色改为中性灰，这样就不会在校正过程中对视觉造成影响，有助于调节灰平衡；④ 设定Gamma值，先调出Gamma控制面板，在对话框的上方选择适当的Target Gamma，即目标Gamma值，一般图像推荐使用的是1.8，如果要用录像机或胶片记录以输出图像，Gamma只设定为2.2；⑤ 校正白场，先在Photoshop中建立一个空白新文件，然后选一张与印刷用同样白度的纸张，点击WhitePoint按钮，拖动三角形滑块直到显示器中的白色与纸样中的白色尽可能的匹配；⑥ 校正Gamma值，用GammaAdjustment调整，直到三角形滑块上方的双色灰色条中的两种色块视觉效果相近，没有明显界限为止；⑦ 校正色彩均衡度及灰平衡，点击Balance，调整RGB三色滑标，直至滑标下方的灰梯尺中没有色彩，为灰色的色阶；⑧ 校正黑场，点击"BlackPoint"，拖动RGB三色滑标直至滑标下方灰梯尺的暗部与印刷中灰梯尺的暗部感觉一致。经过以上的步骤，显示器的校色过程就完成了。校色结果马上会对显示器的显示起作用，此时，关闭Gamma窗口，当每次启动电脑时，Gamma窗口的设定就会生效。当然，也可以针对不同的纸张、不同的显示器等各种要求，点击Save Setting（存储设置）按钮，在Control Panel（控制板）中存储若干个Gamma文件。设置存储后，重新启动机器，点击Camma对话框中的Load Setting按钮，选择合适的Gamma设定值即可。

三、如何产生设备色彩特性文件

1. 扫描仪的特性化（图7-10）
① 关闭扫描软件自动色彩调节功能。
② 设定扫描参数。
③ 扫描色标（透射色标IT8.7/1或反射色标IT8.7/2）。
④ 在特性化软件中生成特性文件，如图7-11。

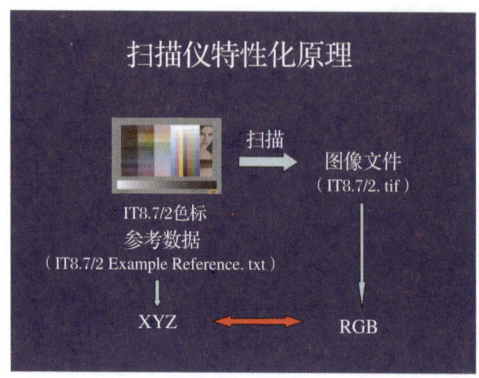

图7-10 扫描仪特性化原理图　　图7-11 ProfileMaker软件界面

2. 数码相机的特性化（图7-12）
① 环境光的固定，参数设定。
② 关闭颜色自动调整功能。
③ 拍摄色标。
④ 将拍摄得到的图像文件拷贝到电脑中。
⑤ 在特性化软件中生成特性文件，如图7-13。

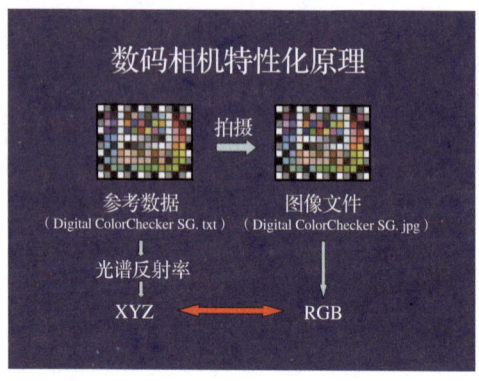

图7-12 数码照相机特性化原理图　　图7-13 ProfileMaker软件界面

3. 打印机的特性化（图7-14）
利用EFI Colorproof和ProfileMaker软件进行打印机的特性化。过程分为三步：基本线性化、制作特性化文件、捆绑。
① 参数设置。a. 选择测色仪器；b. 设置打印机分辨率；c. 颜色模式；d. 墨水类

别；e. 打印模式；f. 纸张；g. 抖动模式。

②最大总墨量设置。a. 选择预定数值，例如350；b. 单击"打印"，打印机自动打印出最大总墨量测试色表；c. 联机测量；d. 测量后自动得到最佳最大总墨量。

③在ColorProof中选择"Efi Linearasation"工作流程，打印IT8.7/3色标。

④打开ProfileMaker，选择Printer模块。在Reference Data的下拉菜单中，选择IT8.7/3色标；在"Measurement Data"的下拉菜单中选择测量仪器，顺序测量色块。

⑤设置参数。单击"开始"按钮，生成打印机profile文件，保存。

⑥打开"线性化制作工具"，选择"Profile Connector"。

⑦选择已制作的基本线性化文件和ICC文件，点击"Patch"，进行捆绑，生成新的线性化文件。

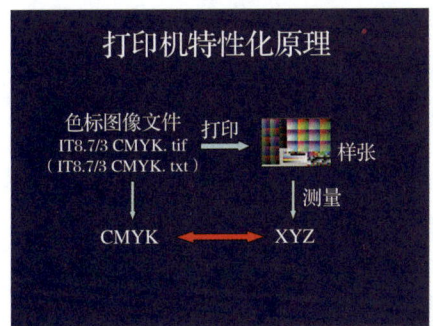 
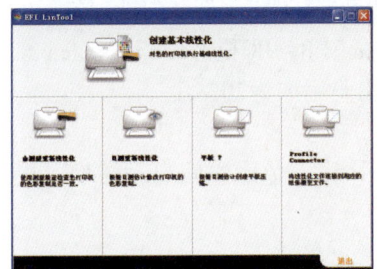 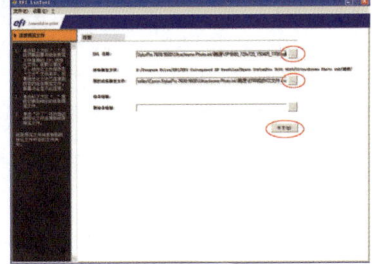

图7-14　打印机特性化原理及使用过程控制

第四节　应用软件中的色彩管理技术

一、Photoshop中的色彩管理

"颜色设置"是Photoshop的色彩控制指挥中心。启动Photoshop，选择"编辑/颜色设置"（图7-15），打开"颜色设置"控制面板，点击"更多选项" 后就可以看到全部面板，从上到下分别有5个板块区域，分别为：设置、工作空间、色彩管理方案、转换选项和高级控制。

1．"自定"设置

它是整个设置的纲目，打开下拉菜单会出现一列预置好的选项，如果选中任何一项，整个面板下面的四大板块都会出现与之配套的全部选项。对于对色彩管理不太熟悉的初级用户，建议使用"北美印前默认设置"，此设置较为专业，能够取得稳妥、安全的使用效果。而如果选择了"自定"设置，则可进行自主设定，更好地实现个人意图。设置自定板块后，其余四大板块都要自己来设定。

2. "工作空间"设置

"工作空间"是全部Photoshop色彩工作的核心，它规定操作必须在一个特定的色彩区域中进行。

（1）"工作空间"中分四个小项可供修改，第一项就是RGB空间设定，中高级的摄影师应该选择Adobe RGB，以使照片能够适合高档印刷的需要；如果为激光输出照片和一般打印可以选"sRGB IEC61966-2.1"；仅仅是观看或网上传输，可选"显示器RGB"。如果使用"显示器RGB"修图，而照片最终又被用于高档印刷，那么很可能产生色彩失真的情况。

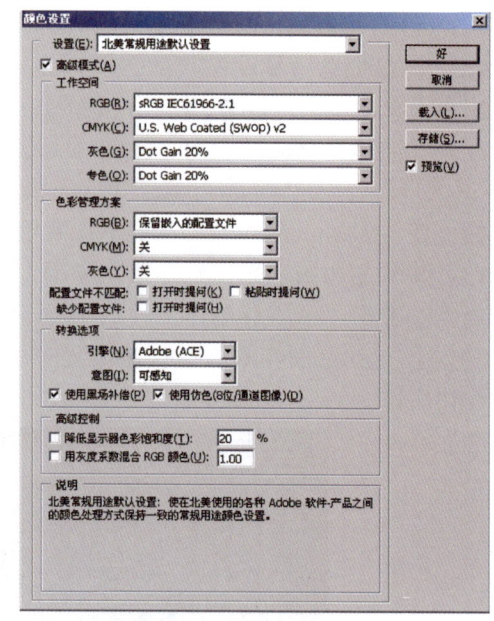

图7-15 Photoshop的色彩控制设置

（2）CMYK的设置较为复杂。在没有印刷厂ICC的情况下，建议设置为U.S.Web coated（swop）v2，这是北美高档印刷的设置。如果想印刷得到更好的效果，可以到印刷厂拷贝其标准的ICC特性文件，并复制到C:\WINDOWS\system32\spool\drivers\color，再在CMYK选项中进行载入。

（3）"灰色"选择，苹果机选择Gray Gamma 1.8，PC机选Gray Gamma 2.2。

（4）网点增益，也称印刷网点扩大率，北美标准为20%。

3. "色彩管理方案"设置

这一步设置能够为后期色彩管理提高效率，设定色彩空间自动转换、提示、警告等几项内容。

4. "转换选项"设置

（1）"引擎"是一个系统级的色彩管理模块，整合了工作平台和应用软件，决定这个选项首先要清楚使用者和与之交流的工作平台是什么，假如都在Adobe的软件之间使用，首选Adobe（ACE），如果在Windows平台下工作，可以选Microsoft/CMM，而全部在苹果系统上工作，就可以选Apple Colorsynic。

（2）"意图"可以理解为"色彩代替方案或者色彩压缩方案"。由于在原设备呈现的色彩不可能100%地在目的设备中复制，必然要引起一些损失，损失的方法是用其他相邻的色彩代替，"意图"就是准备指定用哪个色彩来代替。

"可感知"，对不能再现的色彩用相临色彩来代替，可能会适当降低饱和度，不改变原文件色彩之间的关系，比较适合表现照片的层次和色彩。

"饱和度"，只关注对色彩鲜艳度的表达再现，而不太考虑原文件之间的关系，适合于印刷地图、图表等，不适合做照片。

"相对比色"，更侧重对白点白平衡的比对还原，对不能再现的色彩用相临近的颜色代替，能够较好地表达色彩平衡和较多的颜色，尽管色彩可能有所改变。如果你要漂亮但并不须要十分准确的色彩还原，可以选它（图7-16）。

"绝对比色",与相对比色相反,不以白点为主,针对原文件中不太正确的白点,生成一定的补色,以造一个"白点"出来,可以想象,这种方法用在数码打样上是合适的,可以模拟最终的输出设备,但它不是原文件真实的色彩反映(图7-17)。

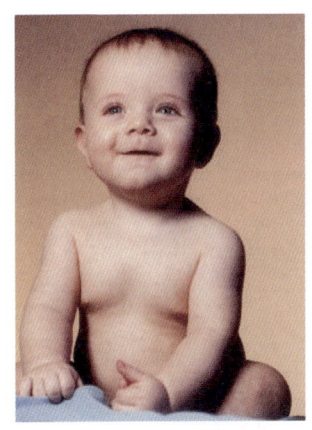
图7-16 相对比色

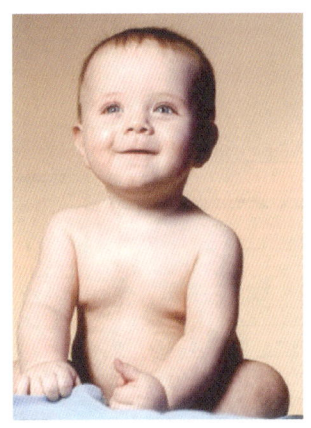
图7-17 绝对比色

(3)"使用黑场补偿",勾选黑场补偿能使原文件达到较好的黑色还原。

(4)"使用8位通道图像"可以使各通道层次过渡平滑连续,防止图像中出现台阶或断带。

5."高级控制"设置

(1)"高级控制"只有两项可选,一个是降低显示器色彩饱和度,后面有可以定义的数值框,它有助于以大于屏幕的色域来显示完整的色域范围。

(2)"用灰度系数混合",本意是指在Gamma1.0的密度时(也就是按中灰曝光的胶片曲线1.0密度区特性曲线的中段),RGB的个性混合能够体现出中性灰度。最后把经过以上设定的管理方案存储起来,存储的文件后缀为CSF并编辑对存储项目的注释,文件存储在C:\Program Files\Common Files\Adobe\Color\Profiles中,可以随时"载入"调取使用(图7-18)。

图7-18 色彩管理前后图像色彩比较

二、CorelDraw中的色彩管理

自CorelDRAW 10以后,色彩管理的设置面板出现了很大幅度的调整,CorelDRAW 10

色彩管理面板如图7-19所示。Style下拉菜单内置了一些定义图像输入输出、扫描仪、内部RGB、打印机、印刷机、显示器模拟之间的关系，也可以根据需要自己调整。每个设备下都有可下拉选择ICC profile的菜单，点击每个设备图标会弹出设备的高级设置。

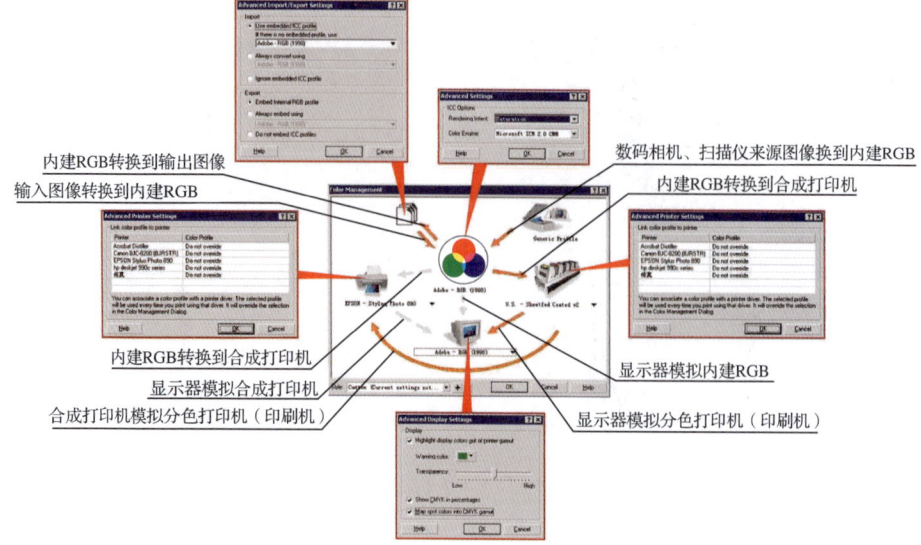

图7-19　CorelDRAW 10全部色彩管理面板及各设备关系

CorelDRAW10输入/输出图像高级设置面板如图7-20。

在图像输入时有三种使用ICC profile的方式。

① 使用图像嵌入的ICC profile，如果图像没有嵌入的ICC profile，则使用下拉菜单中的ICC profile。推荐使用这个选项，不让CorelDRAW随便改动图像的ICC profile。

② 不使用图像嵌入的ICC profile，转换到下拉菜单指定的ICC profile。

③ 不使用ICC profile。

在图像输出也有三种使用ICC profile的方式。

① 使用CorelDRAW内部ICC profile。

② 嵌入下拉菜单选择的ICC profile。

③ 不嵌入ICC profile。

CorelDRAW10内部RGB高级设置如图7-21。

在ICC选项上，转换意图有可觉察的等比压缩、饱和度优先压缩、相对色度匹配的相对比色、绝对色度匹配的绝对比色和自动压缩，一般选择可觉察的等比压缩。色彩转换引擎可选择柯达（Kodak）也可以选择微软的ICM。

分色打印机与合成打印机的高级设置，如图7-22，可以为使用的每种打印设备设定不同的ICC profile。

显示器高级设置如图7-23，将超出打印色域的颜色以警告色在屏幕上显示，可选择警告色颜色和透明度。

以百分比显示CMYK，同CorelDRAW 9一样，这一选项必须勾选上，不然在颜色盘中CMYK会以0~255的级别显示，这不符合印刷标准。对应专色至CMYK色域，同CorelDRAW 9一样，对专色映射到CMYK色谱中选项，如该选项勾选上可以自动将专色对应到CMYK色域，但专色的显示颜色会不准确。

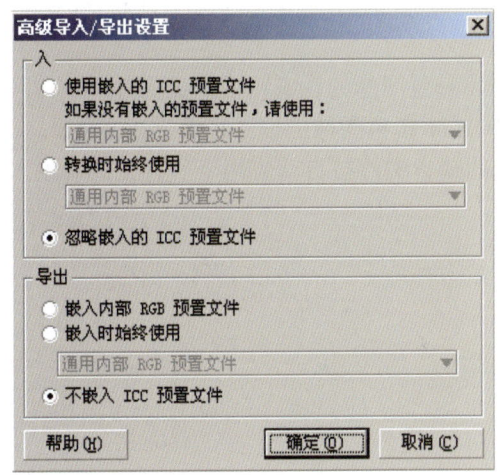

图7-20　CorelDRAW 10输入\输出图像高级设置面板　　图7-21　CorelDRAW 10内部RGB高级设置

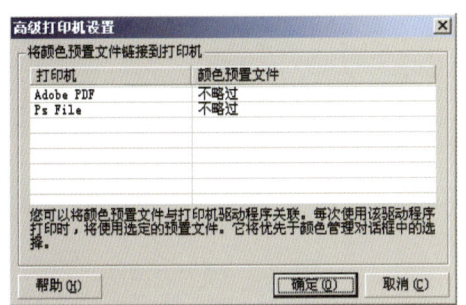 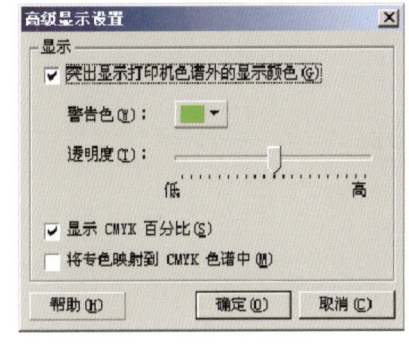

图7-22　高级打印机设置　　　　　　　　　图7-23　高级显示设置

三、Pagemaker中的色彩管理

在PageMaker中选择"文件/自定格式/通用"命令，单击"CMS设定"按钮，显示CMS设置界面（CMS Preferences）。

（1）"颜色管理"　　此项用来决定颜色管理系统是打开（选择"开"）还是关闭（选择"关"）。如果在使用PageMaker时将Kodak CMS打开，系统就会在输入、显示、分色和打印等各个环节中对传递色彩信息进行相应的空间变化和传递，以尽量减少颜色失真。

（2）"监视器仿真"　　此项用来打开色彩管理中的软打样功能，使在屏幕上能够显示分色文件输出后的效果。有"无"、"复合打印机"、"分色打印机"等选项。

（3）"新项目使用"　　此项用来确定选择何种颜色管理系统。有"None"、"Kodak CMS（ICC）"、"ColorCync"等选项。

（4）"Kodak CMS（ICC）设置"

① "显示器"选项。选择与显示器类型相匹配的设备特征描述文件；

② "复合打印机"选项。选择与用于彩色混色输出的输出设备（复台打印机）相匹配

的设备特征描述文件；

③ "分色打印机"选项。选择与用来创建彩色分色的输出设备（分色打印机）相匹配的设备特征描述文件；

④ "RGB图像来源"选项。选择用于创建RGB彩色图像的设备特征描述文件；

⑤ "CMYK图像来源"选项。选择用于创建CMYK彩色图像的设备特征描述文件。

在这里设定的设备特征描述文件将作为系统的缺省文件被自动应用于所有文件对象。

参 考 文 献

1. 赫尔穆特·基普汉著. 谢普南, 王强主译. 印刷媒体技术手册. 广州: 广东世界图书出版公司
2. 王强, 刘全香等. 印前图文处理. 北京: 中国轻工业出版社, 2001
3. 李治江, 刘全香. 平印制版技术. 北京: 印刷工业出版社, 2007
4. 万晓霞, 张冉等. 数字化工作流程标准培训教程. 北京: 印刷工业出版社, 2009
5. 北京大学科学技术研究所. 方正畅流使用手册
6. Preps4.2使用手册. 克里奥印前设备（上海）有限公司
7. 袁宇霞, 梁炯, 刘武辉编. 数字化印前实务白金手册. 北京: 印刷工业出版社, 2005
8. 童浙波, 刘林戎等编. 平版制版. 北京: 中国劳动社会保障出版社, 2005
9. 吴若薇. 制版感光材料. 北京: 印刷工业出版社, 1996
10. 徐令德. 排版基础知识. 北京: 印刷工业出版社, 2003
11. 陈永常. 分色及制版工艺原理. 北京: 化学工业出版社, 2006
12. 庄景雄. 印前输出印刷. 广州: 岭南美术出版社, 2003
13. 顾桓. 印前技术与数字化流程. 北京: 机械工业出版社. 2008
14. 朱元泓. SZPT数字制版控制条的结构及功能. 包装工程. 2007. 5
15. 孙红光, 印刷输出设备色彩管理的应用研究. 印刷杂志. 2008. 11
16. 王永宁等. 密度测量技术和色度测量技术[J]. 印刷杂志, 2006, （8）: 44~47
17. 李永梅. 胶版印刷品密度与色度检测关系的研究[J]. 包装工程, 2007, 28（1）: 70~88
18. 孙帮勇等. 印品质量控制中的密度和色度测量技术. 包装工程, 2008, 29（4）: 48~50
19. 邹淳韧. 如何确定CTP最佳曝光条件[J]. 今日印刷, 2005. 10

印刷包装专业 新书/重点书

本科教材

1. 印后加工技术（第二版）——"十三五"普通高等教育印刷专业规划教材 唐万有主编 16开 48.00元 ISBN 978-7-5184-0890-0
2. 印刷工程导论——"十三五"普通高等教育印刷工程专业规划教材 曹从军主编 16开 39.80元 ISBN 978-7-5184-2282-1
3. 颜色科学与技术——"十三五"普通高等教育印刷工程专业规划教材 林茂海等编著 16开 45.00元 ISBN 978-7-5184-2281-4
4. 印刷设备——"十三五"普通高等教育印刷工程专业规划教材 武秋敏 武吉梅主编 16开 59.80元 ISBN 978-7-5184-2006-3
5. 印刷原理与工艺——普通高等教育"十一五"国家级规划教材 魏先福主编 16开 36.00元 ISBN 978-7-5019-8164-9
6. 印刷材料学——普通高等教育"十一五"国家级规划教材 陈蕴智主编 16开 47.00元 ISBN 978-7-5019-8253-0
7. 印刷质量检测与控制——普通高等教育"十一五"国家级规划教材 何晓辉主编 16开 26.00元 ISBN 978-7-5019-8187-8
8. 包装印刷技术（第二版）——"十二五"普通高等教育本科国家级规划教材 许文才编著 16开 59.00元 ISBN 978-7-5184-0054-6
9. 运输包装——教育部高等学校轻工类专业教学指导委员会"十三五/十四五"规划教材 王志伟编著 16开 58.00元 ISBN 978-7-5184-3229-5
10. 金属包装设计与制造——中国轻工业"十三五"规划教材 吴若梅主编 16开 59.80元 ISBN 978-7-5184-3362-9
11. 包装机械设计——浙江省普通高校"十三五"新形态教材 张炜主编 16开 69.80元 ISBN 978-7-5184-2904-2
12. 包装机械概论——普通高等教育"十一五"国家级规划教材 卢立新主编 16开 43.00元 ISBN 978-7-5019-8133-5
13. 数字印前原理与技术（第二版）——"十二五"普通高等教育本科国家级规划教材 刘真等著 16开 44.00元 ISBN 978-7-5184-1954-8
14. 包装机械（第二版）——"十二五"普通高等教育本科国家级规划教材 孙智慧 高德主编 16开 59.00元 ISBN 978-7-5184-1163-4
15. 数字印刷——普通高等教育"十一五"国家级规划教材 姚海根主编 16开 28.00元 ISBN 978-7-5019-7093-3
16. 包装工艺技术与设备——普通高等教育"十一五"国家级规划教材 金国斌主编 16开 44.00元 ISBN 978-7-5019-6638-7
17. 包装材料学（第二版）（带课件）——"十二五"普通高等教育本科国家级规划教材 国家精品课程主讲教材 王建清主编 16开 58.00元 ISBN 978-7-5019-9752-7
18. 印刷色彩学（带课件）——普通高等教育"十一五"国家级规划教材 刘浩学主编 16开 40.00元 ISBN 978-7-5019-6434-7
19. 包装结构设计（第四版）（带课件）——"十二五"普通高等教育本科国家级规划教材 国家精品课程主讲教材 孙诚主编 16开 69.00元 ISBN 978-7-5019-9031-3
20. 包装应用力学——普通高等教育包装工程专业规划教材 高德主编 16开 30.00元 ISBN 978-7-5019-9223-2
21. 包装装潢与造型设计——普通高等教育包装工程专业规划教材 王家民主编 16开 56.00元 ISBN 978-7-5019-9378-9
22. 特种印刷技术——普通高等教育"十一五"国家级规划教材 智文广主编 16开 45.00元 ISBN 978-7-

5019-6270-9
23. 包装英语教程（第三版）（带课件）——普通高等教育包装工程专业"十二五"规划材料 金国斌 李蓓蓓编著 16开 48.00元 ISBN 978-7-5019-8863-1
24. 数字出版（第二版）——中国轻工业"十三五"规划教材 司占军 顾翀主编 16开 49.80元 ISBN 978-7-5184-2927-1
25. 数字媒体技术——中国轻工业"十三五"规划教材 司占军主编 16开 49.80元 ISBN 978-7-5184-2775-8
26. 柔性版印刷技术（第二版）——"十二五"普通高等教育印刷工程专业规划教材 赵秀萍主编 16开 36.00元 ISBN 978-7-5019-9638-0
27. 印刷色彩管理（带课件）——普通高等教育印刷工程专业"十二五"规划材料 张霞编著 16开 35.00元 ISBN 978-7-5019-8062-8
28. 印后加工技术——"十二五"普通高等教育印刷工程专业规划教材 高波编著 16开 34.00元 ISBN 978-7-5019-9220-1
29. 包装CAD——普通高等教育包装工程专业"十二五"规划教材 王冬梅主编 16开 28.00元 ISBN 978-7-5019-7860-1
30. 包装概论（第二版）——"十三五"普通高等教育包装专业规划教材 蔡惠平主编 16开 38.00元 ISBN 978-7-5184-1398-0
31. 印刷工艺学——普通高等教育印刷工程专业"十一五"规划教材 齐晓堃主编 16开 38.00元 ISBN 978-7-5019-5799-6
32. 印刷设备概论——北京市高等教育精品教材立项项目 陈虹主编 16开 52.00元 ISBN 978-7-5019-7376-7
33. 包装动力学（带课件）——普通高等教育包装工程专业"十一五"规划教材 高德 计宏伟主编 16开 28.00元 ISBN 978-7-5019-7447-4
34. 包装工程专业实验指导书——普通高等教育包装工程专业"十一五"规划教材 鲁建东主编 16开 22.00元 ISBN 978-7-5019-7419-1
35. 包装自动控制技术及应用——普通高等教育包装工程专业"十一五"规划教材 杨仲林主编 16开 34.00元 ISBN 978-7-5019-6125-2
36. 现代印刷机械原理与设计——普通高等教育印刷工程专业"十一五"规划教材 陈虹主编 16开 50.00元 ISBN 978-7-5019-5800-9
37. 方正书版／飞腾排版教程——普通高等教育印刷工程专业"十一五"规划教材 王金玲等编著 16开 40.00元 ISBN 978-7-5019-5901-3
38. 印刷设计——普通高等教育"十二五"规划教材 李慧媛主编 大16开 38.00元 ISBN 978-7-5019-8065-9
39. 包装印刷与印后加工——"十二五"普通高等教育本科国家级规划教材 许文才主编 16开 45.00元 ISBN 7-5019-3260-3
40. 药品包装学——高等学校专业教材 孙智慧主编 16开 40.00元 ISBN 7-5019-5262-0
41. 新编包装科技英语——高等学校专业教材 金国斌主编 大32开 28.00元 ISBN 978-7-5019-4641-8
42. 物流与包装技术——高等学校专业教材 彭彦平主编 大32开 23.00元 ISBN 7-5019-4292-7
43. 绿色包装（第二版）——高等学校专业教材 武军等编著 16开 26.00元 ISBN 978-7-5019-5816-0
44. 丝网印刷原理与工艺——高等学校专业教材 武军主编 32开 20.00元 ISBN 7-5019-4023-1
45. 柔性版印刷技术——普通高等教育专业教材 赵秀萍等编 大32开 20.00元 ISBN 7-5019-3892-X

高等职业教育教材

46. 印刷材料（第二版）（带课件）——教育部高职高专印刷与包装专业教学指导委员会双元制示范教材 艾海荣主编 16开 48.00元 ISBN 978-7-5184-0974-7
47. 印前图文信息处理（带课件）——教育部高职高专印刷与包装专业教学指导委员会双元制示范教材 诸应照主编 16开 42.00元 ISBN 978-7-5019-7440-5

48. 包装印刷设备（带课件）——教育部高职高专印刷与包装专业教学指导委员会双元制示范教材 国家精品课程主讲教材 余成发主编 16开 42.00元 ISBN 978-7-5019-7461-0
49. 包装工艺（带课件）——教育部高职高专印刷与包装专业教学指导委员会双元制示范教材 吴艳芬等编著 16开 39.00元 ISBN 978-7-5019-7048-3
50. 包装材料质量检测与评价——教育部高职高专印刷与包装专业教学指导委员会双元制示范教材 郑美琴主编 16开 28.00元 ISBN 978-7-5019-9338-3
51. 现代胶印机的使用与调节（带课件）——教育部高职高专印刷与包装专业教学指导委员会双元制示范教材 周玉松主编 16开 39.00元 ISBN 978-7-5019-6840-4
52. 印刷包装专业实训指导书——教育部高职高专印刷与包装专业教学指导委员会双元制示范教材 周玉松主编 16开 29.00元 ISBN 978-7-5019-6335-5
53. 包装生产线设备安装与维护——"十三五"职业教育国家规划教材 刘安静编著 16开 49.80元 ISBN 978-7-5184-2731-4
54. 印刷概论——"十二五"职业教育国家规划教材 国家精品课程"印刷概论"主讲教材 顾萍编著 16开 34.00元 ISBN 978-7-5019-9379-6
55. 印刷工艺——"十二五"职业教育国家规划教材 国家级精品课程、国家精品资源共享课程建设教材 王利婕主编 16开 79.00元 ISBN 978-7-5184-0598-5
56. 印刷设备（第二版）——"十二五"职业教育国家级规划教材 潘光华主编 16开 39.00元 ISBN 978-7-5019-9995-8
57. 印前图文信息处理实务——高等教育高职高专"十三五"规划教材 魏华主编 16开 39.80元 ISBN 978-7-5184-1930-2
58. 印前处理与制版——高等教育高职高专"十三五"规划教材 李大红主编 16开 49.80元 ISBN 978-7-5184-2125-1
59. 印品整饰与成型——高等教育高职高专"十三五"规划教材 钟祯主编 16开 32.00元 ISBN 978-7-5184-2039-1
60. 印刷色彩——高等教育高职高专"十三五"规划教材 李娜主编 16开 49.80元 ISBN 978-7-5184-2021-6
61. 丝网印刷操作实务——高等教育高职高专"十三五"规划教材 李伟主编 16开 49.80元 ISBN 978-7-5184-2283-8
62. Aquafadas数字出版实战教程——全国高等院校"十三五"规划教材 牟笑竹编著 16开 33.00元 ISBN 978-7-5184-2561-7
63. 3D打印技术——全国高等院校"十三五"规划教材 李博主编 16开 38.00元 ISBN 978-7-5184-1519-9
64. 印刷色彩控制技术（印刷色彩管理）——全国高职高专印刷与包装专业教学指导委员会规划统编教材 国家精品课程主讲教材 魏庆葆主编 16开 35.00元 ISBN 978-7-5019-8874-7
65. 运输包装设计——全国高职高专印刷与包装专业教学指导委员会规划统编教材 曹国荣编著 16开 28.00元 ISBN 978-7-5019-8514-2
66. 印刷质量检测与控制——全国高职高专印刷与包装专业教学指导委员会规划统编教材 李荣编著 16开 42.00元 ISBN 978-7-5019-9374-1
67. 食品包装技术——高等教育高职高专"十三五"规划教材 文周主编 16开 38.00元 ISBN 978-7-5184-1488-8
68. 3D打印技术——全国高等院校"十三五"规划教材 李博编著 16开 38.00元 ISBN 978-7-5184-1519-9
69. 包装工艺与设备——"十三五"职业教育规划教材 刘安静主编 16开 43.00元 ISBN 978-7-5184-1375-1
70. 印刷色彩——全国高职高专印刷与包装类专业"十二五"规划教材 朱元泓等编著 16开 49.00元 ISBN 978-7-5019-9104-4
71. 现代印刷企业管理——全国高职高专印刷与包装类专业"十二五"规划教材 熊伟斌等主编 16开 40.00元 ISBN 978-7-5019-8841-9
72. 包装材料性能检测及选用（带课件）——全国高职高专印刷与包装专业教学指导委员会规划统编教材 国家精品课程主讲教材 郝晓秀主编 16开 22.00元 ISBN 978-7-5019-7449-8

73. 包装结构与模切版设计（第二版）（带课件）——"十二五"职业教育国家级规划教材 国家精品课程主讲教材 孙诚主编 16开 58.00元 ISBN 978-7-5019-9698-8
74. 印刷色彩与色彩管理·色彩管理——全国职业教育印刷包装专业教改示范教材 吴欣主编 16开 38.00元 ISBN 978-7-5019-9771-9
75. 印刷色彩与色彩管理·色彩基础——全国职业教育印刷包装专业教改示范教材 吴欣主编 16开 59.00元 ISBN 978-7-5019-9770-1
76. 纸包装设计与制作实训教程——全国高职高专印刷与包装类专业教学指导委员会规划统编教材 曹国荣编著 16开 22.00元 ISBN 978-7-5019-7838-0
77. 数字化印前技术——全国高职高专印刷与包装专业教学指导委员会规划统编教材 赵海生等编 16开 26.00元 ISBN 978-7-5019-6248-6
78. 设计应用软件系列教程IllustratorCS——全国高职高专印刷与包装专业教学指导委员会规划统编教材 向锦朋编著 16开 45.00元 ISBN 978-7-5019-6780-3
79. 包装材料测试技术——全国高职高专印刷与包装专业教学指导委员会规划统编教材 林润惠主编 16开 30.00元 ISBN 978-7-5019-6313-3
80. 书籍设计——全国高职高专印刷与包装专业教学指导委员会规划统编教材 曹武亦编著 16开 30.00元 ISBN 7-5019-5563-8
81. 包装概论——全国高职高专印刷与包装专业教学指导委员会规划统编教材 郝晓秀主编 16开 18.00元 ISBN 978-7-5019-5989-1
82. 印刷色彩——高等职业教育教材 武兵编著 大32开 15.00元 ISBN 7-5019-3611-0
83. 印后加工技术——高等职业教育教材 唐万有 蔡圣燕主编 16开 25.00元 ISBN 7-5019-3353-7
84. 印前图文处理——高等职业教育教材 王强主编 16开 30.00元 ISBN 7-5019-3259-7
85. 网版印刷技术——高等职业教育教材 郑德海编著 大32开 25.00元 ISBN 7-5019-3243-3
86. 印刷工艺——高等职业教育教材 金银河编 16开 27.00元 ISBN 978-7-5019-3309-X
87. 包装印刷材料——高等职业教育教材 武军主编 16开 24.00元 ISBN 7-5019-3260-3
88. 印刷机电气自动控制——高等职业教育教材 孙玉秋主编 大32开 15.00元 ISBN 7-5019-3617-X
89. 印刷设计概论——高等职业教育教材/职业教育与成人教育教材 徐建军主编 大32开 15.00元 ISBN 7-5019-4457-1

中等职业教育教材

90. 印刷色彩基础与实务——全国中等职业教育印刷包装专业教改示范教材 吴欣等编著 16开 59.80元 ISBN 978-7-5184-2403-0
91. 印前制版工艺——全国中等职业教育印刷包装专业教改示范教材 王连军主编 16开 54.00元 ISBN 978-7-5019-8880-8
92. 平版印刷机使用与调节——全国中等职业教育印刷包装专业教改示范教材 孙星主编 16开 39.00元 ISBN 978-7-5019-9063-4
93. 印刷概论（带课件）——全国中等职业教育印刷包装专业教改示范教材 唐宇平主编 16开 25.00元 ISBN 978-7-5019-7951-6
94. 印后加工（带课件）——全国中等职业教育印刷包装专业教改示范教材 刘舜雄主编 16开 24.00元 ISBN 978-7-5019-7444-3
95. 印刷电工基础（带课件）——全国中等职业教育印刷包装专业教改示范教材 林俊欢等编 16开 28.00元 ISBN 978-7-5019-7429-0
96. 印刷英语（带课件）——全国中等职业教育印刷包装专业教改示范教材 许向宏编著 16开 18.00元 ISBN 978-7-5019-7441-2
97. 印前图像处理实训教程——职业教育"十三五"规划教材 张民 张秀娟主编 16开 39.00元 ISBN 978-7-5184-1381-2
98. 方正飞腾排版实训教程——职业教育"十三五"规划教材 张民 于卉主编 16开 38.00元

ISBN 978-7-5184-0838-2

99. 最新实用印刷色彩(附光盘)——印刷专业中等职业教育教材 吴欣编著 16开 38.00元 ISBN 7-5019-5415-5
100. 包装印刷工艺·特种装潢印刷——中等职业教育教材 管德福主编 大32开 23.00元 ISBN 7-5019-4406-7
101. 包装印刷工艺·平版胶印——中等职业教育教材 蔡文平主编 大32开 23.00元 ISBN 7-5019-2896-7
102. 印版制作工艺——中等职业教育教材 李荣主编 大32开 15.00元 ISBN 7-5019-2932-7
103. 文字图像处理技术·文字处理——中等职业教育教材 吴欣主编 16开 38.00元 ISBN 7-5019-4425-3
104. 印刷概论——中等职业教育教材 王野光主编 大32开 20.00元 ISBN 7-5019-3199-2
105. 包装印刷色彩——中等职业教育教材 李炳芳主编 大32开 12.00元 ISBN 7-5019-3201-8
106. 包装印刷材料——中等职业教育教材 孟刚主编 大32开 15.00元 ISBN 7-5019-3347-2
107. 印刷机械电路——中等职业教育教材 徐宏飞主编 16开 23.00元 ISBN 7-5019-3200-X

研究生

108. 印刷包装功能材料——普通高等教育"十二五"精品规划研究生系列教材 李路海编著 16开 46.00元 ISBN 978-7-5019-8971-3
109. 塑料软包装材料结构与性能——普通高等教育"十二五"精品规划研究生系列教材 李东立编著 16开 34.00元 ISBN 978-7-5019-9929-3

科技书

110. 中国包装行业品牌发展研究 谭益民等著 异16开 88.00元 ISBN 978-7-5184-3419-0
111. 运输包装（国外包装专业经典教材）陈满儒译 异16开 88.00元 ISBN 978-7-5184-2695-9
112. 纸包装结构设计（第三版）孙诚主编 16开 58.00元 ISBN 978-7-5184-0449-0
113. 科技查新工作与创新体系 江南大学编著 异16开 29.00元 ISBN 978-7-5019-6837-4
114. 数字图书馆 江南大学著 异16开 36.00元 ISBN 978-7-5019-6286-0
115. 现代实用胶印技术——印刷技术精品丛书 张逸新主编 16开 40.00元 ISBN 978-7-5019-7100-8
116. 计算机互联网在印刷出版的应用与数字化原理——印刷技术精品丛书 俞向东编著 16开 38.00元 ISBN 978-7-5019-6285-3
117. 印前图像复制技术——印刷技术精品丛书 孙中华等编著 16开 24.00元 ISBN 7-5019-5438-0
118. 复合软包装材料的制作与印刷——印刷技术精品丛书 陈永常编著 16开 45.00元 ISBN 7-5019-5582-4
119. 现代胶印原理与工艺控制——印刷技术精品丛书 孙中华编著 16开 28.00元 ISBN 7-5019-5616-2
120. 现代印刷防伪技术——印刷技术精品丛书 张逸新编著 16开 30.00元 ISBN 7-5019-5657-X
121. 胶印设备与工艺——印刷技术精品丛书 唐万有等编 16开 34.00元 ISBN 7-5019-5710-X
122. 数字印刷原理与工艺——印刷技术精品丛书 张逸新编著 16开 30.00元 ISBN 978-7-5019-5921-1
123. 图文处理与印刷设计——印刷技术精品丛书 陈永常主编 16开 39.00元 ISBN 978-7-5019-6068-2
124. 印后加工技术与设备——印刷工程专业职业技能培训教材 李文育等编 16开 32.00元 ISBN 978-7-5019-6948-7
125. 平版胶印机使用与调节——印刷工程专业职业技能培训教材 冷彩凤等编 16开 40.00元 ISBN 978-7-5019-5990-7
126. 印前制作工艺及设备——印刷工程专业职业技能培训教材 李文育主编 16开 40.00元 ISBN 978-7-5019-6137-5
127. 包装印刷设备——印刷工程专业职业技能培训教材 郭凌华主编 16开 49.00元 ISBN 978-7-5019-6466-6
128. 特种印刷新技术 钱军浩编著 16开 36.00元 ISBN 7-5019-3222-054
129. 现代印刷机与质量控制技术（上）钱军浩编著 16开 34.00元 ISBN 7-5019-3053-8